or Selivanov / Shutterstock.com

사우디아라비아

SAUDI ARABIA

이원삼

SUN MOON ISLAMCENTER

선문이슬람센터

서 문

사우디아라비아는 7-80년대 우리나라의 중동 건설 붐의 가장 중요한 나라중의 하나였으며 연 인원 100만 명이 넘는 인원이 진출하여 경제활동을 함으로서 한국의 경제발전에 초석을 놓아준 나라이며 고유가 시대인 현재에도 한국 경제에 중요한 파트너이다. 그러나 이러한 관계에도 불구하고 우리나라에는 아직까지 사우디아라비아를 종합적으로 이해할 수 있는 저서나 연구가 부족하여 사우디아라비아에 대한 여러 오해가 있는 것이 현실이다. 따라서 본 저서는 정치 경제 사회 문화적인 면에서 한국의 중요 파트너인 사우디아라비아를 이해하기 위해 저술되었다.

사우디아라비아는 종교와 정치가 명확히 구분되지 않는 정교일치 사회이다. 현대 사우디아라비아는 1932년에 압둘 아지즈에 의해서 공식 수립 되었지만, 18세기에 종교 지도자 압둘 와합과 사우디 가문의 부족지도자 사우드의 결합으로 시작되었다. 즉, 종교와 부족주의의 동맹은, 18세기에 시작되어 현재 사우디아라비아 국가의 형태에서도 볼 수 있는 구조이다. 사우디아라비아에서 와하비즘은 사우디 정치이념의 중심이고, 이슬람법인 샤리아는 헌법이며, 정치, 문화, 사회에 영향을 미치고 있다.

아직까지도 사우디아라비아의 정치체제는 압둘 아지즈가 40명의 추종자를 이끌고 리야드를 점령하고, 그의 부족에 의한 아라비아반도의 재정복이 시작된 1902년후, 큰 변화가 없다. 또한, 우디아라비아에서는 왕족들이 아직까지도 베드윈 부족장들의 수장 역할을 수행하고 있으며, 귀족 혈통을 나타내는 족보 정치가 계속 유지되고 있다. 현재 부족장들은 그들 선조가 했던 것처럼 왕실 경호대원이 됨으로서 혈연적 유대감과 왕실에 대한 충성을 유지한다. 이러한 관습은 과거 무력정복이나 와하비 운동으로 사우드 가문이 각 부족들의 지도자로서 인정을 받았다는 사실을 상징하고 있기 때문이다.

그러나 2015년 압둘라왕의 사망 후 살만이 등극하였으나 그 역시 고령의 나이로 와병설이 전해지고 있어 다음 후계자가 누가 될 것인가에 대한 의문은 미국의 대 중동정책과 한국의 사우디에 대한 접근에 큰 영향을 미치게 될 것이다. 또한 현대 사우디아라비아를 건국한 압둘아지즈 아들의 세대가 머지않아 끝나고 손자들의 세대가 시작될 것으로 예상되어 이들의 성향에 따라서 사우디의 대 중동평화정책의 방향이 달라질 것이다.

따라서 본 저서는 이러한 사우디아라비아를 종합적으로 이해하기 위해 제1장 역사적 배경, 제2장 국가 형성과 민족 정체성, 제3장 현대 정치 문화와 종교와의 관계, 제4장 국제관계의 특성과 전망, 제5장 경제구조 및 대내외 경제 정책, 제6장 아랍의 봄과 미디어의 영향, 제7장 한-사우디 미래협력으로 나누어 서술하였으며 이 책이 사우디아라비아를 이해하는 기초자료로 활용되었으면 한다. 끝으로 이 책은 경제 인문사회연구회의 연구지원과 출판허가로 되었고, 출판에 응해준 선문대학교에 감사드린다.

2015년 3월

이원삼

목 차

표목차

그림목차

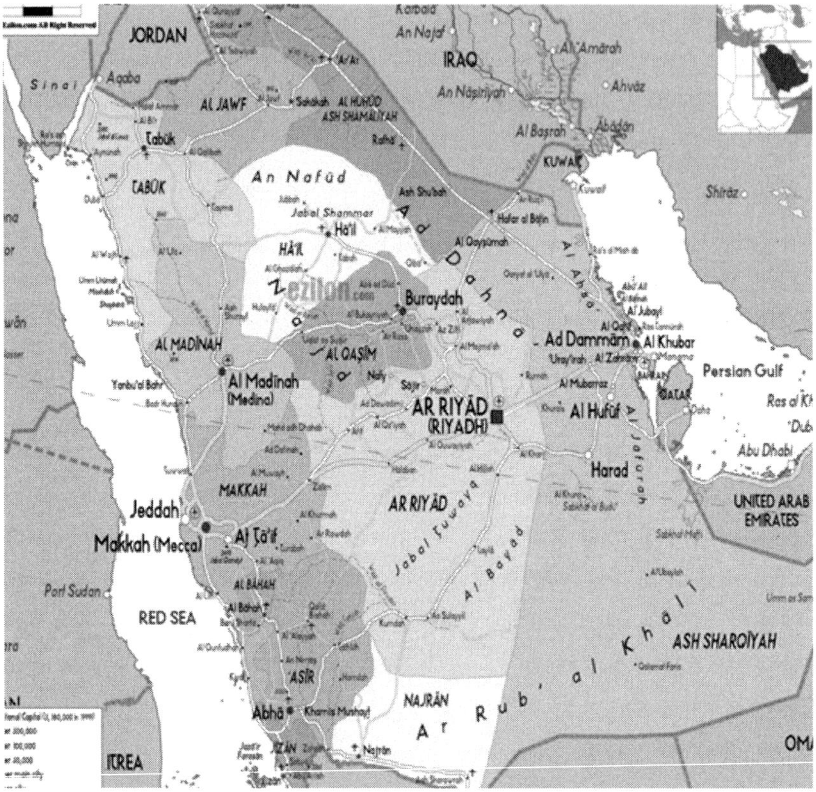

그림1 사우디아라비아 지도

제1장 역사적 배경

제1절 와하비즘 이전과 이후 아라비아

제2절 사우디 국가의 탄생

제3절 양대 세계 대전

제1장 역사적 배경

제1절 와하비즘 이전과 이후 아라비아

1. 와하비즘 이전 아라비아

와하비즘이 나타나는 18세기 이전의 아라비아 반도에 거주하던 민족들은 대부분 끈끈한 혈연관계로 이어진 부족 공동체를 구성하고 있었다. 부족들은 유목민 부족이 있는가 하면 한 곳에서 정착해 농작을 하는 부족도 있었다. 이런 공동체에서 쫓겨나거나 귀속되지 못하는 개인은 자신의 생명과 재산을 지켜줄 부족이 없었기에 생존에 어려움을 느낄 수밖에 없었다. 대가족으로 구성된 부족이 한 지역의 땅을 차지하고 아버지가 사망하면 아버지가 지니고 있던 재산은 아들들에게 나뉘어 졌으나 그 중에서도 장자가 유산에 대한 가장 많은 권리를 지녔다.

중앙 집권체제가 존재하지 않았기에 부족들 사이에서는 크고 작은 전쟁과 침략이 끊이지 않았다. 이들의 분쟁은 전쟁이라기보다는 소규모 침략에 지나지 않았기 때문에 쉽게 이웃 부족과 전쟁을 시작했고 또한 쉽게 화해하기를 거듭했다. 즉 전리품을 획득하기 위한 침략의 성격이 강했기 때문에 서로 간에 많은 인명손실을 가져오는 전투를 하지는 않았다.

그러나 이런 침략은 아라비아 부족들의 생활에 필수적인 요소가 됨에 따라 점점 죽고 죽이는 전쟁으로 발전해 침략을 통해 가난하고 힘없던 부족이 단숨에 강해질 수도 있었지만 반대로 강한 부족이 하루아침에 사라지거나 침략을 심하게 당해 굶어 죽는 부족도 나타나게 되었으며 이러한 현상들은 아라비아의 전체 경제에 악영향을 미쳤다.

한 지역을 다스리는 쉐이크는 그 지역의 마을들을 보호해주는 대가로 마을들로부터 공물을 받아왔으며 이런 셰이크의 세력이 점차적으로 확대되면 자신이 보호하는 마을들의 부족들에 의해 왕자의 의미를 지닌 아미르라는 칭호를 받게 된다. 그러면 아미르는 자신의 보호 아래 놓여 있는 모든 마을에 왕과 같은 입장에 서게 된다. 그러나 이런 아미르도 비록 왕과 같은 입장이 되었을지라도 자기 임의대로 모든 마을부족들을 지배할 수는 없었다. 즉 아미르라 할지라도 명문화되어 있지 않았지만 전승되어 아라비아에서 암묵적으로 인정되어온 법을 거스를 수는 없었다.

7세기 이슬람의 창시자 무함마드의 시대부터 와하비즘이 도래한 18세기까지 아라비아 반도에는 반도를 다스리는 하나의 거대한 세력이 존재하지 않았다. 이는 부족 간에 존재하는 각기 다른 친인척 관계나 서로 다른 풍습과 사투리 등으로 인한 이질감 때문이기도 했지만 부족과 부족 사이에 존재하는 수십, 수백 킬로미터에 다다르는 모래사막이 하나의 큰 중앙 체제가 도래하는 것을 어렵게 했다.

이슬람은 아라비아 반도의 서쪽 지역인 히자즈(아라비아 반도의 서쪽에 위치한 지역. 대부분 홍해 연안에 한정되어 있으며 제다와 메카가 가장 주요 도시이다)에서 처음 발생하여 당시 그곳에 존재했던 비교적 원시적인 사회상을 반영하고 있었다. 이슬람이 처음 이곳에서 생겨난 후 더 많은 국가로 퍼져나가기 위해선 그 사회에 알맞은 새로운 모습을 필요로 했다. 이런 목적을 달성하기 위해서는 이슬람법(샤리아)의 정립이 우선적으로 필요했다. 이슬람법의 가장 중요한 법원은 무슬림(이슬람교 신자)들이 신의 말씀으로 생각하는 꾸란과 사도 무함마드의 언행록인 하디스이다. 그러나 꾸란은 무함마드의 생존 시부터 암송되어 오던 것이 정통 4대 칼리파 시절(632-661) 3대 칼리파인 오스만에 의해 책으로 정립되어 비교적 일찍부터 기록으로 전해지기 시작한 반면 하디스는 무함마드 사후 약 100년 후부터 수집되기 시작했다. 따라서 무함마드의 삶과 행동을 기록한 여러 하디스가 나타났고 이 하디스들에 적혀져있는 순나(무함마드의 언행과 관행)에 의해 이슬람 사회의 전반적인 규칙과 행동규범이 규정되었다. 이 하디스는 이슬람이 탄생한 뒤 300년 이후가 되어서야 완성이 됐다.

그 결과 이슬람 사회에서 꾸란 권위에 대한 이견은 별로 없는데 반해 하디스에 대한 논쟁은 끊임없이 발생하였다. 왜냐하면 수집된 하디스의 양이 엄청나게 많았음에도 불구하고 그 출처와 내용이 불분명한 구절이 존재했기 때문이다. 결국 분명하지 않은 구절들은 그 구절을 사용하는 무슬림들의 이익과 목적에 맞게 해석되었고 얼마 지나지 않아 이슬람 내에 존재하던 여러 종파와 학파에 따라 자신들의 입맛에 맞게 하디스를 해석하려고 했다. 꾸란 역시 이런 식으로 해석됐다.

무함마드의 순나는 이미 그 시대의 규범제정에 사용되었던 전통이다. 하지만 인간의 삶에 변화가 오면서 의례와 전통이 바뀌었고 이슬람은 이렇게 변화하는 현실에 적응하기 위해 순나를 재해석함으로서 새로운 의례와 전통에 대한 종교적 타당성을 부여했다. 이런 타당성의 부여는 이슬람법원 중 3번째 법원인 이즈마(ijmā', 이슬람 학자인 울라마들의 합의)와 4번째 법원인 끼야스(Qiyās, 유추)를 통해 이루어졌다. 이슬람이 정착된 사회에서 어떤 변화 내지 새로운 요소가 나타나면 이러한 해석을 통해 인정되어야 했다. 인정되지 않은 모든 변화와 새로운 것들은 이단적인 변화를 의미하는 비드아로 취급되었다.

이런 해석의 방법과 범위에 따라 여러 학파가 생겨났으며 그중 네 개의 학파가 가장 큰 학파로 성장하였다. 이 학파들을 구분하는 가장 중요한 차이점이 바로 이런 비드아들에 대한 태도였다. 가장 유연하고 관대한 학파는 하나피 학파이었고 가장 엄격하며 비드아를 완강히 거부하는 학파가 바로 한발리 학파였다. 한발리 학파에 따르면 오직 꾸란과 순나에 의해 인정받을 수 있는 것만이 종교의식으로써 타당성을 지닐 수 있었다.

앞서 말한 변화 내지 새로운 요소 중 하나는 바로 성자숭배 문화였다. 로마 기독교의 경우 새롭게 영토를 점령하면 그곳에 원래부터 존재하던 신에 대한 숭배를 없애버리고 그 민족에게 알맞은 기독교 성자들에 대한 숭배로 대체시켰다. 이슬람도 이와 비슷했다. 아라비아 역시 이슬람이 나타나기 전부터 토착 신들에 대한 우상숭배가 존재했었는데 이슬람은 새롭게 점령하는 곳에 존재하던 토착 신앙, 또는 기독교 성자들에 대한 신앙을 없애 버리고 그 자리에 유명 사하바(무함마드의 교우), 또는 유명 이슬람 법학자나 울라마(울라마 그 원 뜻은 지식인 즉 학자이다. 특히 종교에 관한 지식을 가지고 있는 사람을 지칭한다. 그러나 오늘날 울라마는 이슬람의 종교학자와 이슬람의 종교의례를 주로 거행하거나 건물을 관리하는 종사자 전체를 일컫는 말이다. 이용어는 매우 일반적이어서 종교로서의 이슬람을 공부하는 모든 사람도 포괄하고 있다. 즉 군인이란 말이 육해공군 모두와 또 계급과 직급에 관계없이 모든 장병에게 적용되듯이 울라마라는 말도 넓은 의미에서는 이슬람에 종사하거나 또 그것을 배우는 모든 이를 지칭하는 것이다. 즉 일반신자인 무슬림과 대조되는 말이다.)들에 대한 신앙을 그 자리에 대신 세웠다. 이런 과정을 통해 이슬람은 빠른 속도로 세력을 확장할 수 있었다.

이런 성자숭배와 밀접한 관련이 있는 것이 바로 수피라고 불리는 이슬람 신비주의자들의 역할이었다. 이들은 숭배되는 성자들에게 치유와 같은 기적의 힘이 있다고 설교했고 이미 확립된 이슬람 정통성을 무시하고 신과 하나 되기 위한 여러 가지 의식을 펼쳤다.

이슬람은 15-16세기에 걸쳐 오토만 제국에 정착했으며 이때 여러 다른 학파가 존재했지만 공식적으로 인정받은 것은 하나피 학파였다. 오토만 제국의 술탄(왕)은 모든 무슬림의 세속적인 면과 영적인 면을 통합한 최고지도자라는 의미를 지닌 칼리파의 칭호를 스스로에게 부여했고 이를 통해 자신의 권위를 강화시켰다.

울라마들은 오토만 제국에서 강한 영향력을 갖게 되었고 오토만 정부는 이들의 종교적 힘을 유용하게 사용했다. 하지만 오토만 제국이 타락하기 시작하면서 울라마들 역시 타락하기 시작했다. 울라마들은 부패와 부정을 일삼았고 그로 인해 많은 사람들에게 미움을 샀다. 정통파 울라마들은 수피를 따르는 쉐이크들과 권력을 공유했다. 앞서 말했듯 수피는 여러 성자들을 숭배했는데 여기에는 아직 살아 있는 성자에 대한 숭배도 존재했다. 많은 수피들이 악기를 연주했으며 일부 수피파는 이슬람에서 금기시하는 술을 마시며 담배를 피우기도 했으며 천문학을 이용해 점을 치고 마술을 선보이면서 돈을 벌었다. 아라비아 반도는 경제와 정치적인 면 외에도 종교 이데올로기적인 면에 있어서도 반도 주변의 발전된 중동 국가들의 영향을 받기도 했지만 이들의 지역적인 특징과 독특한 사회구성은 아라비아만의 독특한 종교생활을 낳게 하였다.

당시 이슬람 세계에서는 특이하게 아라비아 반도의 중앙지역인 나지드(아라비아 반도의 중앙부에 있는 고원지대. 대부분이 사막이다. 현재의 사우디아라비아 수도 리야드가 있다)에 한발리 학파가 득세하고 있었다. 이는 나지드의 지역특성상 가능한 것이었다. 한발리 학파는 이슬람이 도래하고 난 뒤 첫 3세기를 정통 이슬람으로 규정했는데 당시 외지로부터 많이 동떨어져있고 교류가 많지 않았던 나지드 지역은 초기 이슬람이 도래했던 사회적 특성을 많이 가지고 있었기 때문에 한발리 학파가 번성할 수 있었던 것으로 보인다.

하지만 나지드 주변 지역에는 다른 많은 종류의 이슬람 학파도 존재했다. 이란과 이라크의 접경선, 오만, 예멘 등 여러 지역에서 여러 모습의 이슬람이 존재하고 있었다. 와하비즘을 탄생시킨 알 와합이 나타났을 때 당시 아라비아 반도는 우상 숭배와 성자숭배가 만연하여 있었다. 아라비아 반도의 베두인 민족들은 다가오는 재판에서 이기게 해달라고 무함마드의 가까운 추종자들이 묻혀 있다고 추정되는 곳에 가서 기도를 한다던가 남편을 찾을 수 없는 여자들이 남편을 갖게 해달라고 나무에게 비는 등의 숭배행위가 많았다.

이것이 바로 와하비즘이 도래하기 전 아라비아 반도에 존재하고 있었던 이슬람의 모습이었다. 성자숭배 사상이 만연했고 이슬람이 나타나기 전에 존재했던 토속 신앙이 마술, 우상숭배, 태양숭배,

정령숭배, 물신숭배, 조상숭배의 모습으로 존재하고 있었으며 이슬람과 함께 공존하고 있었다. 와하비즘의 창시자 이븐 압두 알 와합(Ibn 'Abd Al-Wahāb)은 바로 이런 시대에 살고 있었다.

2. 와하비즘 이후 아라비아

알 와합은 어렸을 적부터 이슬람 학문을 공부했고 주변 사회를 '재구성'하고자 하는 의지가 그의 세계관을 만든 것으로 보인다. 알 와합은 자신이 속한 세상을 구하기 위해선 이슬람의 초기로 돌아가 순수한 모습의 이슬람을 믿어야 한다고 믿었다. 이븐 ī압두 알 와합이 이슬람 학문을 공부를 위해 여행하면서 키워온 가장 중요한 사상은 바로 이슬람 학의 절대주체인 유일신(tawuḥīd) 사상이었다.

그의 의견에 따르면 이슬람의 유일신관이란 알라가 이 세상의 유일한 창조주이며 인간 세상에 법을 주었다는 믿음을 말한다. 알라가 창조한 어떤 피조물도 알라와 동등할 수 없으며 피조물은 창조를 할 수 없다. 알라는 자신과 가까운 존재들을 포함한 어떤 존재의 도움도 필요로 하지 않는다. 오직 알라만이 선과 악을 행할 수 있다. 알라를 제외한 그 어떤 존재도 숭배와 찬양을 받을 자격이 없다. 이는 이슬람의 창시자 무함마드에게도 동등하게 적용되었다.

와합의 가르침에 의하면 무함마드의 일생과 관련이 있는 장소도 숭배의 상대로 삼아서는 안 되며 이런 모든 숭배나 믿음은 곧 쉬르크(shirk), 즉 다신론자로 취급했다. 와하비즘의 추종자들은 자신들의 가르침을 받아들이지 않는 동시대의 모든 무슬림들을 악독한 다신론자라고 생각했다. 알 와합의 형제인 술라이만은 나지드의 오아시스 지역에서 오랫동안 와하비즘을 반대하는 운동을 벌였는데 그는 와하비즘이 자신들과 다른 그 어떤 관점도 받아들이지 않으려는 배타성을 지니고 있다고 비판했다.

이슬람의 많은 학파와 종파는 학파와 종파에 관계없이 이슬람을 믿기만 하면 무슬림으로 간주하는 것이 일반적이다. 하지만 와하비즘의 추종자들, 즉 와하비들은 그렇게 생각하지 않았다. 그들에게 있어 와하비즘의 가르침을 듣고도 올바른 순수한 이슬람을 믿지 않는 무슬림들은 이단자나 다름없었으며 올바른 형태의 이슬람을 따르지 않는 자들은 그것이 어떤 형태의 이슬람이던 간에 무슬림이 아니었던 것이며 이로서 비와하비즘에 대한 지하드(성전)가 가능했다.

아라비아 반도에 와하비즘이 퍼지기 시작하면서 와하비즘은 부족들이 전쟁을 하는데 대의명분을 제공해주었으며 아라비아 부족들의 구심점 역할을 하기 시작했다. 성자숭배를 반대하며 숭배의 대상이 되던 무덤이나 성스러운 나무들을 파괴하는 와하비들이 지나가고 나면 이러한 성자들을 섬기면서 그 성자들을 대표하는 성지를 찾아오던 순례자들로부터 돈을 받던 부족들의 수입원이 사라지게 되어 이들 역시 정치적으로 와하비즘에 흡수될 수밖에 없었다. w와하비들은 이슬람 5대 행동 의무의 하나인 핫즈(사우디 메카에 있는 카바 신전을 성지 순례하는 것)를 제외한 나지드인들이 메카와 메디나로 성지순례 가는 것을 금지시켰다. 이는 곧 히자즈인들이 성지순례를 오는 나지드 인들로부터 벌어들이는 수입이 사라짐을 의미했다. 이때까지 히자즈인들이 성지순례를 통해 벌어들이는 수입은 대부분 오토만 제국에서 오는 순례자들로부터 벌어들이고 있었기 때문에 히자즈는 오토만 제국의 공식 이슬람에 기울어져 있었다.

왜냐하면 히자즈의 울라마들은 와하비들이 히자즈에서 대세를 잡게 되면 자신들이 잃게 될 권위와 수입에 대해 너무나도 잘 알고 있었기 때문에 감히 히자즈에 와서 자신들에게 와화비즘 이슬람이 무엇인지 가르치려는 나지드인들과 그 어떤 타협도 할 수 없었다. 한발리 학파의 가르침을 극단으로 발전시키고 우상숭배를 반대하는 와하비즘은 당시 오토만 왕국의 비호 아래 공식 순니 학파로 인정받던 하나피 학파를 거부했다. 이런 상황 때문에 어떤 이는 와하비즘이 당시 오토만 왕국에 존재하던 이슬람에 반기를 들었다고 말하는 경우도 있다. 즉 담배, 비단옷, 시끄러운 축제를 금기로 삼은 것은 와하비즘의 우상숭배에 대한 태도만을 반영하는 것이 아니라 당시 나지드인들이 지니고 있던 오토만 귀족들의 생활에 대한 불만을 보여주는 정치적인 행위라는 것이다.

1740-41 년에 알 와합은 유야이나로 가자마자 족장인 우스만 이븐 하마드 이븐 무아마르의 지지를 얻었다. 전하는 말에 의하면 그는 족장에게 신은 알라 한 분 밖에 없다는 가르침을 전파해주고 나지드와 그 베두인을 정복해 달라고 요청했다고 한다. 그리고 족장은 그 요청을 받아 들였다. 그 후 얼마 지나지 않아 알 와합과 유야이나의 족장은 결혼을 통해 친척 관계가 되었다. 와하비즘의 가르침에 따라 와하비들은 제일 먼저 성지를 파괴하기 시작했다. 알 와합도 자신의 두 손으로 성스러운 나무를 베었으며 그 다음에는 알 쥬바일에 있는 무함마드의 동료 자이드 이븐 알카탑의 묘 차례였다. 수많은 순례자들이 그들이 숭배하는 성지를 지키려고 모여들었고 근처 오아시스에 있는 사람들도 성지의 파괴를 막기 위해 모여들었다. 하지만 알 와합과 우스만 족장은 600명의 무장된 병사들을 데리고 왔고 알 와합은 스스로 그 묘를 파괴했다.

그 후에 알 와합은 당시 역사가들에 의해 충격적으로 기록된 일을 이행했다. 당시 유야이나에 간음을 저지른 한 여인이 있었는데 알 와합은 이슬람 법 샤리아를 문자 그대로 해석해 사람들에게 그녀를 돌로 쳐 죽이라고 명했다. 이는 심각한 사건이었다. 여자를 돌로 쳐 죽인 사건은 '알 핫사와 유목민의 지도자'인 술라이만 이븐 하마드 이븐 구라이아 알 후마이디의 귀에 까지 들어갔다. 유야이나는 그와 공생하는 관계였는데 유야이나의 교역 중 일부는 알 핫사의 항구를 사용하고 있었다. 게다가 유야이나의 족장은 알 핫사에 여러 과수원과 토지를 소유하고 있었다. 술라이만 알 후마이디는 우스만에게 알 와합을 죽이라고 명령했고 음식, 옷, 그리고 재산을 압류하겠다는 협박을 같이 했다.

술라이만의 이런 행동은 알 와합의 새로운 가르침을 증오하던 그 지역 울라마들의 압력 때문일 수도 있다. 알 핫사에 거주하던 쉬아들은 와하비즘을 전적으로 반대하는 입장이었다. 또한 바니 칼리드 부족의 원로 역시 와하비즘의 추종자들이 커지는 것을 경계하고 있었다. 그러나 유야이나는 알 와합을 죽이지 않고 대신 귀향을 보냈다. 우스만 이븐 무아마르는 시간이 지난 뒤 다시 알 와합을 초청해 오고 싶었으나 이븐 압두 알 와합은 1744-45년에 알 디리야에 정착했다. 그는 그의 추종자들과 함께 한 오아시스에 정착했으며 거기에는 그 지역의 족장인 무함마드 이븐 사우드의 두 형제와 아내가 포함되어 있었다. 알 와합은 한 추종자의 집에서 거주했고 알 디리야의 지도자인 무함마드 이븐 사우드와 교류하며 친분을 쌓아갔다. 큰 야망을 지니고 있던 무함마드 이븐 사우드는 이미 알 와합의 가르침을 들어 알고 있었으며 와하비즘이 가지고 있는 가능성을 계산했다.

군사적인 도움이 필요했던 이븐 압두 알 와합과 큰 야망을 지니고 있던 무함마드 이븐 사우드는 서로의 힘을 합쳤고 이로 인해 새로운 동맹관계가 탄생됐다. 무함마드 이븐 사우드는 알 와합에게 알 디리야를 떠나지 말 것을 당부했고 기존에 존재하던 세금제도를 유지시킬 것을 설득시켰다. 그는 '나는 알 디리야의 사람들로부터 수확의 계절 동안에 세금을 걷는데 당신이 걷지 말라고 할까봐 두렵습니다.'라고 말했다고 한다. 알 와합은 무함마드 이븐 사우드에게 세금을 걷는 것 보다 정복과 지하드를 통해 얻을 수 있는 이득이 훨씬 클 것임을 약속했다. 이런 부탁을 볼 때 사우드 족장은 샤리아에서 금기하는 사람들에게 세금을 걷을 수 있는 권리를 지키고자 했던 것으로 보인다. 하지만 알 와합은 이븐 사우드에게 세금을 없애야 한다고 말했다. 이를 통해 알 와합은 두 가지 목적을 달성하려 했다. 하나는 바로 교리의 '순수함'을 지키려 했고 또 하나는 세금의 폐지를 통해 삶이 더 편해질 지역주민들의 환심을 사려던 것이었다.

이렇게 와하비즘의 초기 역사는 알 와합이 알 디리야로 이주한 뒤부터 알 디리야의 족장과 그의 운명이 하나가 되어 사우디 왕국의 미래를 열게 된다.

제2절 사우디 국가의 탄생

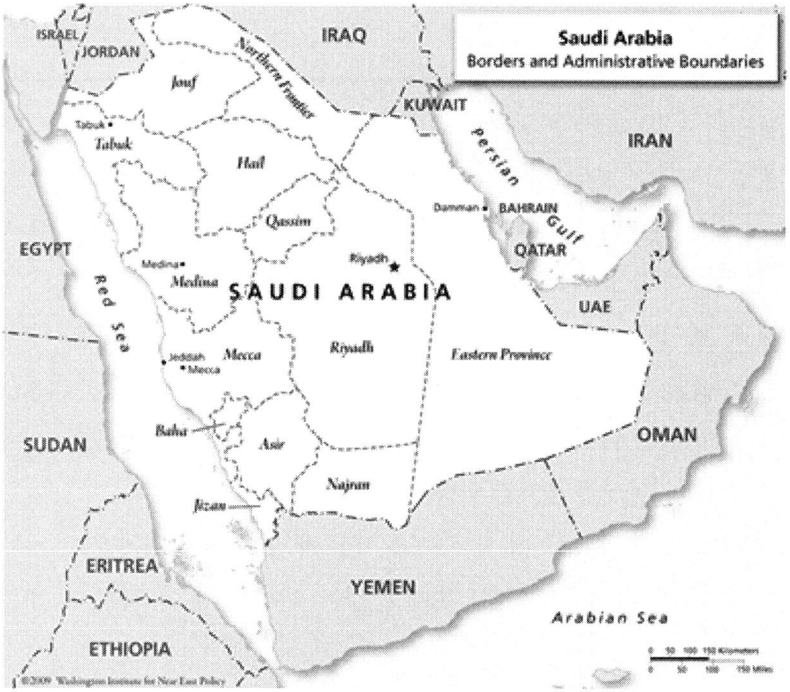

그림2 사우디아라비아 행정구역과 국경지도

1. 첫 번째 사우디 국가

알 와합은 자신을 따르는 추종자들과 그 주변인들에게 그의 사상을 가르치고 이교도에 대한 성전의 중요성을 가르치기 시작했다. 이들은 처음으로 이웃부족을 정복한 후 그 전리품을 공정하게 나누었다.

전리품 중 1/5이 부족장 무함마드 이븐 사우드에게 돌아갔고 나머지는 전사들에게 동등하게 배분됐다. 이로써 일개 전사들에게도 와하비즘의 정의에 따라 다른 부족을 정복한 후 경제적 이득이 생기게 된 것이다. 이로서 과거의 정복이 단순한 약탈에 그쳤던 반면 와하비즘을 따르는 이들의 정복은 다신론자들로부터 재물을 빼앗고 올바른 무슬림에게 그것을 다시 나누어 주는 의미를 가질 수 있게 된 것이었다. 그들의 정복 방법은 종전의 방법과 크게 다르지 않았지만 알 디리야의 족장 이븐 사우드는 순수한 종교라는 대의명분을 얻게 되었고 나지드의 이맘(종교 지도자)으로 추앙받기 시작했으며 모든 무슬림들의 지도자로 여겨졌다.

알 디리야의 영토 확장은 와하비의 확장을 경계하던 세력을 포함해 여러 족장들을 불안하게 만들었다. 이에 알 디리야 부근 영토에 있던 여러 족장들이 서로 힘을 합해 알 디리야를 공격했지만 무함마드 이븐 사우드의 병사들은 때때로 패하기도 했지만 알 디리야는 함락되지 않았다. 사우드는 남쪽의 나즈란 인들과 동쪽의 알 핫사 인들에게 당했던 패배를 빠르게 회복한 뒤 전보다 더욱 빠른 속도로 영토를 확장해 나갔다. 1760년 말에는 와슘, 수다이르가 와하비들의 손에 들어왔으며 나지드의 부유한 카심 지역의 북동쪽 지역에 있던 알 질피 오아시스까지 확장되었다. 여러 오아시스가 와하비들에게 복종을 맹세했고 1769-70년에는 카심 지역 대부분의 사람들이 사우드와 와하비가 주장하는 순수한 종교에 대한 충성을 맹세했다.

이런 영토 확장 덕에 리야드는 와하비 추종 세력과 동맹 세력에 의해 둘러싸이게 되었으며 결국 리야드 아미르의 두 아들이 전투 중에 사망했고 노쇠한 아미르에게는 더 이상 싸울 의지가 남아있지 않았다. 와하비들이 1773년 리야드에 입성했을 때 리야드는 거의 버려진 상태였다. 와하비의 복수를 두려워한 리야드의 아미르는 자신의 가족과 도망갔고 대부분의 신하들이 그를 따라갔다. 그 중 많은 숫자가 와하비들에 의해 죽거나 고온과 물 부족으로 인해 사망했다. 이렇게 나지드는 와하비들에 의해 정복되었다. 그 후로도 약 25년 동안 반기를 드는 세력들이 존재했지만 큰 규모가 되지는 못했다.

사우드는 결코 힘으로만 자신들의 권위를 확장시키지는 않았다. 새로운 오아시스가 알 디리야에 합병될 때마다 와하비 울라마들이 '올바른 유일신 종교'를 전파하기 위해 파견됐다. 어떤 나지드 인들은 알 디리야를 나지드의 수도이자 영적 중심으로 보기 시작했다. 그리고 이븐 사우드는 강력한 아미르 뿐만 아니라 이슬람 신앙의 순수함을 위해 싸우는 투사로써 비추어졌다. 또한 알 디리야와 라이벌 관계에 있는 아미르들 역시 와하비 울라마들에 의해 그들 내부로부터 분열되어 와하비즘을 따르는 이들은 사우드의 조력자가 되었다.

그러나 이런 와하비들의 노력에도 불구하고 사우드가 곳곳에 산재하는 라이벌 족장들을 정복해 나가는 것은 결코 쉬운 일이 아니었으므로 리야드를 비롯한 나지드 전체지역을 사우드가 다스릴 수 있을 때까지는 10-12년 정도의 시간이 흘러야했다.

1773년 리야드가 알 디리야에게 함락되고 난 후 남쪽 지역의 자이드 이븐 자밀이 알 디리야의 새로운 라이벌 세력으로 등장하자 알 핫사 지역의 바니 칼리드 부족은 자이드 이븐 자밀과 함께 알 디리야를 공격하기 시작했다.

아라야가 이끄는 바니 칼리드 군대는 카심의 버라이다를 점령하고 잔인하게 약탈했다. 사우드의 세력 확장을 경계하던 많은 나지드의 족장들은 일찍부터 알 핫사에게 협조적이었으나 아라야는 갑작스런 죽음을 맞이하게 된다. 그러자 바니 칼리드의 귀족들 사이에서 권력다툼이 벌어졌고 아라야의 아들 중 한 명인 사아둔이 지도자가 되었으나 알 디리야의 아미르는 그의 형제들에게 지도자의 자리를 뺏으라고 부추겼다. 이런 일이 있고 난 후 바니 칼리드는 수년 동안 알 디리야를 약탈했고 알 디리야 근처 오아시스의 부족들 - 하르마, 알 마즈마, 알 질피를 포함한 다수 - 은 알 핫사의 편에 섰다가 알 디리야의 편을 들기를 반복했다.

그러나 이런 저항 속에서도 사우드는 서서히 자신들의 영토와 세력을 확장해 나갔다. 사우드가 알 마즈마 오아시스를 점령했을 때 그때까지 가장 강하게 반 와하비 운동을 벌여 오던 알 와합의 형제 술라이만 이븐 압두 알 와합은 그의 가족들과 함께 알 디리야에 강제 소환되었고 그는 죽는 날까지 그곳에서 살아야 했다.

1782년 알 핫사의 사아둔 이븐 아라야는 다시 카심을 침공했고 여기에 자이드 이븐 자밀이 합세했다. 이들은 수 주 동안 카심의 버라이다를 함락시키려 했지만 실패했다. 결국 반와하비 세력은 붕괴되었고 알 핫사는 나지드에서 도망쳤다. 자이브 이븐 자밀은 1783년 사망했고 그의 아들 바라크가 그 뒤를 이었으나 지도세력 사이의 다툼 때문에 안정을 찾지 못했다.

그 뒤로 자피르 부족과 같은 나지드의 강력한 유목 부족들이 알 디리야에 저항했지만 모두 패배하였다. 이렇게 알 디리야 주변, 중앙 아라비아 지역은 정리되기 시작했으며, 여기저기서 반사우드 세력들이 반기를 들었으나 주변 지역의 아미르들은 더 이상 사우드의 라이벌이 될 만큼 세력을 키우지는 못했다. 따라서 와하비들은 중앙 아라비아의 자원을 이용하여 동서남북 모든 방향으로 세력을 확장하기 시작했다. 동쪽의 알 핫사, 동북쪽의 이라크 남부지역, 서쪽으로 히자즈, 남서쪽으로 예멘, 남동쪽의 오만, 그리고 북쪽의 시리아 국경지대까지 진출하였다.

동 아라비아 알 핫사의 바니 칼리드의 몇몇 세력들은 1788년 이미 알 디리야의 조력자로서 싸우고 있었고 알 디리야의 신하나 다름없던 자이드 이븐 아라야는 바니 칼리드 부족 전체의 지도자가 되었다. 그 뒤로도 여러 바니 칼리드 세력이 사우드를 공격했지만 결국 사우드는 승리했고 알 핫사의 마을과 오아시스에는 와하비 울라마들이 보내졌다.

이렇게 동 아라비아 알 핫사를 굴복시키려던 노력이 한창이었던 1791-92년 와하비 운동의 창시자인 무함마드 이븐 압두 알 와합은 죽음을 맞이했다. 알 핫사가 알 디리야에 굴복한 뒤에도 반 사우드 움직임은 계속해서 일어났다. 아라비아 반도 동부에 위치한 후푸프에서는 알 디리야에서 온 지도자와 몇몇 정부관료, 그리고 울라마를 포함해서 30명을 죽였고 그들의 시체를 이리저리 끌고 다니다가 공개 참수했다. 이런 일이 있자 여러 오아시스가 후푸프를 지지했고 알 디리야의 추종세력이었던 자이드 이븐 아라야는 알 디리야를 배신하고 반란에 가담했다.

그러나 1793년 가을 사우드는 군대를 이끌고 알 핫사의 반란을 잠재웠다. 그리고 자이드 이븐 아라야의 라이벌이었던 바라크 이븐 압두 알 무신을 바니 칼리드의 지도자로 세웠고 알 핫사 전체가 다시 충성을 맹세했다. 그러나 1796년 바라크 이븐 압두 알 무신은 알 디리야가 나지드 서쪽과 남서쪽 지역에 눈을 돌리고 있는 틈을 타 또 배신했다. 그러자 사우드는 다시 군대를 이끌고 가 반란을 진압하고 알 핫사 인들의 모든 재산과 무기를 회수하여 알 핫사에 대한 알 디리야의 점령을 매듭지어 그 후 바레인을 다스리는 알 칼리파에게 속한 걸프 지역들도 사우드에게 의존하게 되었다.

반면에 이 시기 전까지 사우디 왕국과 메카가 있는 서부의 히자즈의 관계는 와하비 운동이 시작되고 사우디 왕가가 영토를 확장할 때 별다른 분쟁이 없었다. 알 디리야는 나지드 지역과 동쪽으로 알 핫사 지역을 점령하는 데 신경을 썼고 히자즈 역시 메카 안에서 벌어지고 있던 내부 분쟁 때문에 알 디리야를 신경 쓸 겨를이 없었다.

알 와합이 알 디리야로 옮겨간 1744-45년부터 이들은 메카가 '정화된' 가르침을 받아들이기를 바라는 마음에 여러 차례 사람을 보냈다. 하지만 메카는 와하비즘을 이교도라고 판단했고 이들의 가르침을 받아들이지 않았다. 그럼에도 불구하고 알 디리야는 선물을 포함한 외교를 통해 메카와 원만한 관계를 유지했다.

그러나 1788년 메카의 지도자 수르우르가 사망하고 갈립 이븐 무사이드가 지도자가 되면서 히자즈와 사우드 간에 분쟁이 시작됐다. 처음에 갈립은 전 지도자의 추종자들에게 조종 받는 꼭두각시와 같은 입장이었으나 곧 권력을 장악했다. 그 후 알 디리야에 사신을 보내 와하비즘을 설명해줄 수 있는 사람을 보내달라고 요청했다. 알 디리야는 사람을 보내 그에게 와하비즘에 대해 설명해주었지만 갈립은 와하비즘의 가르침이 히자즈의 이득에 반한다고 생각했다.

1790-91년에 갈립은 직접 군대를 이끌고 나지드를 공격했으나 성공을 거두지 못했다. 오히려 사우드는 메카에 의존하고 있는 나지드 서쪽에 위치한 부족을 차례차례 물리치고 1795년, 히자즈를 공략하기 위한 중요한 거점인 투라바를 공격하고 있었다.

1795-96년, 갈립은 군대를 이끌고 다시 나지드를 공략했으나 사우드를 따르는 부족들에게 패배한다. 그리고 여러 차례 나지드를 공격했지만 사우드를 이기지 못했다. 1798년, 갈립은 터키, 이집트 출신 용병들을 데리고 나지드를 공격하였으나 또다시 패배하고 만다. 결국 2년 뒤 사우드는 처음으로 메카에 성지순례를 했고 그때 갈립의 친척인 우스만 알 무드하이피는 사우드에게 충성을 다짐한다. 1800년과 1801년에는 와하비 울라마들이 신학적 토론을 벌이기 위해 메카를 찾았다. 이렇게 히자즈는 와하비들에게 대부분 장악되었다.

사우디 북쪽 현재의 이라크에 있는 카르발라가 함락되자마자 전쟁의 초점은 다시 히자즈로 옮겨갔다. 그 당시에 사우드는 두 번이나 메카로 성지순례를 가면서 자신의 군사력을 자랑했고 히자즈의 현실을 두 눈으로 직접 목격한 상태였다. 또한 갈립의 계속된 폭정은 여러 부족들이 등을 돌리게 만들었다. 갈립은 용병들을 고용해 자신의 군사력을 유지하려 했으면서도 이런 노력조차도 부족했고 무엇보다 그의 친척인 오스만 알 무드하이피가 와하비에게 충성을 다짐하면서 여러 부족들이 메카의 적으로 돌아섬으로서 큰 손실을 입었다.

갈립은 오토만에 도움을 요청했지만 오토만은 와하비를 신경 쓸 겨를이 없었다. 결국 갈립이 먼저 사우드를 공격했으나 와하비 부족과 알 무드하이피가 메카를 적으로 돌린 여러 부족들과 합세해 갈립에게 대항하여 갈립은 결국 실패했다. 그 결과 1802년 메카로 들어가는 길목에 위치한 알 타이프의 오아시스와 마을이 함락됐고 파괴되었다.

사우드는 와하비의 정예군과 함께 히자즈를 침공했고 결국 1803년 3월 메카는 함락되었다. 갈립은 몇 안 되는 그의 추종자와 함께 젯다로 도망쳐 방어에 열중했다. 사우드는 1803년 4월 메카로 들어와 성지순례를 한 뒤 와하비의 가르침에 어긋나는 모스크와 건물들을 파괴했다. 그리고 메카의 시민들에게 와하비즘이 무엇인지 가르쳤으며 매우 보수적인 와하비즘의 원리에 따라 사람들에게 비단을 입지 못하게 하고 공공장소에서 파이프 담배 피는 것 등을 금지했다. 또한 갈립의 친척인 알 무신을 메카의 샤리프(무함마드의 후손으로 종교적 영적 지도자)로 세웠다. 또한 터키에서 온 울라마(이슬람 학자) 대신 알 디리야에서 온 울라마를 법관으로 대체하여 권력을 휘두르던 전임자와 달리 공정한 집행을 하게 함으로서 주민들의 환심을 샀다.

와하비의 메카 함락은 오토만 제국의 이스탄불에 큰 혼란을 가져다주었다. 오토만의 칼리프는 이슬람의 두 성지인 메카와 메디나의 수호자였기 때문에 이를 빼앗겼다는 것은 칼리프의 명예에 큰 손실을 가져다주는 것이 아닐 수 없었다.

이에 오토만은 샤리프 파샤에게 군대를 주어 히자즈를 공격하도록 명하였으며 이에 샤리프 파샤는 히자즈에서 젯다로 도망갔던 갈립과 협조하여 메카를 협공하기 시작하였다. 당시 와하비 군대는 전염병에 시달려 많은 인명손실로 인한 전력약화로 인해 메카를 방어하지 못해 결국 메카는 1803년 7월 샤리프 파샤에게 다시 함락되었다.

이에 사우드는 그 다음 해에 다시 히자즈를 공격하기 시작했다. 1805년 갈립은 와하비를 추종하는 부족들과 전쟁을 벌였지만 성공하지 못했으며 또한 갈립과 터키에서 온 군사들 사이에는 균열이 생겨 터키의 군대는 갈립을 더 이상 도와주지 않았다.

사우드는 여러 부족들과 연맹하여 메카를 완전히 포위해 고립시켜 결국 1805-06년 겨울 사우드는 갈립에게 치명타를 안겨주었다. 당시 아라비아는 극심한 가뭄 상태이었으므로 메카는 식량 부족으로 더 이상 버틸 수 없는 상황이 되자 마침내 갈립은 사우드에게 평화협정을 제안하여 1805년 10월-11월 와하비 군대는 메카에 입성했고 성지순례를 거행했다.

와하비 군대가 메카에 들어오고 난 뒤에도 갈립의 통치는 어느 정도 이어졌고 젯다에서의 방어도 계속되었다. 하지만 와하비에 대한 저항이 불가능하다는 것을 인식한 갈립은 1806년 완전히 항복을 하게 된다. 메카의 함락과 함께 1806년 메디나와 얀부도 와하비의 손에 들어왔다.

히자즈가 알 디리야에 편입된 이후에도 메카는 그 독립성을 어느 정도 지켜갈 수 있었지만 더 이상 와하비 상인들에게 세금을 부과할 수 없었으므로 수입원이 상당히 줄게 되었다. 갈립은 계속해서 메카의 샤리프로 남아있게는 되었지만 시간이 갈수록 메카에 대한 사우드의 영향력은 늘어나고 갈립의 권위는 낮아지게 되었다.

1807년부터 사우드는 매년 군대를 동반하고 메카에 성지순례를 갔으며 이로서 메카를 완전히 통치하기 시작했다. 따라서 사우드는 메카와 메디나에 있던 오토만의 이슬람 학자들을 모두 히자즈에서 추방시켰다. 또한 메카로 성지순례를 오는 특히 이집트와 시리아에서 오는 오토만의 성지순례자들에게 많은 제약을 가하기 시작했다. 이런 성지순례자들은 호화로운 마차를 끌고 여러 악기들을 가지고 노래를 부르며 종종 창녀들을 동반하고 성지순례를 하러 오곤 했다. 와하비인들은 히자즈로 오는 성지순례자들이 이런 물건들을 가지고 오지 못하게 했고 성지순례를 위한 세금을 올렸다.

메디나와 메카를 빼앗긴 것은 두 성지를 지켜야하는 임무를 지니고 있는 오토만의 술탄의 권위에 먹칠한 것이나 다름이 없었다. 그러나 페르시아의 공격을 힘겹게 막아 내고 있는 바그다드 파샤도, 그리고 아카바의 침략을 막아내기 바쁜 다마스커스 파샤도 오토만을 도와 와하비를 공격할 힘이 없었다.

따라서 오토만 왕국은 1805년 카이로에서 스스로 이집트 지도자 자리에 앉은 무함마드 알리에게 히자즈에 있는 두 성지를 탈환할 것을 명한다. 그러나 이집트 내의 문제를 해결하느라 바빴던 무함마드 알리는 1809년 말이 되서야 본격적인 공격준비를 시작한다.

무함마드 알리가 히자즈를 공략하기로 결정한 것은 비단 오토만의 명령 때문만은 아니었다. 그는 메카와 메디나를 탈환함으로써 오토만 제국 내에서의 자신의 권위를 세우려고 했고 그와 함께 예멘과의 커피 교역을 통해 경제적인 부흥도 이끌어 내려고 했다.

무함마드 알리는 수에즈에서 빠른 속도로 배를 건조하기 시작했고 1810년 3월쯤에는 20척이 넘는 배가 완성됐다. 그는 또한 메카의 지지를 얻기 위해 비밀리에 갈립과 내통하였고 갈립은 무함마드 알리에게 전적인 지지를 약속했다.

당시 알 디리야의 군대는 1809년까지 지속된 가뭄, 그리고 콜레라 등으로 인해 많이 쇠약해져있던 상태였다. 그러나 와하비 군인들 사이에 퍼져 있던 높은 사기는 아직 가시지 않았고 아라비아의 척박한 환경이 외부의 침공으로부터 자신들을 보호해 줄 것이라고 믿고 있었다.

1811년 8월 무함마드 알리의 16, 18살 정도의 어린 아들 투순이 배를 타고 히자즈로 건너가 얀부를 점령했다. 얀부를 점령한 투순의 군대는 터키, 알바니아, 마그리브 용병들로 구성되어 있었으며 이들은 통솔이 제대로 되지 않는 관계로 인해 얀부에 들어가자마자 재물을 약탈하고 여자를 겁탈했다.

얀부의 함락 소식을 들은 사우드 왕은 자신의 아들 압달라에게 최정예 병을 주어 이집트 군대를 공격하게 했고 1811년 12월, 승리를 결정짓는 중요한 전투가 벌어졌다.

투순은 한 하르브 부족을 공격해 쫓고 있었는데 정신없이 추격을 거듭하던 이집트 군대는 와디 알 사프라 근처에 있는 비좁은 협곡에 들어서게 됐다. 이때 와하비 군대는 이집트 군대를 위에서부터 공격했고 놀란 이집트 군대는 혼비백산 도망치기 바빴다. 여기서 이집트 군대는 절반 이상의 군인들을 잃었다. 만일 와하비 군대가 이집트 진영을 약탈하는데 정신을 팔지 않았다면 아마 전멸했을 지도 모른다. 이집트 군대는 패배했지만 와하비들은 이집트인들을 끝까지 추적하지 않은 관계로 이집트 군은 중요한 거점을 계속 지키고 있을 수 있었다.

와하비들에게 한 번 패배한 투순은 이번에는 먼저 돈과 선물을 통해 근처 부족들의 환심을 사기 시작했다. 그리고 이집트에서 원군이 오자 투순은 1812년 가을에 메디나를 침공했고 별다른 저항 없이 메디나를 함락할 수 있었다. 당시 메디나에는 7천명의 와하비 군대가 있었지만 메디나 인들은 더 이상 와하비들을 원하지 않았고 가뭄이 겹치면서 와하비들은 메디나에서 후퇴했다.

이때 메카의 갈립은 계속해서 겉으로는 사우드에게 충성을 다하는 척하면서 뒤로는 이집트에게 메카와 젯다를 바칠 준비를 하고 있었다. 1813년 1월 소수의 이집트 군대가 젯다를 함락했고 갈립의 배신을 알아차린 사우드의 아들 압달라는 메카에서 후퇴했다. 얼마 후 투순은 메카로 진격했고 큰 저항 없이 메카를 손에 넣을 수 있었다.

이와같이 알 디리야가 히자즈에서 쫓겨난 가장 중요한 이유는 바로 와하비들에 대한 히자즈 부족들의 저항, 이집트의 선물공세, 그리고 무함마드 알리의 편으로 돌아선 메카의 샤리프, 갈립이었다.

무함마드 알리는 아라비아 반도의 상황을 정리하려면 어려움이 있다는 사실을 알고 있었으므로 직접 메카로 와 상황을 파악하였으며 젯다로부터 오는 세금을 전면 감세하는 등 갈립의 수입원을 끊으려는 정책을 펼쳤다. 갈립은 자신이 이집트 군대에 대항 할 수 있는 힘을 갖추었다고 생각했지만 무함마드 알리는 오토만 술탄의 이름을 빌려 갑작스레 갈립을 체포했고 죽음을 두려워한 갈립은 무함마드 알리에게 대적하는 자신의 아들들에게 투항할 것을 명했다.

갈립에 대한 이런 처사는 당장 인근 부족의 저항을 샀지만 무함마드 알리는 계속해서 그들에게 감세를 해주고 돈을 주는 등 환심을 사려고 노력했다. 그리고 지난 10년 동안 와하비인들에 의해 막혀 오던 시리아인들의 성지순례가 다시 지속되자 엄청난 양의 돈이 메카로 유입되기 시작했다.

1814년 알 디리야의 사우드가 사망을 했는데 이것 역시 이집트에게는 더할 나위 없는 낭보였다. 사우드 왕이 죽었을 때 이미 히자즈, 오만, 바레인 등의 영토는 빼앗긴 상태였고 티하마 일부도 빼앗겼었다. 그의 아들 압달라가 왕위를 물려받았지만 이미 국가는 무너지기 일보직전의 상태였다. 압달라도 훌륭한 지도자였지만 자신의 아버지만큼 유능한 인재는 아니었다.

1814년 말 와하비들은 투라바 근처에 있는 바살에서 가까운 지역에 군대를 집중시켰다. 압달라의 형제 파이잘이 이 군대를 이끌었다. 하지만 1815년 1월 이집트 군대는 지역 부족들과 합세해 와하비 군대를 물리쳤고 와하비 군대는 후퇴했다.

그 뒤에 무함마드 알리의 군대는 투라마, 라니아, 비샤등을 차례차례 함락시켰고 홍해에 다다라 쿤푸드하를 점령했다. 쿤푸드하에서 무함마드 알리는 다시 메디나로 돌아갔고 몇 개월 후 이집트로 돌아갔다. 왜냐하면 프랑스와의 싸움에서 승리한 영국군이 다시 이집트로 상륙할 가능성이 있었기 때문이다.

그사이 와하비에 대한 카심 지역 사람들의 불만은 점점 커져갔고 이들은 무함마드 알리에게 도움을 요청했다. 이에 웅해 투순이 카심을 향해 군대를 이끌고 갔지만 이에 맞서 압달라도 강력한 군대로 대응했다. 1815년 여름까지 전쟁이 계속되자 양측은 휴전을 맺었다.

무함마드 알리는 알 디리야를 향한 진군을 계획하고 자신의 장남 이브라힘에게 그 임무를 맡겼다. 이브라힘은 알 디리야의 공략이 그 주변 부족들의 환심을 사지 않고는 불가능하다는 사실을 알고 있었고 이들을 한 편으로 끌어들이기 위해 계속해서 노력했다. 또한 프랑스 군대에서 복무한 경험이 있는 교관 및 유럽 출신의 의사들과 함께 출전했다. 하지만 알 디리야의 군대는 아직도 과거의 구식전투 법에서 변화하지 못하고 있었다.

1816년 가을 이브라힘은 많은 수의 병사를 데리고 메디나에 도착했으며 새로운 병사와 음식, 장비들이 계속해서 이집트로부터 공급되고 있었다. 이브라힘은 계속해서 동쪽으로 진격하면서 여러 번의 승리와 패배를 거듭한 끝에 1817년 말 카심의 전체가 이브라힘에게 충성을 맹세하게 됐다. 그리고 이브라힘은 차례차례 주변 도시들을 함락시켰고 알 디리야는 이브라힘의 군대와 그에게 추종하는 세력들에 의해 포위당하게 되었다.

알 디리야를 지키기 위해 압달라와 그의 형제들, 그리고 알 디리야에 아직 충성을 다하는 부족들이 총공세를 펼쳤지만 상황은 나아지지 않았다. 이집트의 군대는 계속해서 본토로부터 원조를 받고 있었고 알 디리야의 군대에 비해 훨씬 더 우월한 장비를 갖추고 있었다. 또한 부상당하는 병사는 후방에 준비해 놓은 곳에서 치료를 받을 수 있었고 그 중 일부는 전장에 돌아올 수도 있었다.

많은 시간이 지나도 와하비의 상황은 호전되지 않았고 결국 압달라는 이브라힘에게 항복했다. 이렇게 6개월에 걸친 전쟁이 막을 내렸다. 알 디리야 함락 소식에 카이로는 1818년 10월 축제의 분위기에 빠졌다. 압달라는 카이로로 후송된 뒤 나중에 이스탄불로 보내져 그곳에서 공개처형 당했다.

그러나 알 와합의 가르침은 아라비아 외부에까지 널리 퍼져갔다. 와하비들이 메카를 점령하고 있던 시절 메카로 성지순례를 온 사람들이 그곳에서 와하비즘을 배우고 자신들의 고향으로 돌아가 와하비즘을 전파시킨 것이었다.

2. 두 번째 사우디 국가

이브라힘은 알 디리야를 함락 했으나 그의 군대는 곧 어려움에 봉착하게 됐다. 아직도 여러 부족들은 침략 세력을 증오했고 계속해서 이브라힘의 군대를 괴롭혔다. 특히 이브라힘은 히자즈를 통해 이집트로부터 지원물자를 받고 있었는데 몇 년 동안 극심한 가뭄에 시달렸던 나지드의 유목민들과 여러 부족은 길게 늘어진 이브라힘 군대의 보급로를 습격했고 식량을 여러 번 약탈했다. 따라서 자신의 아버지가 원했던 것은 아라비아 반도 전체의 지배가 아니라 반도의 서쪽, 즉 두 성지가 위치한 지역의 지배라고 생각했던 이브라힘은 소수의 군대만을 남겨 놓고 알 디리야를 떠나 히자즈로 갔다. 이브라힘의 군대가 사라지자 과거에 존재했던 부족 계층이 생겨났다.

하지만 나지드 사람들에게 있어 사우드 왕가는 영웅과도 같은 존재였다. '정화된'종교를 퍼뜨렸을 뿐만 아니라 사우드 왕가의 성장과 함께 나지드 지역의 사람들도 경제적으로 번영할 수 있었다. 따라서 침략 세력이 떠난 공백 속에 리야드를 새로운 수도로 해서 사우디 왕가를 다시 일으키려는 운동이 벌어졌다.

이브라힘이 남겨두고 간 이집트 군대는 나지드에서 잔인한 약탈을 계속했다. 1820년 이집트인들에게 잡혔다가 탈출한 투르키는 1823년 5월-6월에 다시 나지드에 나타났으며 많은 사람들이 투르키를 따랐다. 그리고 이들은 투르키의 지휘 아래 남아 있는 이집트인들을 공격했고 몇 개월 후 이집트인들을 나지드 땅에서 완전히 추방했다.

투르키는 리야드를 수도로 삼고 몰락한 사우디 왕가를 다시 한 번 세우게 된다. 그리고 주변 도시를 차례차례 공략해 과거 사우디 국가의 영토를 되찾으려고 했다. 투르키의 노력에 의해 카심과 샤마르의 일부도 다시 사우디의 손에 들어오게 됐다. 투르키가 다시 세력을 확장하면서 나지드에서 도망친 피난민들이 하나둘씩 되돌아오기 시작했다. 그들 중에는 알 와합의 손자인 압두 알 라흐만 이븐 하산도 있었는데 압두 알 라흐만은 뛰어난 설교 능력으로 리야드의 법관을 지내며 주변의 무슬림들에게 다시 '정화된'이슬람을 믿을 것을 설득했다.

나지드 지역을 정리한 투르키는 동쪽의 알 핫사로 눈을 돌렸다. 알 핫사에는 과거 아라야의 아들들이 다시 출현해 그 지역을 다스리고 있었다. 이들은 군대를 편성해 리야드를 침공했지만 결국 투르키에게 패배했고 투르키는 별다른 저항 없이 알 핫사를 정복할 수 있었다.

알 핫사를 정복한 투르키는 와하비 울라마들을 배치시키고 와하비즘을 전파시키려 했다. 그러나 투르키의 정책과 과거 첫번째 사우디 왕가의 정책에는 근본적으로 다른 차이점이 있었다. 그것은 바로 투르키의 정책에는 과거 존재했던 배타성과 광신성이 없었다는 점이다. 투르키는 알 핫사 인들에게 관용을 베풀어 알 핫사 인들의 지지를 받았다.

1834년 5월 9일 투르키는 자신이 과거에 한 번 살려 준 적이 있던 부하에게 암살을 당한다. 쿠데타에 성공한 암살자는 리야드에서 저항했으나 아버지의 죽음의 소식을 듣고 온 파이잘의 군대에게 한 달 만에 패했다. 40대의 파이잘은 새로운 지도자의 자리에 올라 종교적-세속적인 면에서 뛰어난 지도력으로 영토를 확장해 갔다.

나지드에 다시 와하비 세력들이 커지는 것을 본 무함마드 알리는 나지드를 재침공할 계획을 세웠다. 파이잘의 세력 확장을 경계한 이집트의 무함마드 알리는 1836년 카이로에서 군대를 출동시킨다. 여기에는 첫 사우디 왕국의 왕이었다가 이브라힘에게 패배한 후 이스탄불로 끌려가 사형을 당한 압달라의 살아있는 동생 중 가장 나이가 많은 칼리드 이븐 사우드가 포함되어 있었다. 칼리드는 알 디리야가 함락 당한 뒤 카이로로 끌려가 그곳에서 교육을 받고 고위직책을 맡고 있던 중이었다.

파이잘은 이집트 세력을 설득해 나지드로 진격하지 못하게 하려 했지만 실패한 후 이집트의 군대가 카심으로 올 것이라고 생각하고 그곳에 진을 치고 준비를 했지만 과거 이집트 군대에게 대패하고 멸망했던 기억을 갖고 있던 병사들은 이미 전의를 상실하고 있는 상태였으므로 결국 파이잘은 리야드로 돌아 왔다가 알 카르즈로 도망쳤다.

칼리드가 이끄는 병사는 거의 아무런 저항 없이 리야드에 입성했고 이렇게 파이잘의 첫 통치 기간(1834-1837)은 끝나게 되었다. 한때 칼리드는 자신의 병사들을 이끌고 남하했지만 큰 패배를 겪는다. 그리고 잠시 동안의 휴전협정에 대한 이야기가 오갔지만 이집트에서 쿠르시드 파샤가 통솔하는 원군이 오자 이집트 군대는 다시 나지드 지역을 정복하기 시작했고 머지않아 나지드는 다시 한 번 이집트 군대의 통치하에 놓이게 되었다.

쿠르시드 파샤는 나지드를 기반으로 알 핫사와 오만으로 세력을 확장시키려고 했다. 하지만 1840년 무함마드 알리의 제국이 무너지면서 아라비아에 있던 모든 이집트 병사들은 이집트로 돌아올 것을 명령 받았다. 무함마드 알리는 프랑스와 동맹을 맺고 터키, 영국, 그리고 그들의 다른 동맹들과 큰 전투를 벌일 계획에 있었기 때문에 가능한 병력을 한 곳에 집중시켜야만 했다.

나지드 인들은 칼리드를 이집트의 꼭두각시로 간주해 매우 증오했다. 또한 칼리드는 이집트에 머물 때 유럽식 교육을 받았고 생활이 방탕하여 나지드 인들은 그에 대한 증오를 키웠다. 1841년, 칼리드가 잠시 자리를 비운 사이에 그의 먼 친척 압달라 이븐 투나이얀이 칼리드에게 반기를 들었다. 알 와합의 자손들을 포함해 많은 나지드의 지도자들이 투나이얀을 지지했다. 칼리드는 반란을 피해 알 핫사 쪽으로 도망쳤고 투나이얀은 곧 리야드를 함락시켰다. 그리고 칼리드가 도망 간 알 핫사를 공격했고 칼리드는 북쪽으로 도망쳤다가 결국 이집트로 도피했으며 여생을 무함마드 알리 밑에서 살았다. 투나이얀은 비록 리야드의 통치자가 되었지만 카심, 자발 샤마르, 알 핫사 등은 제 각각의 지도자들에 의해 통치되고 있었다. 또한 투나이얀은 가난한 부족들에게 과중한 세금을 거두고 적에 대한 관용성을 베풀지 않아 나지드 인들은 투나이얀은 기피하게 됐고 파이잘을 그리워했다.

1938년 이집트에 붙잡혀 갔던 파이잘은 1843년 탈출한다. 이집트를 탈출한 파이잘은 곧 하일에 도착했고 그곳의 지도자와 친분이 있던 그는 하일의 지도자 자리에 오르게 됐다. 그곳에서 그는 자신이 돌아 왔음을 나지드 사람들에게 알렸고 투나이얀은 이를 저지하기 위해 군대를 모집했지만 많은 병사들이 무기를 버리고 도망갔다. 겁을 먹은 투나이얀은 리야드에서 저항했으나 리야드의 주민들은 파이잘을 따르기로 했고 1843년 6월 리야드는 파이잘의 통치하에 들어오게 되었고 투나이얀은 리야드의 감옥에 투옥되었으며 그곳에서 죽었다.

뛰어난 통치 실력을 지녔던 파이잘은 부족 간 싸우는 사회체제에서 점점 중앙집권체제로 변화하고 있던 아라비아를 유능하게 이끌었고 이후 20년 동안 지도자의 자리를 지키게 된다.

파이잘이 1865년에 사망하자 그의 아들 압달라가 왕위를 계승했다. 그러나 그것을 못마땅하게 여긴 그의 동생 사우드는 형에게 반발하여 여러 번 리야드를 공격했으나 실패했다. 사우드는 계속해서 리야드를 공격했고 1871년 4월에 결국 리야드를 함락했으며 압달라는 남쪽으로 도망쳤다.

압달라는 이때 오토만에 도움을 요청했지만 오토만 제국은 압달라를 도와준다는 핑계로 알 핫사를 침공, 모든 주요 도시와 오아시스를 순식간에 점령 해버렸다. 이에 압달라와 사우드는 터키에 대항하게 위해 손을 잡지만 갈등은 끊이지 않았다.

1875년 인접 부족들과 싸우던 중 사우드는 질병에 걸려 죽었다. 그리고 그의 동생 압두 알 라흐만 이븐 파이잘이 리야드의 새로운 지도자가 됐다. 알 라흐만은 그의 형 압달라에게 저항했었으나 죽은 사우드의 세 아들들이 여세를 모아 리야드를 공격함에 따라 알 라흐만은 다시 압달라와 손을 잡고 이들과 싸우게 되었다. 그 결과 압달라는 다시 리야드로 돌아올 수 있게 됐었지만 이는 파이잘이 죽고 11년이 지나는 동안 여덟 번째로 지도자가 바뀌는 것이었다.

1880년에 알 라흐만과 아흐메드 알 수다이리의 딸 사라의 사이에서 압두 알 아지즈 이븐 압두 알 라흐만 이븐 파이잘 알 사우드가 태어났다. 훗날에 서구에 이븐 사우드라는 이름으로 알려질 미래 사우디아라비아의 왕은 어렸을 때부터 꾸란을 읽으며 이슬람 학문을 공부했다.

이와 같은 아미르들 간의 분열로 인해 리야드의 에미레이트의 힘은 계속해서 약해져감에 따라 새로운 세력으로 부상하고 있던 자발 샤마르에게 주위의 부족들은 점차 귀속되어 결국 1887년 두 번째 사우디 국가는 공식적으로 사라지게 된다.

자발 샤마르의 세력은 날이 갈수록 커졌고 한때는 알 핫사까지 침략을 할 수 있을 정도였다. 1889년 자발 샤마르의 포로로 잡혀 있던 압달라는 질병에 시달려 사경을 헤매고 있는 상태에서 그의 동생 알 라흐만과 사라져 가고 있는 리야드로 이주하였고 그곳에서 생을 마감했다.

사망한 압달라를 이어 다시 알 라흐만이 리야드의 지도자가 되기는 했으나 자발 샤마르를 통치하던 무함마드 알 라시드는 알 라흐만을 감시하기 위해 자신의 심복을 리야드의 관료자리에 세웠다. 따라서 리야드의 지도자 알 라흐만은 무함마드 알 라시드의 속국처럼 지내야 했다.

자발 샤마르의 힘이 커지는 것을 경계한 카심은 1890년 말 알 라흐만과 손을 잡고 샤마르를 반대하는 동맹을 맺었다. 그러나 정작 카심이 전력을 다해 샤마르를 공격했을 때 알 라흐만은 카심을 돕지 않았고 카심과 샤마르는 한 달에 걸쳐 격렬한 전투를 벌였지만 결국 카심의 패배로 끝을 맺게 되어 자발 샤마르는 중앙 아라비아의 통치자가 됐다. 카심의 패배소식을 들은 알 라흐만은 리야드에서 도망쳤고 1893년 쿠웨이트에 당도해 그곳에 몸을 의탁했다.

라시드는 비록 중앙 아라비아의 통치자가 되었지만 이미 아라비아는 예전과는 사뭇 다른 모습을 하고 있었다. 계속된 전쟁으로 인해 밭과 과수원들이 황폐화 되었고 많은 우물이 모래로 막혀 있었다. 아라비아에 살던 많은 인구는 이라크나 걸프만 쪽으로 이주했고 경제는 큰 타격을 입었다. 라시드가 통치를 유지하고 반란이 일어나지 않게 할 수 있었던 것은 오로지 그의 군사력 때문이었다.

라시드는 1897년 사망했고 그의 조카 압두 알 아지즈 이븐 미탑 알 라시드가 자식이 없던 라시드의 뒤를 이었고 이때 그는 30살이었다. 압두 알 아지즈는 정치를 하기에는 성격이 너무 급하고 불같았다. 10년이 지나지 않아 그는 자신의 삼촌이 남겨준 재산을 거의 탕진했다.

자발 샤마르는 아라비아를 이끄는 하나의 큰 국가라기보다는 하나의 강한 부족과도 같은 모습이었으며 후에 터키가 아라비아에 영향력을 미치는데 도구 역할을 했다. 또한 라시드가 죽은 후 지도자의 자리를 둘러싼 가족 간의 다툼 때문에 자발 샤마르는 더 큰 세력으로 성장하지 못하고 훗날 압두 알 아지즈 이븐 압두 알 라흐만 알 사우드가 권력을 잡을 때 그와 대적하지 못했다.

그러나 이 시기에 국제정세는 급변하고 있었다. 즉 세기의 변환과 걸프를 둘러싼 초강대국 간의 경쟁이 심화되어 아라비아의 상황이 급변하고 있었다. 19세기 영국은 걸프를 둘러싼 강력한 외세로 자리를 잡고 있었다. 1869년 수에즈 운하가 열렸고 걸프는 공식적으로 국제 해양이었으나 실제로는 영국의 해양이나 마찬가지였다. 그러나 19세기가 끝날 무렵 베를린과 쿠웨이트를 잇는 철도를 건설하는 등 독일이 아라비아의 영국에게 큰 위협으로 다가왔다. 따라서 영국은 이것을 견제하기 위해 이집트와 수단과 마찬가지로 아라비아를 영국의 통치하에 두려고 했다.

3. 세 번째 사우디 국가

1902년 알 라흐만의 아들 이븐 사우드는 아버지의 허락을 받고 40명의 병사와 함께 알 핫사로 내려간다. 그곳에서 그는 아직 라시드 가문에게 충성을 다하는 부족들을 공격하기 시작했고 그 와중에 과거 사우디 일가의 아들이 왔다는 소식을 듣고 천 명이 넘는 사람이 그를 따르기 시작했다.

이븐 사우드가 남쪽으로 내려오고 있다는 소식을 들은 당시 라시드 가문의 지도자 이븐 미탑은 터키에게 도움을 요청했고 터키군대가 개입한다는 소문이 돌자 이븐 사우드를 따르던 천 명이 넘는 사람들이 모두 도망쳐 이븐 사우드는 다시 처음 쿠웨이트에서 그를 따라 나온 40명의 병사만 갖게 되었다.

이븐 사우드는 그 후 리야드 공격 시 뛰어난 지략으로 40명의 병사를 가지고 리야드를 함락시켰다. 이븐 사우드가 리야드를 함락시켰다는 이야기가 퍼지자 이븐 미탑은 복수를 결심했고 쿠웨이트에 있던 알 라흐만은 자신의 아들을 돕기 위해 리야드로 왔다. 리야드의 주민들은 알 라흐만을 다시 지도자로 추앙했지만 자신의 아들 능력을 높이 산 알 라흐만은 아들 이븐 사우드를 새로운 리야드의 지도자로 세웠다.

이때 독일은 베를린에서 바그다드까지 이어지는 철도건설의 안정을 보장하기 위해 터키에 압력을 가함과 동시에 그들의 뒤를 봐주었다. 이븐 미탑에게는 터키라는 든든한 배후가 있었으나 쿠웨이트와 사우디 일가 뒤에는 영국이 있었다.

이븐 사우드는 초기에 많은 성공을 거두었지만 아직 중앙 아라비아에서 든든하고 꾸준한 지지는 받지 못하고 있었다. 그러나 그는 그의 조상들이 처음으로 사우드 국가를 일으킬 때와 마찬가지로 부족들을 사우드의 깃발에 결집시켜줄 정치-종교 운동이 일어나면서 그가 필요했던 지지를 얻게 되었다. 처음에 사우드 가문이 종교와 결합하면서 그들의 타 부족에 대한 정복은 '진실된 종교'를 퍼뜨린다는 깃발 아래 보호를 받을 수 있게 되었었다. 하지만 이와 달리 이븐 사우드는 첫 10년 동안 부족들의 지지를 얻고 중앙집권 체재를 정당화하는데 종교를 사용하려고 한 흔적을 보이지 않는다. 그리고 이때 이크완(Ikhwan) 운동이 벌어지게 된다. 이크완 운동은 무슬림들이 기본적으로 갖추어야 할 이슬람의 5가지 덕목 외에도 형제들에게 충성을 다하고 아미르와 이맘을 따르며 서로를 돕고 유럽, 그리고 유럽의 통치 하에 놓여 있는 모든 국가와 국민들을 받아들이지 않도록 가르쳤다.

이들은 히즈라 라고 불리는 공동체를 구성해서 모여 살았는데

1920년에는 아라비아에 52여 개의 이크완 히즈라가 존재했고 1929년에는 120여개 정도 존재했다. 언제나 다신론 자들과 맞서 싸울 준비를 하고 있던 이크완은 성전이 공표되는 즉시 적들과 싸울 준비를 하고 있었다. 이븐 사우드 본인은 결코 광신적인 무슬림이 아니었다. 하지만 그는 이크완 운동을 자신의 필요에 맞게 사용할 능력이 있었고 또 그렇게 했다. 그리고 자신의 언행이 이크완 운동에서 요구하는 철저한 이슬람 신앙과 반대 될 때 그는 재치 있게 그들의 비난을 피했다. 한 예로써 1차 세계 대전이 일어나고 이븐 사우드가 영국의 보호를 받으며 원조를 받았을 때 그는 이것이 초대 무슬림 칼리프가 기독교인들에게 받은 세금과 같은 것이라고 설득했다.

그림3 사우디아라비아 국기

1913년, 터키가 발칸 전쟁에서 패했다는 소식을 접하자 이븐 사우드는 알 핫사를 침공해서 점령했다. 터키의 탄압과 약탈에 시달렸던 알 핫사의 사람들은 이븐 사우드를 구세주로 보았다. 그 당시 중앙 아라비아는 척박한 토지 때문에 많은 양의 식량을 외국으로부터 수입해야 했었고 무기와 옷 따위도 많은 양을 외국에서 들여다 사용할 수밖에 없었다. 그러나 알 핫사의 점령을 통해 걸프로 가는 길을 열 수 있었고 이를 통해 많은 경제적 이익을 얻었다.

제3절 양대 세계 대전

1. 제1차 세계대전

당시 독일은 터키에 강한 영향을 행사했고 터키는 독일의 편에서 영국, 프랑스, 러시아와 싸우기로 결정했다. 이에 영국은 나지드에 있는 이븐 사우드에게 영국의 편에 설 것을 설득했고 이븐 사우드는 이를 받아 들여 1915년 12월 26일 양측은 알 카티프 건너 편에 있는 다린 섬에서 조약을 맺었다. 조약을 맺음과 동시에 영국은 이븐 사우드에게 약간의 자금과 무기를 주었고 바레인에서 무기를 구입할 수 있도록 허락했다.

또한 당시 메카의 지도자는 샤리프 후세인이었는데 영국을 포함한 연합군은 이븐 사우드 보다 샤리프 후세인을 아랍의 실세로 보았다. 그리고 당시 영국과 싸우고 있던 오토만 제국의 영향권 아래 놓인 히자즈에서 반란을 일으키기 위해 샤리프 후세인을 회유했다. 샤리프 후세인은 이에 응답하여 히자즈에서 오토만 제국에게 반란을 일으키는 대신 영국에게 아랍 국가들의 독립을 인정해주고 자신이 아랍 국가들의 왕이 될 것을 계획한다. 영국은 샤리프 후세인의 도움을 받기 위해 이에 응했고 샤리프 후세인은 영국으로부터 물자를 지원받아 오토만 제국으로부터의 독립을 선언하고 히자즈에 있는 터키 군대를 물리치기 시작했다.

하지만 영국은 이런 샤리프 후세인과의 약속을 처음부터 지킬 생각이 없는 것으로 보였다. 샤리프 후세인에게 여러가지 이익을 약속했지만 뒤로는 연합군끼리 전쟁에서 승리하고 난 뒤 어떻게 아랍을 나눌지에 관한 조약을 맺었다. 그리고 이런 조약이 샤리프 후세인에게 발각되자 영국은 그것이 가짜라고 둘러대며 아랍권을 보호해 줄 것을 거짓으로 약속했다. 어차피 자금, 무기, 식량 모든 것을 영국으로부터 원조 받던 샤리프 후세인은 영국의 말을 믿을 수밖에 없었고 계속해서 오토만 세력을 공격했다.

그러나 아랍 민족주의자들이 아랍의 땅을 나누고 1917년 11월 2일에는 팔레스타인에 이스라엘인들을 위한 나라를 세워주겠다고 약속하는 발포어(Balfour) 선언이 있으면서 상황은 점차 악화되었다.

히자즈가 오토만에 대한 반기를 들고 공격했을 때 이븐 사우드는 처음부터 히자즈를 돕지는 않았다. 처음에는 터키를 돕기도 하고 히자즈를 돕기도 했으나 곧 영국의 압박에 의해 히자즈를 지지하고 터키를 적으로 대하게 된다.

제 1차 세계 대전이 끝났을 때 나지드는 아랍의 여러 국가 중 하나였으며 자발 샤마르도 아직 존재하고 있었고 쿠웨이트는 영국의 식민지였다. 아시르는 아직 나지드에 합병되지 못했고 히자즈는 아랍 전체를 통치하려 했으나 그러한 힘이 부족했다. 그 동안 유럽 강대국들은 멸망한 오토만 제국의 땅을 나눠가지기 바빴다.

이븐 사우드는 이크완 군대들을 이용해 쿠웨이트와의 싸움에서 한 번 이긴 후 쿠웨이트를 돕던 자발 샤마르를 정복하기 위해 군대를 돌렸다. 1921년 4-5월에 이븐 사우드의 군대는 하일에 도착했고 몇 개월간의 지구전이 이어졌다. 이때 자발 샤마르에는 또 한 번의 가뭄으로 인해 식량 값이 폭등하는 등 어려움을 겪고 있었다. 그러나 몇 개월이 지나도 하일은 함락의 조짐을 보이지 않았다.

이때 당시 영국의 식민지 장관이었던 윈스턴 처칠이 카이로에서 중동 국가들에 대한 정책을 발표하고 샤리프 후세인의 아들 파이잘을 이라크의 왕으로 세우자 이븐 사우드는 서두르지 않으면 자발 샤마르를 빼앗길 수도 있다고 생각했다. 이븐 사우드는 곧 하일을 총공격했고 목숨은 살려주겠다는 이븐 사우드의 약속을 받아들여 하일의 지도자는 곧 항복하게 되어 결국 1921년 11월 1일 자발 샤마르 에미레이트는 사라지게 된다. 그 다음날 하일의 부족들은 이븐 사우드에게 충성을 다할 것을 맹세했고 이븐 사우드는 누구도 하일의 사람들을 약탈하지 못하게 했다. 특히 이븐 사우드를 두려워하던 쉬아들에게 안전을 약속했다. 이에 이크완들은 이븐 사우드의 관용을 비판했고 이교도인들과 타협했다고 공공연히 비판했다.

자발 샤마르의 멸망 원인에는 여러 가지가 있다. 모든 아랍권이 오토만 제국의 터키인들을 반대할 때 터키인들과 손을 잡았고 나지드인들이 이크완이라는 와하비즘의 부활 운동을 통해 서로 하나가 되어 싸울 때 샤마르라는 하나의 큰 부족에만 의지했다. 또한 나지드의 자발 샤마르 정복이 이라크를 둘러싼 자신들의 이권에 해가 되지 않는다고 생각한 영국도 여기에 간섭하지 않았다.

그때까지 아라비아인들에게는 유럽식의 국경선이라는 개념이 존재하지 않았다. 그러나 이라크가 영국의 속국이 되고 나지드가 이라크 남쪽의 자발 샤마르 땅을 차지하면서 두 나라 사이에 국경선을 확정할 필요가 생겼다. 중요한 카드는 모두 영국이 쥐고 있었지만 6일간에 걸친 협상을 통해 이븐 사우드는 자신이 얻고자 했던 많은 것을 얻을 수 있었고 국경선 협상이 끝나자 이븐 사우드와 나지드의 지도자들은 다시 한 번 히자즈에 눈을 돌리기 시작했다.

1920년 5월 이븐 사우드의 군대는 아시르 북쪽에 있는 아바라는 마을을 점령했고 이에 대한 보복으로 샤리프 후세인은 1920년 8월-9월

동안 나지드 인들이 메카로 성지순례 오는 것을 금지했다. 이에 나지드 인들은 영국을 통해 메카의 결정을 번복시켰고 후세인은 어쩔 수 없이 나지드인들의 순례를 허락했지만 히자즈에 존재하는 강한 이크완 세력을 견제하기 위해 순례자의 수에 제한을 두었다. 그리고 이런 협상이 오가는 동안 이븐 사우드는 아바에 정착할 수 있게 되었다.

그 결과 1923년, 히자즈와 나지드 사이의 무력 충돌은 피할 수 없을 것처럼 보이기 시작했다. 히자즈의 왕이 된 후세인은 성지순례를 하러 오는 무슬림들에게 지나치게 많은 세금을 걷고 불결한 잠자리를 제공하는 등의 실정으로 이집트와 인도 같은 이슬람권 국가들에게도 미움을 사기 시작했다. 또한 영국이 처음의 약속을 지키지 않고 시리아를 프랑스에게 넘겨버리자 히자즈와 영국의 사이도 악화되기 시작했다. 그리고 1924년 후세인이 스스로 칼리프의 자리에 등극하자 히자즈와 영국, 그리고 다른 이슬람권 국가들과의 사이는 더욱 악화되었다. 여기에 덧붙여 히자즈는 영국을 배척하기 시작했고 1924년 젯다에 소련 대사관을 지으며 소련과의 천선관계 강화 움직임을 보였다.

이븐 사우드는 히자즈를 정복하고 싶어 했으나 과거 영국 때문에 공격을 멈춰야 했던 기억 때문에 미루고 있었다. 그러나 히자즈와 영국의 사이가 악화되자 히자즈를 공격할 계획을 세우기 시작했다. 1924년 7월 이븐 사우드는 이크완 지도자들을 불러 모아 히자즈 공격계획을 세웠고 먼저 영국의 반응을 지켜보기 위해 메카 근처에 있는 알 타이프를 공격해 정복했다.

이크완 군대가 점점 다가오자 후세인의 신하들은 이븐 사우드가 군대를 후퇴시키길 바라는 마음에서 후세인을 설득해 그를 폐위시켰지만 이크완 군대는 진격을 멈추지 않았다. 1924년 10월 중순 이크완 군대는 무슬림들에게 성스러운 도시 메카에 입성했다. 이때까지 이븐 사우드는 혹시라도 영국이 이븐 사우드를 탓할 경우 이크완 군대에게 책임을 전가할 수 있도록 본인은 리야드에 남아 있었다. 메카에 입성한 이크완 군대는 약간의 약탈을 했을 뿐 살육은 벌이지 않았다. 메카의 함락 이후 이븐 사우드는 자신의 군대를 이끌고 메카로 출발했으나 계속 영국이 개입할지 모른다는 불안감 때문에 3주에 걸쳐 천천히 메카에 당도하게 되었다. 하지만 메카로 오는 길에 젯다의 대사관에서 온 대표가 자신들의 중립을 표명하자 비로소 이븐 사우드는 히자즈가 자신의 것이 되었음을 인지했다.

이때 후세인의 뒤를 이어 히자즈의 왕이 되었던 알리는 젯다로 도망가 있었는데 이븐 사우드는 그들의 가문을 완전히 뿌리 뽑기 위해 젯다를 공격했다. 젯다의 저항은 1년이 지나서야 끝났고 1925년 12월 22일 알리는 항복했다.

또한 이븐 사우드는 이크완 군대를 메디나로 보내며 절대 자신의 허락 없이 메디나를 함락하지는 말라고 했다. 왜냐하면 이크완들이 메디나로 들어가면 무함마드의 무덤을 파괴할 것을 염려했기 때문이었다. 이크완의 공격을 견디지 못한 메디나는 이븐 사우드에게 전갈을 보내 이크완에게는 항복하기 싫으니 이븐 사우드의 가족을 보내주면 항복하겠다고 했고 이에 응한 이븐 사우드는 자신의 아들 무함마드를 메디나로 보냈다. 메디나는 1925년 12월 6일 항복했다.

당시 히자즈는 나지드 뿐만 아니라 아라비아 어떤 곳보다도 발달되어 있던 곳이었다. 오토만 제국으로부터 원조를 받아 선진문명을 받아들였고 많은 번영을 이루었다. 따라서 이븐 사우드는 이런 체제를 운영하기 위해 이미 존재하던 시스템을 그대로 유지하고 히자즈인들이 그것을 운영할 수 있게 했으나 자신의 측근들을 배치해 히자즈를 조종했다.

이때는 서구의 전화, 자동차 등이 아라비아로 넘어오기 시작하던 시기였는데 이런 서구의 문명을 악마의 것으로 간주하고 이슬람의 가르침과 맞지 않는다고 규정한 이크완들과 많은 충돌을 일으켰다. 우상숭배를 철저히 배격하는 이크완들은 계속해서 메디나에 있는 이슬람 역사상 중요한 곳에 있는 기념비들을 파괴하면서 폭행을 일삼았다. 또한 사람들이 이슬람의 가르침에 맞지 않는 행위를 하는 것을 막으며 술, 담배 등을 금지시키고 금식을 지킬 것을 강요했다.

이븐 사우드에게 이런 이크완은 골칫거리였다. 1926년의 성지순례가 시작될 때 어느 한 이집트의 고급스러운 마차가 순례를 하기 위해 메카로 향하던 중이었다. 이 마차는 당시 이집트인들이 그랬듯이 악기를 연주하면서 갔는데 이것에 진노한 이크완들은 연주를 멈추기 위해 마차로 다가갔다. 그러자 마차를 호위하던 이집트 군인이 이크완들을 향해 발포했고 25명의 이크완이 사망하는 사건이 발생했다. 당시 메카에서는 이슬람권 국가의 정상들이 모여 회의를 하고 있었다. 이븐 사우드는 마차가 메카로 오지 못하게 한 후 이집트인 책임자를 체포하긴 했지만 크게 처벌하지 않았다. 그러나 25명이나 되는 자신들의 형제를 죽인 이집트인에 대한 처벌을 그냥 넘긴 것을 이크완들은 결코 잊지 않았고 이븐 사우드를 저주하기 시작했다.

그러나 이런 와중에도 이븐 사우드는 이크완들을 통한 와하비즘의 전파에 힘을 기울였다. 그는 와하비즘을 통해 잘못된 사상, 거짓 정보, 그리고 위험한 소문 등 정부에 해가 될 수 있는 요소들을 제거하려

했다. 하지만 이크완들의 과거 회귀적 사상은 지배층의 이익과 반대되는 것이었고 계속된 마찰에 실망한 이크완은 결국 히자즈를 떠나 자신들이 떠나온 고향 마을로 돌아갔다.

1925년 젯다가 함락되었지만 이크완 군대의 사령관이었던 파이잘 알 다위시 대신 다른 사람이 젯다의 지도자가 되었고 파이잘 알 다위시는 이것 때문에 이븐 사우드에게 엄청난 분노를 품게 되었다. 또한 파이잘 알 다위시 뿐만 아니라 많은 수의 이크완 부족들이 이븐 사우드에게 불만을 품고 있었다. 그 이유는 이집트에서 온 마차 사건에 대한 처리, 이교도 세력인 영국과의 결탁, 전화, 자동차 등의 수입, 나지드 무슬림들에게 걷는 세금, 트랜스요르단과 이라크의 부족들이 와하비의 땅을 약탈하도록 방관하는 것, 쿠웨이트와의 상업행위 금지, 알 핫사와 알 카이프의 쉬아 족을 방치한 것 등이었다.

자신의 위치가 흔들리는 것을 감지한 이븐 사우드는 히자즈에서 리야드로 돌아가 3천명의 이크완들을 모아 놓고 회견을 열었다. 그곳에서 이크완 대표들은 자신의 불만을 말하고 이븐 사우드는 요구의 일부를 들어주며 그들을 회유했다. 하지만 이크완의 지도자인 파이잘 알 다위시는 이에 만족하지 않고 이크완과 이븐 사우드의 사이를 갈라놓기 위해 1927년 11월 이라크에 대한 공격을 감행했다. 이에 영국은 이븐 사우드에게 항의했지만 이븐 사우드는 이라크에 대한 공격이 자신의 허락 없이 이루어졌음을 강조했다. 이크완 군대의 이라크 공격을 막기 위해 영국은 비행기 폭격으로 저지했고 이크완과 다른 비 이크완 부족들을 구별하지 못하는 영국군은 많은 민간인을 죽이게 됐다.

이븐 사우드의 위치를 흔들리게 한 파이잘 알 다위시를 비롯한 이크완의 나머지 두 지도자, 이븐 비자드, 그리고 이븐 히슬라인은 그들끼리 이븐 사우드가 물러난 뒤 어떻게 아라비아 반도를 분할할지 계획하고 있었다. 이에 맞선 이븐 사우드는 여러 부족장들과 울라마들로 구성된 회의를 열었고 여기에 800명이 참석했다. 이곳에서 이븐 사우드는 사우드 가에서 다른 왕을 선출시켜 준다면 자신은 물러나겠다는 의사를 표명했고 이런 소식을 들은 나지드 인들을 포함한 아라비아의 여러 부족들은 이븐 사우드의 결정을 반대하고 이븐 사우드가 계속해서 왕의 자리에 남아 줄 것을 원했다.

따라서 아라비아의 사람들을 이븐 사우드에게서 등 돌리게 만들고 자신들이 아라비아를 거머쥐려고 했던 이크완의 세 지도자들은 결국 이븐 사우드에게 직접 반란을 일으키지 못하고 계속 이라크 국경 주위를 공격했다.

그러나 이크완 지도자들의 계속된 공격과 성장을 염려하던 많은 부족장들이 마침내 이크완에게 등을 돌렸고 결국 1929년 3월 이븐 사우드는 군대를 이끌고 이크완을 공격하기 위해 떠났다. 잠시의 대치 상황이 있었으나 3월 31일 두 세력은 맞닥뜨렸고 파이잘 알 다위시를 비롯한 이크완의 군대는 패배했다. 이 전투에서 심각한 상처를 입은 파이잘 알 다위시는 자신의 여성 친척을 이븐 사우드에게 보내 목숨을 구걸했고 부상 소식을 들은 이븐 사우드는 자신의 의사를 파이잘 알 다위시에게 보냈으며 이때부터 더 이상 파이잘 알 다위시를 자신에게 대적하는 라이벌 세력으로 보지 않았다. 이븐 비자드는 후퇴를 해서 자신의 고향으로 돌아갔으나 이븐 사우드는 그에게 항복을 권하는 서한을 보냈고 이에 응한 이븐 비자드는 반란에 참가한 다른 지도자들과 함께 투옥됐으며 모두 그곳에서 죽었다. 그는 이크완 세력의 중심지였던 알 가트가트 히즈라의 모든 무기를 압수했고 이크완의 반란이 끝났다고 여긴 이븐 사우드는 메디나로 간 후 1929년 5-6월 메카로 가서 핫즈에 참석했다.

그러나 파이잘 알 다위시는 비록 전투에서 큰 부상을 입었지만 곧 회복을 했고 다시 복수를 계획했다. 그리고 다시 군대를 모아 이븐 사우드에게 저항했지만 곧 패배했고 쿠웨이트로 도망갔다. 쿠웨이트를 지배하고 있던 영국은 곧 파이잘 알 다위시를 비행기에 태워 바스라에 보냈지만 이븐 사우드의 항의에 따라 반란에 참가했던 파이잘 알 다위시를 비롯한 세 명의 지도자를 리야드로 보냈다. 파이잘 알 다위시는 마지막까지 자신이 잘못을 부인하며 리야드의 감옥에서 1931년 10월 3일에 사망했다.

이크완 반란이 진압됨에 따라 1930년 1월 이크완 운동 자체는 종말을 맞이하고 있었다. 이븐 사우드의 영토와 세력 확장에 큰 힘을 보탠 이크완 운동도 결국 이런 결말을 맞이하게 되었다. 이러한 이크완 운동이 소멸하자 좀 더 강한 중앙집권 체제가 형성되었다.

히자즈가 나지드의 수중에 떨어지자 히자즈에는 이에 따른 불만을 품은 귀족 세력이 등장했다. 이들은 이집트에 히자즈의 독립을 위한 조직을 만들었지만 이를 감지한 이븐 사우드는 군대를 보내 그들의 세력을 완전히 소탕하였다.

그리고 나지드가 히자즈에 집중하는 동안 히자즈의 남쪽에 있는 예멘 역시 사우디의 영토를 빼앗기 위해 공격해 왔다. 그러나 사우디는 예멘보다 더욱 많은 군대와 장비가 있었고 결국 사우디와 예멘은 1934년 5월 15일 평화협정을 맺었다.

협정이 맺어지고 다음 해 이븐 사우드가 메카의 성지순례에 참여하는 동안 예멘에서 온 암살자가 이븐 사우드를 죽이려고 하는 사건이 있었지만 사우디와 예멘의 사이는 계속해서 개선되고 있었으며 사우디아라비아 왕가와 예멘의 왕가는 정치적 협력 관계를 맺기 시작했다.

1929년에 시작된 세계 경제 대공황은 아라비아의 경제에도 심각한 영향을 미쳤다. 당시 아라비아의 주된 수입원은 성지순례가 행해지는 히자즈 지역에서 나오고 있었는데 경제 사정이 나빠지자 순례자의 수가 큰 폭으로 줄어 히자즈에서 나오는 수입이 급감했기 때문이다.

이 당시 찰스 크레인이라는 미국의 백만장자가 아라비아를 여행하고 있었다. 그는 측근을 통해 이븐 사우드를 만났고 물을 찾아본다는 핑계로 석유가 매장되어 있는지를 알아보기 시작했다. 크레인은 지질학자 트위첼을 아라비아로 보냈고 트위첼은 1932년, 석유매장 가능성이 있는 지질학적 근거를 발견했고 이것은 사우디아라비아의 역사가 새로운 시대로 접어드는 신호가 되었다.

1920년 전까지 미국은 자국에서 석유를 채굴하고 있었다. 하지만 1920년부터 미국의 석유매장량이 곧 바닥을 들어 낼 것이며, 해외의 석유는 영국과 네덜란드가 독점하고 있다는 우려로 인해 외국에 매장되어 있는 석유에 관심을 보이기 시작했다.

당시 중동에는 많은 강대국들이 석유 채굴권을 얻기 위해 노력하고 있었다. 그러나 이란, 이라크, 그리고 쿠웨이트와는 달리 사우디아라비아에서는 지질학적으로 이렇다 할 석유매장의 근거가 보이지 않았다. 당시 석유가 발견된 이라크와 이란의 지질조건은 사우디아라비아의 지질과 조금 차이가 있었다. 따라서 사우디아라비아에 석유가 있을지 확실하지 않자 영국을 포함한 다른 나라의 석유 회사들은 사우디아라비아와 계약 맺기를 꺼려했다.

하지만 미국 회사인 소칼(SOCAL)은 사우디아라비아에 석유가 매장되어 있을 가능성이 있는 지질학적 근거를 발견했고 1933년 5월 29일 당시 사우디아라비아의 재정장관이었던 압달라 알 술라이만과 계약을 맺었다. 소칼은 1944년에 아랍-미국 석유회사라는 의미의 ARAMCO (Arabian-American Oil Company)라는 이름으로 개명한다.

당시 사우디아라비아와 소칼이 맺은 채굴권 계약은 사우디에게 굉장히 불평등한 것이었지만 이런 계약은 당시 미국과 사우디아라비아 사이에 존재하던 힘의 차이를 보여주는 것이었다. 당시 사우디아라비아는 외국과 석유 협상을 해 본 적이 없었으며 또한 대공황 때문에 돈이 절실히 필요하던 때였다. 사우디아라비아는 대신 로열티와 대출의 형태로 이익을 얻으려고 했다. 하지만 소칼에게 모든 직간접적인 세금을 면제 해주면서 막대한 양의 이익을 빼앗기게 된다.

채굴 계약이 성립되자 소칼은 즉시 작업에 착수했다. 1933년 9월 두 명의 지질학자가 처음으로 알쥬바일에 도착했고 1933년이 끝날 때쯤엔 여덟 명의 미국 지질학자가 사우디아라비아에 있었다. 1935년도에 유력한 지질구조가 발견되어 그곳에서 채굴이 시작되었으나 약간의 석유와 가스 밖에 없었고 제대로 된 매장의 발견은 1938년에 처음으로 이루어졌다.

1930년대에 사우디아라비아에는 석유시대라는 새로운 시대가 도래 했지만 석유가 제대로 사우디아라비아에 영향을 미치기 시작한 것은 1940년 말이 되면서부터다. 이때부터 사우디아라비아 왕국의 국제적 입장이나 국가발전도는 석유라는 강력한 변수에 의해 뒤바뀌기 시작했다.

년도	Aramco	Getty Oil	Arabian Oil Co.	Total
1938	0.5	-	-	0.5
1939	3.9	-	-	3.9
1940	5.1	-	-	5.1
1941	4.3	-	-	4.3
1942	4.5	-	-	435
1943	4.9	-	-	4.9
1944	7.8	-	-	7.8
1945	21.3	-	-	21.3
1946	59.9	-	-	59.9
1947	89.9	-	-	89.9
1948	142.9	-	-	142.9
1949	174.0	-	-	174.0
1950	199.5	-	-	199.5
1951	278.0	-	-	278.0
1952	301.9	-	-	301.9
1953	308.3	-	-	308.3
1954	347.8	3.0	-	350.8
1955	352.2	4.4	-	356.6
1956	360.9	5.8	-	366.7
1957	362.1	11.6	-	373.7
1958	370.5	14.7	-	385.2
1959	399.8	21.2	-	421.0
1960	456.5	24.9	-	481.4
1961	508.3	28.7	3.8	540.8
1962	555.1	33.7	11.0	599.8
1963	594.6	33.1	24.1	651.8
1964	628.1	34.4	31.8	694.3
1965	739.1	32.6	33.1	804.8
1966	873.3	30.2	46.5	950.0
1967	948.1	25.1	50.6	1,023.8
1968	1,035.8	23.2	55.0	1,114.0
1969	1,092.4	22.7	58.8	1,173.9
1970	1,295.3	28.3	62.7	1,386.3
1971	1,641.6	33.7	65.5	1,740.8

1972	2,098.9	28.3	75.0	2,202.2
1973	2,677.4	23.4	71.9	2,772.7
1974	2,996.5	29.8	68.7	3,095.1
1975	2,491.8	31.2	59.5	2,582.5
1976	3,054.5	29.7	55.7	3,193.3
1977	3,291.2	32.0	43.8	3,367.0
1978	2,952.3	29.4	56.3	3,038.0
1979	3,376.4	30.2	72.6	3,479.2
1980	3,525.3	28.5	70.0	3,623.8
1981	3,512.7	27.1	40.1	3,579.9
1982	2,309.4	23.6	33.4	2,366.4
1983	1,596.6	60.3*		1,656.9
1984	1,435.5	57.4*		1,492.9
1985	1,110.0	48.8*		1,158.8
1986	1,711.8	34.4*		1,746.2

*사우디 석유 및 미네랄자원부 정보제공

표1 사우디아라비아 석유 채굴, 1938-1986 (단위: 백만 배럴)

2. 제 2차 세계 대전

2차 세계 대전은 1차 세계 대전과는 달리 사우디아라비아에 직접적인 영향을 미치진 않았다. 하지만 당시 나치 독일은 아랍 국가들을 이용하여 소련을 침공할 발판을 만들고 싶어 했다. 따라서 영국의 오랜 식민정책 때문에 생긴 반 영국 감정을 이용하여 중동에서의 영국의 기반을 약화시키려 했다. 또한 아랍권에는 전쟁에 필요한 석유가 있었기 때문에 전략적으로 중요한 요충지이기도 했다.

사우디아라비아는 외형적으로 중립적인 입장을 고수했지만 실제로는 영국의 편이었다. 왜냐하면 사우디아라비아는 인도의 영국령으로부터 들여오는 곡물, 영국 화폐인 파운드 등에 의존하고 있었고 사우디아라비아의 주변 국가들은 거의 영국의 식민지거나 친 영국 국가들뿐이었기 때문이다. 나치 독일은 이런 사우디아라비아를 자신들의 편으로 만들려고 노력을 했지만 이븐 사우드는 번번히 나치를 거부했다.

1941년 4월 1일 이라크에서 반 영국 반란이 일어났고 나치 독일은 이라크와 시리아를 향해 진격하며 중동과의 거리를 좁혀 오고 있었다. 하지만 1941년 5월 영국은 이라크의 중요거점을 대부분 수복했고 소련 침공에 힘을 쏟아야 했던 독일은 더 이상 중동에 군대를 보낼 수 없었다.

비록 사우디아라비아의 땅에서 직접적으로 전쟁이 일어나지는 않았지만 전쟁의 여파는 사우디아라비아의 경제에 큰 악영향을 미쳤다. 이븐 사우드는 쿠웨이트, 트랜스요르단, 그리고 이라크의 접경지역에 군대를 보내야 했음으로 많은 남성들이 징집되면서 정부의 수입이 줄어들고 농사 또한 수확량이 좋지 못했다. 전쟁으로 인해 외국에서 들여오는 수입물품들의 가격이 급상승했고 메카를 찾는 순례자들의 수도 급감했다. 이런 재정악화를 이겨내기 위해 이븐 사우드는 소칼에게 로열티를 가불해줄 것을 요청했고 채굴권이 영국으로 넘어가는 것을 두려워한 소칼은 이븐 사우드가 원하는 액수를 지급했다. 영국 또한 사우디아라비아가 계속해서 영국에 의존할 수 있도록 금과 은을 보내 화폐공급이 원활하게 해주었다.

전쟁이 일어난 이후 미국은 사우디아라비아에서 영국을 몰아내고 더 강력한 영향력 행사를 원했다. 이를 위해 1943년까지 미국은 렌드리스법 (무기대여법)을 근거로 영국 등의 연합국에게 전쟁을 위한 물자를 주고 있었는데 이를 사우디아라비아에까지 확대시켜 사우디아라비아에 직접적인 원조를 하고자 했다. 이에 1943년 2월

18일 루즈벨트는 당시 미국무차관보 스테티니어스에게 렌드리스법을 근거로 사우디아라비아에 직접적인 원조 제공을 명령했다. 이로 인해 사우디아라비아는 미국을 통해 막대한 양의 원조를 받았고 그 결과 미국 석유회사에 대한 영국의 위협은 거의 사라졌다.

1943년 11월 미국의 지질학자들이 사우디아라비아에서 직접 석유매장량을 조사했고 이들은 공통적으로 미래 석유채굴의 중심지는 걸프만에서 사우디아라비아로 옮겨 올 것이라고 예측했다. 당시 걸프만에서 하루 4500배럴, 베네수엘라에서 하루 300배럴 이하, 그리고 미국 본토에서 하루 15배럴의 석유를 채굴되고 있었다. 대부분의 석유채굴은 운송의 편의성 때문에 걸프만 근처에서 채굴되어야 했고 이런 모든 변수들은 1940년대에서 1950년대까지의 미국의 석유전략에 영향을 미쳤다.

1943년 소칼은 석유정제공장을 위한 자금을 확보하고 라스 타누라에 하루 5만 배럴을 생산할 수 있는 공장을 건설했다. 이 공장은 1945년 9월부터 가동되기 시작했고 1945년 3월에는 바레인까지 석유파이프가 연결됐다.

이무렵 미국은 석유채굴에 대한 경제와 재정적인 문제를 회사들에게 맡기기로 하고 중동지역의 미국 군사 및 정치적 이익을 정착시키는 노력을 시작했다. 1943년 중동지역 미군 사령관이었던 로이스 장군이 사우디아라비아를 방문했고 다란과 다우카에 군용 공항을 건설하기로 계약을 맺었다. 다란의 공군기지는 1944년에 건설이 시작됐고 2년 뒤에 완공됐다. 사우디 군대를 훈련시키기 위해 미국에서 인적자원이 들어왔고 미국은 렌드리스 프로그램을 통해 계속해서 사우디아라비아에 군수물자를 보급했다.

1945년 2월 루즈벨트 대통령은 이븐 사우드와 직접 만났는데 이것은 미국의 중동정책에 있어서 사우디아라비아가 얼마나 중요했는지를 보여주는 사건이었다. 당시 얄타 회의에 참석했던 루즈벨트는 영국 몰래 미국 군함 퀸시에서 이븐 사우드와 만났다. 여기서 루즈벨트는 이븐 사우드에게 미군에 대한 정보를 투사기로 보여주었다. 이 만남은 2월 15일에 이루어졌으며 이 자리에서 루즈벨트는 이븐 사우드에게 나치들에 의해 핍박 받는 유럽의 유대인들을 위해 팔레스타인에 정착지를 만들어 주는 보상정책에 동의해줄 것을 요청했지만 이븐 사우드는 유대인들에게 잘못한 것은 독일인들이므로 그 보상 역시 독일인들이 해야지 아랍인들이 해서는 안 된다는 입장을 표명했다. 이 문제는 루즈벨트 이후로도 많은 대통령이 이븐 사우드를 설득시키려고 했지만 모두 실패로 돌아갔다.

4월 5일 루즈벨트는 이븐 사우드에게 서한을 보내 아랍에게 위협이 되는 어떠한 행동도 하지 않을 것을 약속했고 유대인과 아랍인 양측 모두의 의견을 듣지 않고 팔레스타인에 대한 정책을 결정하지 않겠다고 약속했다.

루즈벨트와의 만남에서 이븐 사우드는 영국과 미국의 배가 걸프만에 있는 사우디 항구를 무상으로 사용할 수 있도록 허락해주었고 대규모 공군기지 건설 또한 허락해주었다. 하지만 이븐 사우드는 사우디아라비아가 결코 이집트, 시리아, 이라크, 그리고 이란이 그랬듯이 점령되어서는 안 된다는 조건을 붙였다. 그리고 미군 기지를 위한 땅을 빌려주는데 5년의 기한을 두고 기한이 다 되면 그 땅에 건설된 모든 건물과 함께 사우디 정부에 다시 반환할 것을 요구했으며 이런 요구를 들어주는 대신 사우디아라비아는 독일과 독일동맹국에 전쟁을 선포했고 이 선포를 통해 사우디아라비아는 UN에 가입할 수 있게 되었다.

이와 더불어 이븐 사우드는 미국에게 사우디아라비아의 자주성을 지원해줄 것을 요청하여 루즈벨트에게 약속을 받아 냈다. 이는 전쟁이 끝난 후 필연적으로 벌어질 영국 식민지 정책에 대한 방어였던 것으로 보인다. 또한 석유정책에서의 이븐 사우드는 미국 회사들에게 석유채굴권을 보호해줄 것을 약속했고 알 핫사와 지중해를 있는 파이프라인을 건설하는 것에도 동의했다.

2장 국가형성과 민족 정체성

제1절 현대 사우디 국가 형성 과정에서의 국내외 정치
제2절 석유 발견 이후 사우디아라비아
제3절 민족 정체성 기제로서의 종교와 민족

제 2장 국가형성과 민족 정체성

제1절 현대 사우디 국가 형성 과정에서의 국내외 정치

1. 1945년-1958년

제 2차 세계 대전 후 사우디아라비아에 대한 정보는 존재하는 것이 그리 많지 않다. 따라서 이 시기 사우디아라비아에서 일어난 일들은 대부분 석유 회사, 국제 관계, 그리고 해외 정책을 통해 알 수 있는 것들이다.

이븐 사우드는 나이가 들면서 더 이상 사우디가 직면하는 문제들을 해결할 능력을 발휘하지 못했다. 당시의 국내외 환경 변화는 그에게는 너무나 급변하고 있었고 이븐 사우드는 그 변화에 적응하지 못했다. 그러는 와중에도 사우디아라비아의 국고는 몇 배가 증가했지만 이 모든 돈들은 왕가의 사람들을 위해서 우선적으로 사용되었다. 왕족들은 미국과 서유럽을 찾아다니면서 서구식 화려한 생활에 매료되었다. 돈은 많았지만 이에 대한 계획적인 정책을 수립하고 집행하지 못해 국고의 유실이 엄청났다.

1953년 10월 사망하기 전 이븐 사우드는 당시까지 히자즈에서만 활동하고 있던 장관들의 의회를 사우디아라비아 전체로 확대하려 했지만 그가 사망하기 전에 이것은 현실로 이루어지지 않았다.

이븐 사우드는 젊은 시절부터 용맹한 사람이었다. 그러한 그를 둘러싸고 여러 전설들이 생겨났다. 말년에 이븐 사우드는 전투에서 얻은 부상 때문에 무릎을 제대로 굽히지 못해 한 시간 동안 무릎 마사지를 받지 않으면 밤에 잠도 자지 못할 정도였다고 한다. 이런 소식을 들은 미국의 루즈벨트는 자신이 쓰던 것과 똑 같은 디자인의 휠체어를 이븐 사우드에게 선물했고 이븐 사우드는 그 휠체어를 너무나도 좋아한 나머지 거의 항상 앉아 있다시피 했으나 결국 이는 운동부족으로 이어졌고 아마도 이것이 이븐 사우드의 명을 재촉했을 것으로 여겨진다.

사망하기 전 이븐 사우드는 자신의 두 아들이 왕좌를 놓고 싸울 것을 걱정했다. 그의 아버지와 삼촌이 할아버지가 죽자 다툰 것을 기억하며 그는 자신의 아들 사우드와 파이잘에게 사이좋게 지낼 것을 약속하게 했다. 이븐 사우드는 1953년 11월 9일 알 타이프에서 사망했다. 장례식에는 100여명의 왕자가 참석했고 전통적인 와하비 식으로 진행되었다. 다른 무덤과 알아보기 힘들만큼 아무런 특색이 없는 그의 무덤은 사우드 일족들의 공동묘지에 만들어졌다. 그리고 그날 사우드가 새로운 왕이 되었고 파이잘은 황태자가 되었다.

그는 생전에 수십 명이 넘는 아내를 거느렸다. 이는 대부분 정략적인 결혼이었지만 사랑으로 인한 결혼도 있었다. 그에게는 자식과 직계 손자손녀만 160명이 있었고 그의 딸이 낳은 아이들까지 합하면 300여 명의 자녀가 있었다. 그의 맏아들은 투르키였지만 어려서 독감에 걸려 사망했고 차남인 사우드가 왕의 자리에 올랐다.

사우드는 왕이 되면서 총리직을 겸했으며 황태자인 파이잘도 부총리직을 겸했다. 그러나 사우드는 동생 파이잘의 권력을 견제하기 위해 그의 일에 참견을 했고 이런 형제간의 불협화음은 1950년대 말까지 이어져 이 시기를 종종 이중 권력의 시기로 부른다.

1940년대가 되면서 사우디아라비아는 자신들이 가진 석유라는 자원이 지닌 힘을 깨닫게 되었고 자국에서 석유를 채굴해 가는 회사들이 버는 막대한 이익에 대해서도 자각하기 시작했다. 또한 석유 회사들과의 조정을 통해 석유채굴에 대한 로열티를 더 많이 받게 된 베네수엘라의 경우도 인지했기 때문에 새로이 게티 정유와 계약을 맺을 때는 전보다 더 유리한 조건의 계약을 맺게 되었다. 그리고 1950년대에는 사우디아라비아에서 활동하는 모든 외국 회사들에게 이익에 대한 세금을 부과했다.

이 새로운 세금법을 통해 사우디아라비아는 1950년에서 1957년 동안 두 배에 다다르는 이익을 남기게 되었다. 그러나 석유 회사들은 사우디아라비아에 돈을 더 지불하게 되었음에도 불구하고 계속해서 막대한 이익을 남기고 있었다. 외국 석유회사들이 사우디아라비아에서 석유를 채굴하는 데는 미국보다 10배, 베네수엘라보다는 5배나 더 적은 돈이 들었다.

그러나 사우디아라비아는 이 시기에 지금까지 한 번도 경험해 보지 못한 사회문제에 직면하게 되었다. 1940년대 말부터 석유공장의 노동자들을 중심으로 처우에 대한 불만 고조와 이에 따른 파업 징후가 나타나기 시작함에 따라 1947년 사우디아라비아는 이런 노동문제를 해결하기 위해 이집트와 비슷한 노동 법안을 통과시켰다.

그럼에도 불구하고 1953년에는 2만 명의 아랍 노동자들이 파업을 선포했다. 파업이 확대되기 시작하자 사우디아라비아 정부는 수천 명의 군대를 동부 지역에 보냈지만 노동자들에게 연민을 느끼던 군인, 경찰 및 지역주민들은 파업 노동자들에게 별다른 진압 작전을 하지 않았다. 결국 파업이 다른 나라에까지 번지기 시작하자 미국 회사는 그들의 요구를 부분적으로 수용하여 파업은 그해에 종료되었다.

1956년에는 이집트에서 시작한 혁명적 사건을 계기로 반서구 감정이 중동 전역에 퍼져 이 때 역시 사우디에도 파업이 일어났다. 사우드 왕은 파업을 금지시키는 법안을 통과시키고 이를 어기는 자를 3년형에 처했다. 그러나 이런 파업에도 석유산업은 타격을 받지 않았으며 오히려 알 핫사 지역에서 노동조합 역할을 해오던 노동자들의 의회가 사라지게 됐다. 1956년 파업이 금지 된 후 1958년 트럭 운전수들이 한 번 더 파업을 했지만 20세기에 사우디아라비아의 노동자들이 대규모 집단행동을 한 것은 1956년이 마지막이 되었다.

사우드 왕을 비롯한 엘리트 계층들은 1950년대에 심하게 부패해 있었다. 사우드 왕은 국부를 자신의 개인 돈처럼 사용했고 국고는 서서히 바닥을 들어내고 있었다. 또한 지방 관료들 역시 달러를 이용한 환치기를 하며 경제를 어지럽히는 등의 부패행위를 저지르고 있었다.

석유 시대가 열리고 첫 20년 동안 엘리트 계층들의 재산이 급격히 증가하자 이에 맞춰 노예의 수요도 늘어나기 시작했다. 1950년대 사우디아라비아에는 아직도 소말리아, 에티오피아, 수단, 그리고 프랑스령 서아프리카에서 온 노예들이 존재했다.

지배층의 타락과 함께 문제가 된 것은 바로 와하비즘의 보호자인 울라마(이슬람 학자)를 비롯한 종교계의 반응이었다. 고위층에 있는 울라마들은 지배층의 타락을 좌시했지만 하위층에 있었던 울라마나 종교인들은 지배층의 타락을 이단행위로 심판했다.

1950년 초 이집트 혁명이 일어나자 그 영향에 힘입어 사우디에도 불법 사회단체가 생겨났다. 이들은 약간의 사회주의적 성향을 가지고 반서구적인 이념을 외쳤다. 이런 단체 중 가장 먼저 생겨난 것이 1953년 파업을 주도한 FNR(국가개혁전선, the Front of National Reforms)이었다. 이들은 서구 제국들과 석유회사들로부터의 완전한 독립, 언론의 자유, 선거, 시위를 할 수 있는 자유, 국영산업 육성, 값싼 씨앗, 비료의 공급, 노예제도 폐지, 석유회사와의 재계약, 더 나은 교육 등을 요구했다. 그러나 1956년 사우디 정부는 이들의 존재를 불법으로 규정했고 몇몇 지도자는 체포되어 사형을 당했다.

사우디는 1952년 이집트에서 일어난 군부 쿠데타로부터 교훈을 얻었다. 그것은 바로 반제국주의 사상과 반 왕정주의 사상에 빠지기 쉬운 군인 관료들이 위험하다는 사실이었다. 제2차 세계대전 종료 후 사우디아라비아도 정규군대를 만들기 위해 많은 노력을 했으며 1948년 이스라엘을 공격했던 군대는 이집트에 남아 훈련을 받았고 미국, 영국, 그리고 이집트 교관들이 그들을 훈련시켰다.

그러나 군대를 만들기 위한 노력은 그다지 좋은 성과를 거두지 못했으며 이는 사우디아라비아 왕정과 지배층 엘리트들의 부패 때문에 자금이 부족했기 때문이었다. 1956-57년에는 유럽시장에서의 사우디 석유 수입이 급감하여 가격이 떨어지기 시작하면서부터 석유를 통한 수입이 급감하기 시작했으며 그 결과 재정부족으로 인한 극심한 인플레이션이 일어났다.

이 시기의 국제정치 상황에서 사우디아라비아에게 가장 큰 위협은 바로 북쪽에 위치하며 영국의 지원을 받고 있었던 트랜스 요르단,

이라크, 그리고 시리아였다. 왜냐하면 사우디아라비아는 아라비아 반도를 자신들의 영향권으로 보고 있었지만 사우디를 둘러싼 국가들의 약 반은 영국의 보호를 받는 국가들이었기 때문이다. 이븐 사우드는 생전에 영국을 직접적으로 반대하거나 대항하지 않았지만 영국에게 대적하기 위해 미국의 도움을 필요로 했다.

사우디아라비아는 소련을 위시한 공산권을 멀리했다. 사우디아라비아 정부는 공산주의가 유대인의 시오니즘과 관련이 있다고 보았고 또한 러시아 정교회를 이용한 공산주의 전파 역시 사우디아라비아 정부는 우려스럽게 생각하고 있었다. 비록 사우디아라비아와 소련은 대외정세의 문제에 있어 같은 입장을 취한 적이 많지만 사우디아라비아의 소련에 대한 강한 불신은 단 한 번의 사우디-소련 회담도 허락하지 않았다.

그사이 미국과 사우디아라비아의 관계는 미국의 시오니즘에 대한 지지 때문에 복잡하게 전개되고 있었다. 사우디아라비아는 이븐 사우드 때부터 시오니즘이 팔레스타인뿐만이 아니라 궁극적으로 아라비아와 걸프 만에까지 세력을 뻗치려 한다고 믿고 있었다. 아랍권에 있는 미국 대사들은 워싱턴 트루먼 대통령에게 미국의 시오니즘 지지에 대한 우려의 목소리를 냈지만 당시 미국의 여론은 시오니즘의 성공을 지원하는 목소리가 아랍권을 지지하는 목소리보다 훨씬 컸었기 때문에 미국은 시오니즘에 대한 입장을 바꾸지 않았다.

카타르, 오만, 아덴 보호령 등 영국의 보호령으로 있던 나라들과 사우디아라비아 사이에는 정확한 국경선이 존재하지 않았다. 그러나 1930년대 말, 특히 1940년대에 들어서 반도 전체가 석유를 기반으로 한 산업 활동에 열을 올리기 시작하자 과거에는 아무런 상업적 가치가 없던 사막에 정확한 선을 그을 필요성이 생기기 시작했다.

2. 1958년-1969년

이 시기는 사우드와 파이잘의 권력투쟁의 시기로 대변된다. 이 시기의 첫 번째 단계는 파이잘의 권력 장악(1958년 3월 - 1960년 12월) 단계이다. 이븐 사우드 생존 시 왕족들은 서로에게 노골적으로 적대감을 보이지 않았고 겉으로 드러나게 싸우지도 않았다. 이는 이븐 사우드의 명령을 어길 시 모든 수입원을 빼앗길 수 있었기 때문이다. 하지만 이븐 사우드가 사망하고 사우드가 왕이 되면서 왕족은 여러 파벌로 갈라졌다. 이는 사우드 왕의 불평등한 처우로 인해 많은 왕족들이 불만을 가졌기 때문이며 그들은 파이잘을 중심으로 세력을 형성하기 시작했다.

1958년 3월 24일 사우드의 동생 중 한 명인 파하드 이븐 압두 알 아지즈는 사우드 왕에게 최후의 통첩을 보내 부패척결, 국부낭비의 중단, 사우드 왕의 형제들에게 사우드 왕의 아들들과 같은 권리를 달라는 것과 같은 요구를 하였다. 사우드 왕은 서구에 도움을 요청했으나 반응을 얻지 못했고 대부분의 왕족들은 사우드 왕에게 등을 돌린 뒤였다. 결국 사우드 왕은 파이잘의 요구를 수용할 수 밖에 없었다. 사우드 왕은 의회의장인 파이잘에게 국내외 정책 그리고 금융에 관련된 모든 행정을 총괄할 수 있는 일체의 권한을 주었다.

그러나 사우드 왕은 파이잘에게 모든 권력을 쉽게 넘겨주지는 않았다. 그는 1960년 일 년 내내 서민정책을 펼쳐 가난한 사람을 도와주고 빚을 갚아주며 종교의식에 참석하는 등 공정하고 관대한 지도자의 모습으로 탈바꿈하기 위해 노력했다. 1960년 파이잘은 치료목적으로 유럽으로 출국하려 할 때 파하드 왕자를 총리의 자리에 임명했다. 그러나 사우드 왕은 파이잘의 이런 행위를 인정하지 않았으며 왕자들 간에도 분열이 일어나 일부 왕자들은 파이잘을 따랐고 다른 일부 왕자들은 사우드 왕의 편을 들었다. 그 여파로 파이잘은 유럽으로 출국하지 못했으며 사우드 왕은 자신의 동의 없이 인사 조치를 하지 말 것을 요구했다.

12월 18일 파이잘은 사우드 왕에게 예산 계획서를 제출하였으나 사우드 왕은 세부 내용이 부족하다며 예산을 통과시키지 않았다. 그러자 그날 밤 파이잘은 사우드 왕에게 더 이상 이 일을 계속할 수 없으며 나에게 주어진 권리의 행사를 그만두겠다는 불만이 담긴 편지를 제출하였으며 사우드 왕은 이것을 파이잘이 총리직에서 사직한다는 의사로 이해했고 파이잘을 총리직에서 해임했다.

두 번째 단계는 되돌아온 사우드(1960년 12월 - 1962년 3월) 단계로서 파이잘과 측근을 자진 퇴임시킨 사우드는 탈랄을 포함한 자신의 측근인 왕자들을 요직에 앉혔다. 하지만 왕족들 사이에서의 불협화음은 지속됐고 여러 왕자들이 사우드에게 붙었다가 파이잘에게 붙기를 반복하고 있었으며 파이잘과 그의 지지자들은 왕을 직접 공격하지 않고 금융장관이었던 탈랄을 공격했다.

이와 같이 파이잘 세력과 사우드 왕 사이의 분쟁이 계속되었으나 1962년 3월 사우드 왕의 건강이 악화되고 미국에서 치료를 받게 되어 결국 사우드 왕은 파이잘을 다시 국무총리로 세웠고 총리의 자리에서 해직된 지 15개월 만에 파이잘은 권력을 되찾게 되었다.

이러한 와중에 1962년 9월 19일 예멘의 이맘 아흐메드가 사망하고 그의 아들인 무함마드 알 바드르가 그 뒤를 이었으나 일주일 뒤 왕정에 반대하는 군인들이 쿠데타를 일으켜 무함마드를 축출한 사건이 발생했다. 이 사건 후 사우디아라비아는 고민에 빠질 수밖에 없었다.

왜냐하면 예멘에서 반란이 일어나게 한 요소들이 사우디아라비아에도 똑같이 존재하고 있었기 때문이다. 사우디아라비아는 예멘처럼 부패한 지도층, 빈곤한 대중들, 그리고 사회주의에 물든 장교들이라는 요소를 지니고 있었으며 당시 아랍권 나라들은 모두 이와 비슷한 문제점을 안고 있었다.

그러나 예멘에서 일어난 반 왕정 반란은 대중들의 큰 지지를 얻지 못했다. 사우디아라비아는 쫓겨난 이맘 무함마드 알 바드르에게 피난처를 제공하였으며 예멘의 왕정주의자들은 사우디아라비아와 예멘의 국경지대에 모여들었다. 또한 아랍권이 사회주의에 물드는 것을 경계하고 아덴과 같은 자신의 보호령이 위협 받는 것을 우려한 영국 역시 사우디아라비아와 같은 편에서 사회주의를 경계했다.

상황이 이렇게 불안정하자 황태자 파이잘은 UN에 참석한 후 미국의 지지 약속 받고 10월 24일에 다시 사우디아라비아로 돌아왔다. 그러나 당시 사우디 국내의 왕족들은 상황이 위태로운 틈을 타 세력을 넓히려고 하였으며 대부분의 왕자들은 사우드 왕이 정치에 적극적으로 간섭하는 것에 반대했다. 사우드 왕은 부패행각과 사치스러운 삶 때문에 미움을 사고 있었으며 또한 개혁주의자들과 관계를 맺으면서 보수주의자들의 미움까지 사고 있었다.

미국 역시 사우드 왕이 1961-62년에 한 반미주의 발언 때문에 사우드 왕보다 파이잘을 더 선호하고 있었다. 결국 왕자들과 울라마들의 압력에 의해 사우드 왕은 파이잘을 다시 총리와 외무부 장관의 자리에 앉혔다.

세 번째 단계는 파이잘의 왕위등극과 이중권력의 종말 단계이다. 1962년 사우드 왕은 치료를 위해 유럽으로 출국하였으며 이때 파이잘은 권력을 차지하기 위한 작업에 들어갔다. 1963년 1월 1일 파이잘은 계엄령을 선포하고 자신에게 반대하는 정치인과 군인들을 체포했다. 또한 자신을 지지하는 왕자들을 요직에 앉혀 사우드가 1963년 4월 27일 사우디아라비아로 돌아왔을 때 이미 자신을 지지하는 세력은 없어지고 난 후였다. 그의 형제 39명이 파이잘에게 실질적인 권력을 넘겨주라는 최후통첩의 서한을 보냈고 명목상의 왕으로 전락한 사우드는 다시 사우디아라비아를 떠났다.

사우드가 떠나자 파이잘은 모든 사우드의 아들들을 요직에서 축출하고 그의 형제들로 빈자리를 채웠다. 여기에는 칼리드, 파하드, 술탄 왕자와 파이잘에게 충성을 다하던 삼촌 무사이드 이븐 압두 알라흐만도 있었다. 뿐만 아니라 파이잘은 사우드 왕에게 충성하던 근위군대 3 부대 중 하나를 남쪽 예멘 국경 지역에 보내 그곳의 일반 군대와 합쳤다.

사우드는 국정에 간섭하지 않겠다는 조건으로 다시 사우디아라비아로 돌아올 수 있었지만 권력을 자신에게 넘길 것을 파이잘에게 요구했다. 사우드는 아직 자신에게 충성을 다하는 근위군대를 믿고 있었으나 파이잘은 훨씬 더 많은 수의 국가 경비대를 데리고 왕궁을 포위해 결국 근위군대는 항복했다.

1964년 수십 명의 왕자, 부족장, 그리고 울라마들이 리야드에 모여 사우드에게 모든 정치적 활동을 중단하고 권력을 파이잘에게 이양할 것을 요구했다. 결국 11월 2일 의회는 파이잘을 왕으로 등극시키는데 동의했다. 사우드 왕은 1965년 1월 자신의 동생에게 충성을 다할 것을 다짐하며 사우디아라비아를 떠났고 1965년 3월 파이잘은 칼리드를 다음 황태자로 임명했다.

이 시기 미국의 대 중동정책은 매우 유동적이었으며 사우디아라비아 역시 이를 잘 알고 있었다. 그러나 미국은 석유자원 확보를 위해 아랍 국가들과 더 가깝게 지내야만 했다. 국제 정세에서 석유가 차지하는 힘은 점점 커졌고 이를 인식한 사우디아라비아는 중동 국가의 리더 역할을 자처했으며 이것은 필연적으로 사우디아라비아로 하여금 반 이스라엘 입장을 취하게 만들었다. 1973년 파이잘 왕은 미국인 기자와의 인터뷰에서 미국이 계속해서 친 이스라엘 정책을 펼 경우 미국이 원하는 만큼의 석유 생산을 해줄 수 없다고 공언했다.

3. 1970년-1980년대 초

1972년 12월 말 파이잘은 미국에게 친 이스라엘 정책을 중단하고 1967년 11월 22일에 결의된 UN 안보리결의안 242를 적용시킬 것을 요구했다. 그리고 요구가 수용되지 않을 경우에는 석유공급을 줄일 것이라고 경고했다. 하지만 유럽과 미국은 당시 이런 파이잘의 경고를 무시했다.

1973년 10월 6일 제4차 중동전쟁이 발발했고 사우디는 이집트를 지지했다. 전쟁발발 바로 다음 날 미 국무부장관 헨리 키신저는 파이잘에게 전문을 보내 이집트와 시리아에 대한 지지를 중단할 것을 요청했으나 파이잘은 오히려 이스라엘인을 내보낼 것을 요구하고 10월 14일 파이잘은 시리아에 군대를 보냈다.

1973년 10월 17일 10개의 석유수출 국가가 쿠웨이트에 모여 중동문제가 해결 될 때까지 매달 최소 5%씩 석유생산을 줄일 것을 결의했다. 사우디아라비아와 쿠웨이트는 생산의 10%를 줄였다. 그리고 미국이 이스라엘에 무기를 공급하기 위해 '공중다리'를 만들자 중동

국가들은 미국과 네덜란드에 석유 공급을 중단하겠다고 위협했다. 그와 동시에 이란을 포함해 석유를 수출하는 걸프 만 주위의 국가들은 석유의 공시가를 70% 가깝게 올릴 것을 결의했다. 1973년 12월 새로운 석유 값은 두 배가 되었다. 1973년 1월과 1974년 1월 사이에 석유 공시가와 석유수출 국가들의 실제 수입은 거의 다섯 배나 증가했다.

이와 같은 중동의 석유제재 정책은 전 세계에 엄청난 충격을 주었다. 당시 미국은 석유 사용량의 25%이상, 서유럽은 85%, 일본은 90%를 중동국가에서 수입하고 있었다. 1973년 11월 5일 석유를 수출하는 10개의 중동 국가는 12월 석유생산량을 11월보다 25% 줄이기로 결정했다. 그러자 서유럽과 일본은 즉각적으로 안보리결의안 242를 지지했다.

1973년 12월 중동석유수출국가모임(OAPEC)은 친 중동 정책을 피는 국가를 돕기 위해 12월 석유생산 감소 결정을 취소했다. 1974년 1월 OAPEC는 쿠웨이트에서 열린 회의를 통해 일본, 벨기에, 영국, 프랑스와 같은 국가들에게 석유 공급을 늘리기로 결정했으며 1974년 3월에는 미국에 대한 수출금지도 풀었다. 이와 같이 1973년에 사용된 석유 무기화 덕분에 사우디아라비아는 중동의 리더국가로 격상될 수 있었다.

파이잘 왕의 위치는 1973년 중동-이스라엘 전쟁 이후 공고해졌다. 하지만 위험은 예상치 못한 곳에서 나타났다. 1975년 3월 25일 축제기간 중 파이잘의 친척 아들인 무사이드는 권총으로 파이잘 왕을 암살했으며 원인은 개인적인 것으로 보였으나 진정한 이유는 밝혀지지 않았다. 파이잘 왕이 사망하자 칼리드가 그 뒤를 이었고 그의 동생 파하드가 황태자가 되었다.

1975년에는 사우디아라비아에도 공산당이 생겨났다. 당시에는 비록 세력이 약했지만 이는 새로운 반정부 좌익 세력의 등장을 의미했다. 이 외에도 반 서구적 성향을 띄는 단체가 곳곳에서 나타나기 시작했고 1979년에는 '올바른 이슬람'이라는 슬로건과 함께 1980년 초부터 반정부 움직임을 주도했다.

군대 내부에도 반정부 비밀조직이 존재했었다. 이들은 비밀리에 무기를 밀수하고 정부에 대한 불만을 공유했으며 여기에는 몇 명의 젊은 왕자들도 속해 있었다. 사우디 정부는 이러한 비밀 조직과 불법 행위에 대한 것을 1979년 8월부터 인지하기 시작했다. 9월이 되자 사우디 정부는 여러 부대에 퍼져 있던 반정부 조직에 속한 군인들을 체포하기 시작했음에도 불구하고 정부를 비방하고 이슬람의 정화를 촉구하는 유인물이 돌기 시작하자 사우디 정부는 주동자를 찾아서 체포하는데 열을 올렸지만 어떤 조직이나 개인이 그 배후에 있었는지 밝혀내지는 못했다.

결국 1979년 히자즈에서 반정부 반란이 일어났다. 3500명 정도의 반란군은 둘로 나뉘어 메디나와 메카를 향해 진격했다. 반란군은 메디나 정복에 실패했으나 메카를 정복하는 데는 성공했다. 그들은 메카정복 후 사우디 정부에게 자신들의 요구사항을 전달했지만 그들의 요구는 사우디 정부에게 지나친 것으로 인식되어 결국 사우디 정부는 전투 끝에 메카를 되찾고 반란을 잠재울 수 있었다.

메카에서 혼란이 일어날 때 동쪽의 쉬아 거주 지역에서도 동시에 혼란이 일어나기 시작했다. 그들은 왕정주의를 반대하며 민주주의를 채택할 것을 요구했다. 결국 이 시위도 정부군의 개입으로 인해 몇 십 명의 사상자를 낸 뒤 끝났다.

왕정주의에 대한 반항과 정부에 대한 종교적 반감을 잠재우기 위해 사우디 정부는 TV에서 여성들을 제외시키고 옷에 대한 규제를 강화하는 등 새로운 법규를 만들었지만 전반적인 데모의 수는 줄어들지 않았다.

1982년 6월 12일 칼리드 왕은 심장병으로 사망했다. 그러나 파하드 황태자로의 권력이양은 별탈없이 부드럽게 진행되었고 새롭게 왕이 된 파하드는 칼리드 왕의 정책을 그대로 유지했다. 그리고 파하드 왕의 배다른 동생 압달라가 새롭게 황태자가 되었다.

이 기간 동안 사우디는 미국의 자본과 원조가, 미국은 사우디아라비아의 석유가 필요한 관계로 두 나라는 지속적으로 친밀한 관계를 유지해갔다. 사우디아라비아는 미국의 은행과 부동산에 오일머니를 투자했고 그 액수는 비공식적인 것까지 합하면 천문학적인 수치에 다다른다고 한다.

제2절 석유 발견 이후 사우디아라비아

1. 사회 경제 구조(1950년대 초-1980년대 초)

사우디아라비아의 석유판매 수입은 1938년과 1973년 사이 8500배나 증가했고 1973년 이후 부터는 안정세를 찾았다.

Year	Total Revenue	Year	Total Revenue	Year	Total Revenue	Year	Total Revenue
1938	0.5	1954	236.3	1970	1,944.9	1983	42,809.0
1939	2.0	1955	348.0	1972	2,779.3	1984	34,243.0
1945	5.0	1956	290.2	1973	4,330.9	1985	24,180.0
1946	12.5	1960	333.7	1976	33,500.0	1986	16,975.0
1947	17.5	1961	377.6	1977	43,308.0	1987	19,271.0
1948	31.5	1962	409.7	1978	40,332.0	1988	19,607.0
1949	39.0	1963	455.2	1979	62,885.0	1989	24,096.0
1951	110.0	1965	586.2	1980	105,813.0	1990	40,128.0
1952	212.2	1966	760.3	1981	116,183.0	1991	43,658.0
1953	169.8	1967	879.8	1982	75,534.0	1992	47,560.0

표2 사우디아라비아의 석유판매 수입, 1938-1992 (백만 USD)

1950년대까지 사우디아라비아에는 이렇다 할 경제체제가 존재하지 않았다. 왕족의 개인 자금과 국고와의 차이도 없었고 왕의 임의대로 자금이 사용되었다. 이 시기 금융체제는 1952년 전까지 공식적인 화폐가 없었으며 1952년 중앙은행을 설립하여 공식화폐 리알을 발행하기 시작했다.

수입과 지출은 석유 회사가 사우디아라비아에 지불하는 자금이 국가 수입의 4/5를 차지했고 석유 회사가 간접적으로 지불하는 자금까지 계산한다면 사우디아라비아 전체 수입의 대부분은 석유 수출에 의한 것이라고 해도 무방하다. 그 외의 다른 수입원으로는 공항 및 항구세, 도로세, 그리고 자카트 등이 있었는데 이것들은 다 합쳐도 1954년 1백만 미국 달러를 넘지 못했고 전체 수입의 1%에도 미치지 못했다.

교통, 건강, 교육, 농경, 그리고 부족 정착비 등에 투자된 자금의 양은 1960년대부터 서서히 상승하기 시작했다. 1960년대와 1970년대 초까지 경제, 복지, 교육 등에 대한 투자가 늘어났지만 발전 프로젝트들은 대개 군비 지출을 위한 위장 지출이었다. 1967년 이전엔 국비 지출의 1/3만 차지하던 군대와 경찰에 대한 투자가 이후에는 2/5까지 상승했다. GNP의 10-13%를 군대에 투자했고 이는 미국을 포함한 다른 NATO 가입 국가들 보다 높은 수치였으며 이스라엘과 갈등을 빚던 중동 국가들 중에서도 두 번째로 높은 수치였다.

또한 1960년대 말과 1970년대 초까지 사우디아라비아의 금융 활동에 새로운 바람이 불기 시작하였으며 이것은 바로 자본의 수출이었다. 대부분의 저금은 모건 보증 신탁 회사와 체이스 맨하탄 은행에 하였다. 상당한 양의 자금이 유럽 은행에도 저금되었다. 사우디의 해외 저축양은 1969년 7백 85만 달러에서 1976년 4억 9천 5백 90만 달러까지 치솟았다.

1970년대 석유 값이 치솟자 사우디아라비아는 해외로부터 들어오는 석유판매 자금을 사용할 수도 감당할 수도 없어서 1970년대 말부터 자본의 수출을 늘리기 시작했다. 사우디아라비아의 투자는 미국 채권, 은행 예금, 주식, 유럽 달러 시장과 부동산으로 구성되어 있다.

이 시기의 사우디 산업의 기원과 발전을 살펴보면 1940년대까지 사우디아라비아 대부분의 지역에는 바퀴를 사용하는 이동수단이 거의 존재하지 않았다. 1960년대 초의 국내 생산품 이라는 것은 생존을 위해 만들어 오던 물품에서 크게 벗어나지 못하고 있었으며 또한 사우디아라비아의 산업은 엄청난 양의 수출을 가능케 한 근대 산업의 발전과 함께 미국 석유 회사 아람코가 들어오기 훨씬 이전부터 고통 속에 신음하고 있었다. 1950년대쯤에 석유가 수출되고 외화가 들어오기 시작하자 개개인이 수공예로 만들던 물품들은 해외에서 들어오는 생산품들에 의해 대체되기 시작했으며 더욱이 아람코가 들어오면서 현대식 집과 마을이 들어서며 여러 가지 근대적 시설이 생기기 시작했다. 아람코의 이런 투자는 사우디아라비아의 사회 발전에 힘을 불어 넣었지만 이는 아람코라는 회사가 사우디아라비아 내에서 정착하기 위해 필요한 기본적인 경제 기반을 만들려는 의도였다.

사우디아라비아의 경제 발전은 네 가지 부분으로 나뉠 수 있다. 첫 번째는 1946년에서 1956년까지로 부가 시작되는 시대였다. 석유 채굴이 계속해서 늘어났고 지배층의 수입은 급속도로 늘어났다. 두 번째 부분은 과도기로서 1957년부터 1963년까지다. 이때 정부는 서서히 국가의 경제를 보호하기 위한 노력을 시작했고 화폐 유통, 수입 등에 대한 규제를 두기 시작했다. 그리고 1964년 처음으로 발전을 위한 안정적이고 영구적인 기반이 마련되어 국부의 비축을 위한 첫 발걸음이 시작됐다. 세 번째 부분인 1960년대 중반부터는 국가 자본주의라는 새로운 개념이 사우디 경제에 나타나기 시작했다. 마지막으로 네 번째 부분인 1970년대부터는 1년 내외로 세우던 경제 발전 계획을 5년 발전 계획으로 늘리기 시작했다.

2. 정치 구조(1950년대 초 - 1980년대 초)

이 시기 알 사우드 가와 권력체계는 많은 변화를 경험하였다. 즉 사우디 왕가는 1930년대 초부터 존재했으나 수십 년이 지나면서 많은 변화를 겪어야만 했다. 사우드 왕족은 리야드 근처 대부분의 지역을 차지하고 있었지만 일부다처제 등을 통해 더욱 많은 숫자로 불어나게 된다. 그리고 1973년에는 왕족의 성인 남성의 수만 2000에서 5000명에 달했으며 국가의 주 수입과 석유를 통한 수입은 대게 이들에게 돌아갔고 이들이 사우디아라비아의 지배층을 형성했다.

사우드 왕가가 안정을 잃지 않을 수 있었던 이유 중 하나는 바로 왕족들의 끈끈한 단합에서 찾을 수 있다. 왕족들은 대부분 1958년에서 1964년까지 있었던 사우드 왕과 파이잘 왕의 다툼, 그리고 진보성향을 띈 '자유 왕자'들의 반란과 그로 인한 국력의 쇠퇴를 잘 기억하고 있었으며 왕족 중에서도 핵심적인 지도자들이 중요한 결정을 내리는 것 역시 왕족들의 단합에 한 몫을 했다. 1964년 11월 2일 파이잘을 왕으로 추대하기로 결정한 문서에 68명의 서명이 들어 있었던 것을 보면 대략 중요한 정치적 결정을 하는데 몇 명의 사람이 연관되어 있는지를 가름할 수 있다.

국가적인 중요한 결정들은 왕과 가장 가까운 소수의 친척들로 구성된 팀이 맡는다. 파이잘의 팀에는 황태자 칼리드, 파하드 왕자, 압달라 왕자, 술탄 왕자 등이 있었다. 여기에 또한 알 사우드 가의 중요한 위치에 있는 지도자들이 팀을 구성하는데 이 팀이 바로 파이잘이 1975년 3월 암살 되었을 때 권력의 이양을 부드럽게 실현시킨 장본인들이다.

사우디아라비아에서는 공식적으로 보고되는 내용을 제외하고는 어떤 출판물에서도 왕족에 대한 정보를 게재할 수 없다. 왕족 사이에 존재하는 불협화음은 비밀로 남겨져야 하며 대중적인 토론의 대상이 되는 것이 금기이다. 따라서 종교권, 행정권, 그리고 사법권에 종사하는 사람들은 왕족을 법 위에 있는 존재로 인식하고 있다. 그 예로 한 왕자가 젯다에서 영국 영사를 죽였을 때 그는 무기징역에 처해졌지만 그 왕자는 실제로 감옥에 가지 않았고 자신의 집에서 편안함 삶을 계속 영위했다.

대부분의 왕자들은 사업체를 운영하고 있어 부동산 투자, 수입 물품에 대한 커미션, 그리고 수십억에 달하는 정부에서 주는 계약을 통해 많은 돈을 벌었다. 왕자들은 큰 마을 근처에 땅을 사두고 그 땅이 개발지역으로 결정되면 정부나 회사에 팔아 막대한 이득을 남겼다. 1970년대 말에 사우드 일가는 세상에서 가장 부유한 '가족'이 되었다. 사우드 일가는 국가의 거의 모든 수입을 장악했고 이를 다시 해외 자본에 투자하여 수백 명의 사우디 왕자들이 백만장자가 됐다.

사우디 정치구조에서 중요한 또 다른 그룹은 울라마(이슬람 학자) 그룹이다. 석유 시대가 시작되고 첫 2,30년 동안 울라마의 목소리는 교육의 발전, 근대 산업의 등장, 새로운 종류의 경제 및 행정 활동, 매 년 늘어나는 사우디 해외여행자들, 그리고 사우디를 찾아오는 외지인들과 라디오에 의해 줄어들었다. 하지만 그들과 알 사우드 일가와의 근본적인 관계는 결코 변하지 않았다. 울라마는 정부가 결코 무시할 수 없는 보수 세력이다. 예를 들어 1960년 소득세 부과를 시작하려고 했을 때 울라마는 정부에게 압력을 가해 외국인에게만 부과하게 만들었으며 1964년 사우드 왕을 축출하고 파이잘을 왕 위로 앉히려고 했을 때 12명의 저명한 울라마들이 그것을 지지하는 파트와에 서명하면서 성공적으로 이루어질 수 있었다.

왕은 언제나 이슬람에 대한 충성을 맹세해야 했으며 이는 왕이 이맘(예배 인도자, 일반적으로 종교 지도자를 의미함)이자 사우디 무슬림의 최고 책임자이라는 것을 의미하는 것이지만 이 과정에서 왕은 울라마들과 상의하는 과정을 거치므로 이것이 울라마의 높은 권위를 왕이 인정하게 되는 것이었다.

울라마는 사우디 사회에 영향을 미칠 수 있는 도구를 만들었으며 그것이 바로 공공도덕위원회 (the Committees of Public Morality)이다. 와하비즘의 교리를 실현시키기 위해 1920년에 탄생된 이 위원회는 일상생활과 행동에 있어 도덕의 기준을 명시해 왔다.

각 지역의 위원회는 히자즈(아라비아 반도의 서쪽에 위치한 지역. 대부분 홍해 연안에 한정되어 있으며 제다와 메카가 가장 주요 도시이다), 나지드(아라비아 반도의 중앙부에 있는 고원지대. 대부분이 사막이다. 현재의 사우디아라비아 수도 리야드가 있다), 그리고 동부지역의 위원회에 귀속되어 있고 이들은 다시 그랜드 무프티와 최고 까디에 속해 있다. 이 모든 체제는 왕이 직접 다스린다. 1970년에 그랜드 무프티가 사망한 이후 알 와합의 자손들은 아무도 그의 뒤를 잇지 못했지만 여전히 사우디에서 강력한 영향력을 행사하고 있다.

사우디가 이슬람의 발원지로써 메카와 메디나 두 성지를 보호한다는 명목은 사우디의 울라마들에게 보다 더 큰 권위를 주고 있다. 1972년 성지순례자의 수가 이슬람 역사상 처음으로 1백만 명이 넘었다. 이 중 대부분은 사우디 인이었다. 48만 명에 이르는 해외에서 온 순례자들이 핫즈(순례)에 참석했다. 대부분은 나이가 많았고 1/3이 여성이었다. 따라서 이런 규모의 순례자들을 소화해 낼 수 있는 여러 시설이 필요했으므로 히자즈에는 고속도로, 병원, 호텔 등이 들어섰다. 1970년대에 들어서는 핫즈(순례)로부터 얻을 수 있는 돈이 사우디의 경제에 큰 영향을 미치지 못하고 있지만 성지순례를 위해 필요한 지출은 급격히 상승했다. 성지의 보수 및 확장에는 많은 돈을 필요로 했다.

그림4 사우디아라비아 메카 하람사원 내의 카바신전을 순례하는 모습

보안 조직 및 군대의 경우는 1960년대에서 1970년대에 이르기까지 사우디아라비아에는 내적인 위협이 존재하지 않았지만 그럼에도 불구하고 내무부는 강화되었다. 내무부 장관의 자리는 핵심 요직으로 인식되어 있고 왕의 최측근이나 알 사우드 가문에서도 가장 영향력 있는 사람이 맡는 자리가 되었다. 좋은 예로써 파하드 왕이 황태자였을 때도 오랫동안 내무부 장관 자리에 있었다. 내무부 장관은 공공보안,

해안 경찰, 국경 경찰, 소방서, 그리고 경찰을 지휘한다.

내셔널 가드 (국내 치안 부대)는 빠른 기동력과 앞선 기술 장비를 자랑하며 1960년대 까지는 왕이 직접 지휘하던 부대였다. 그 이후로는 알 사우드 가의 영향력 있는 인사인 압달라의 지휘 아래 놓였다. 내셔널 가드는 군대가 하지 못하는 치안에 대한 임무를 맡아 경찰을 도왔다. 군대와 경찰은 여러 곳으로부터 징집되었지만 이들은 왕에게 절대충성을 하는 부족들 사이에서만 징집되었다.

제대로 된 정규군은 2차 세계 대전이 끝나고 난 뒤에 만들어졌으며 그 이후부터 군비 투자는 계속해서 증가되었다. 군인들은 이집트와 수단에서 공병 훈련을 받았다. 정규군과 내셔널 가드의 총 지휘관들은 모두 왕에게 절대 충성을 다하는 왕가의 일족이었으며 1960년 3월 20일 특별령을 제정하여 군인이 정치에 관여하는 것을 막았다.

2차 세계 대전 이후 사우디에 무기와 훈련관을 공급해 준 것은 미국이었다. 1947년의 협정에 의해 다란에 훈련기지가 세워졌다. 1980년대 사우디아라비아는 미국 워싱턴의 인도 아래 막대한 양의 군비를 투자하였으며 미국 무기 구입에 있어 이란을 제치고 세계 1위가 되었다. 인구비례 군비투자율도 그 어느 NATO 가입국 보다 높았다.

1979년 사우디아라비아의 병력은 12만에 이르렀으며 그 구성은 5만 8천의 육군, 1만 5천의 공군, 3천의 해군, 3천의 최전방 부대, 4만의 내셔널 가드였다. 육군에는 여러 종류의 탱크가 700여대 정도가 있고 공군은 200여대의 비행기를, 80대의 VTOL 비행기를 보유했다. 해군은 30대의 군함을 가지고 있었으며 주요 공군 기지는 젯다, 다란, 카미스-무시트, 타북, 그리고 알 타이프에 있다. 또한 젯다와 알 쥬바일에는 해군기지가 있다.

그러나 병력의 수가 비교적 적은 사우디아라비아 군대는 미국이 공급하는 수 많은 무기를 효과적으로 사용할 수 없었다. 1981년 11월 2일자 워싱턴 포스트에 의하면 미국은 훗날 미국에 의해 사용될 무기고를 만들고 있었다고 한다. 미국에서 사온 다섯 개의 AWACS(공중 조기경보 관제기)를 포함한 여러 장비는 미군의 관리 아래 놓였다. 이 장비들은 이때부터 이미 사우디아라비아를 포함해 쿠웨이트, UAE, 오만, 바레인, 그리고 카타르를 아우르는 미국의 공중 방어 체계의 핵심 조직으로 구성되었던 것으로 보인다. 미국은 사우디아라비아에 건설한 기지에 여러 군 장비를 축적해 놓았고 이것은 1990-91년 이라크와의 전쟁 때 효과적으로 사용되었다.

군인들의 높은 사회적 지위로 볼 때 사우디 왕가는 군인들이 정부에게 충성을 다할 수 있도록 노력한 것으로 보인다. 군인들에게 다양한 특혜를 주었지만 그와 비례해서 군대 내에 존재하는 정치적으로 불안정한 요소를 제거하는데도 노력했다. 군인들이 권력을 장악하려 했던 과거사를 고려해 볼 때 왕가에 대한 군인들의 충성이 절대적이지는 않았던 것으로 보이며 좌익 사상은 젊은 병사들에게 호응을 얻었다. 바로 이 이유 때문에 비교적 많은 교육을 받지 못한 부족인들 사이에서 내셔널 가드를 위한 군인을 징집한 것으로 보이기도 한다.

사우디아라비아의 행정조직은 1950년대 초부터 변화를 거듭하며 점점 더 복잡해지기 시작했다. 1953년 10월 국가 전체를 관장하는 의회(마즈리스 알 우칼라)가 형성됐다. 이전에는 의회의 힘이 히자즈에만 국한되어 있었지만 이제는 국토 전역에 걸쳐 영향을 행사하게 된 것이다.

왕실 디완(diwan)은 의회에 개입할 수 있지만 이것이 법으로 규제된 것은 아니었다. 이러한 개입은 왕의 실질적인 힘과 특정 인물의 특정 영향력에 따라 다르게 작용되었으며 기본적으로 왕실의 디완은 왕의 사적인 일을 책임지고 있는 조직이다.

1958년에는 마즈리스 알 우칼라를 위한 새로운 구조와 기능이 공표되었다. 정부 조직은 총리, 부총리(왕이 결정), 그리고 각 장관들(총리가 추천)에 의해 구성되게 되었다. 총리가 사임하면 그 밑의 모든 장관들도 사임하게 되었으며 총리의 역할은 전반적인 국가 정책을 맡는 것이고 정부는 왕의 지도 아래 재정적인 면에서 절대적인 권위를 누릴 수 있다. 각 지방행정 조직들도 장관들 밑에 놓여 있어 해외국가와의 협상은 먼저 장관의 승인을 받은 후 왕의 승인을 받는다.

1963년에는 새로운 지역 행정지구가 형성되어 중앙 정부의 지역 행정 조직들에 대한 영향력이 강화되었다. 사우디아라비아는 네 개의 큰 지역(무까따아, muqaṭaạah)로 나뉘고 각 지역에는 도지사(하킴, hākim)과 부도지사(와킬 하킴, wakīl hākim)가 있다. 도지사 임명권은 내무부에서 추천하며 총리를 거치고 왕이 공표한다. 하지만 실질적으로 주요 직책은 모두 왕이 결정하는 것이나 마찬가지이다.

도지사의 자리는 명예로운 자리로 여겨지며 알 사우드 가문과 알 사우드 가문에게 충성하는 알 수다이르 가문의 사람들에게 주어진다. 지역 행정조직들은 상당한 자주권을 갖는다.

1970년대 중반 사우디아라비아는 18개의 지역으로 나뉘었는데 여기서 메카-제다-알 타이프, 리야드, 동부지역, 북부경계지역, 그리고 하일 다섯 지역이 가장 중요한 곳으로 여겨지고 카심과 메디나는 두 번째 중요한 곳으로 간주된다.

각 마을에는 원로(쉐이크 shaikh) 가 지도자의 역할을 한다. 1970년과 80년대에는 사우디아라비아 전체 인구의 절반 이상이 특정 부족에 속해 있었으며 중앙 정부는 지역 행정 조직들을 통해 여러 부족들을 관리했다.

석유를 통해 얻는 방대한 이익을 중앙에서 분배하는 방식은 아라비안 사회에 존재하던 원심적 요소를 완전히 없애 버렸다. 석유 시대가 오기 전에는 아라비아의 각 지역이 자기만의 독특한 특색을 지니고 있었다. 나지드는 정치적 중심이자 와하비즘의 고향이고 나지드인들은 대부분 알 사우드가에 충성을 다했다. 히자즈는 성지와 성지를 통한 상업 활동이 활성화 되어있었다. 아시르는 농경 지대였고 동쪽 지역은 히자즈 만큼은 아니지만 나름대로의 경제적 중요성을 지니고 있었다. 그러나 석유가 발견되면서 유전지대가 있는 동쪽 지역의 중요성은 더할 나위 없이 상승했다. 동쪽 지역이 없다면 국가의 수입은 전체적으로 크게 줄 것이다. 이로 인해 석유가 발견되고 난 뒤에는 각 지역의 독립주의자들의 목소리가 거의 없어졌다.

1960년대에는 해외에서 교육을 받고 돌아온 사우디인들이 정부의 요직들을 맡았다. 이는 '새로운 중산층'의 형성이라고 볼 수 있으며 이들은 대부분 세속적인 교육을 받았다. 그러나 이런 중산층 외에도 보수적인 전통적 교육을 받은 사우디 중산층들도 많이 존재하여 이들 사이에는 어느 정도 경쟁과 마찰이 존재하는 것으로 보인다. 그러나 이러한 경쟁과 마찰 및 차이들이 결코 국가 전체적으로 발생하거나 심각한 것은 아니었다.

사우디아라비아 정부는 교육 체계를 지속적으로 확대하고 현대식 교육을 받은 사람들을 행정 조직에 광범위하게 배치함으로써 구시대의 권력 구조를 현대화시키기 위한 노력에 박차를 가했다. 따라서 이로 인해 기성 관료들과 서구식 교육을 받은 새로운 관료들 사이에는 종종 마찰이 생겼다. 서구식 교육을 받은 인사들이 쉽게 승진을 거듭하기는 했지만 결국 요직에는 가족, 부족 관계 등이 더 중요한 요소로 작용했다.

중동 전역이 그러했듯이 사우디아라비아도 자국민들에게 영향을 주기 위한 대중연설에 열을 가했다. 과거에는 모스크에서 주어지는 설교가 민중들에게 지배층의 사상을 심어주는 도구였다면 현대에서는 라디오, 텔레비전들이 그 역할을 맡게 되었다. 대부분의 국민이 글을 읽을 줄 모르는 사우디아라비아에서 텔레비전은 국민들에게 정보를 제공하는데 큰 역할을 했다.

활자매체의 언론은 영향력이 그리 크지 않았다. 사우디아라비아의 첫 일간지였던 알 빌라드 알 사우디야는 1953년 젯다에서 처음으로 출간됐으며 1960년 말에는 30개가 조금 안 되는 수의 신문사가 생겨났지만 판매부수는 매우 작았으며 모든 신문은 정부의 직접, 또는 간접적인 관리를 받았다. 또한 신문사와 잡지사는 정부의 보조금 없이는 운영이 될 수 없었다.

입법 사법 시스템의 경우 중동 대부분의 이슬람권 국가들이 새로운 상업, 범죄, 시민 관련 법안을 내놓고 실행에 옮겼을 때도 지속적으로 입법과정을 샤리아에만 의존한 나라는 바로 사우디아라비아다. 사우디아라비아에서 사용하는 한발리 법학파의 이론은 논리적 해석 방법보다 원전의 문자적 의미의 적용을 더 선호하는 것으로서 이슬람의 법원(法源)을 꾸란과 하디스에만 주로 의존하여 매우 보수적이고 엄격한 법체계를 이루고 있다. 따라서 사우디의 사법 시스템은 빠른 속도로 변화하는 아라비아 반도 사회에서 일어나는 사회-경제 문제들에 유연하지 않다는 평을 듣곤 한다.

3. 정치, 경제, 사회(1980년대 초 - 1990년대 초)

1980년대와 1990년대 초 사우디아라비아는 국내보다는 국외로부터 더 많은 위협을 느끼게 되어 엄청나게 많은 군비를 투자했다. 이 시기는 석유값 하락으로 언제나 충분할 것 같던 석유를 통한 수입도 충분치 못했다.

그 결과 사우디 경제 발전은 직접적인 영향을 받게 된다. 1980년대에 들어서면서 석유에 의존하던 각국의 발전이 점차 속도를 줄이기 시작하게 됨에 따라 사우디아라비아는 1983년 18억 3천 9백만 배럴의 석유를 생산했으나 1984년에는 17억, 1985년에는 12억 배럴까지 생산을 줄일 수밖에 없었다. 그 결과 석유수출을 통한 수입 역시 1981년 1160억 달러에서 1985년에 18.4억까지 급격하게 감소하였다.

가장 힘든 년도는 1984년도로서 석유 시대가 시작되고 수입이 비약적으로 증가했을 때 세웠던 당찬 발전 계획들이 대부분 중단되거나 취소되었다. 다음 해 국정 예산 역시 재정비용을 감당할 수가 없어 많은 부분 축소되어야 했고 사우디아라비아 물가가 전체적으로 상승했다.

이 시기 사회 변화는 1980년대와 1990년대 아라비아 반도의 전통 민족인 베두인 민족의 수가 줄었지만 그렇다고 해서 전통적인 사회 가치관까지 바뀐 것은 아니었다. 눈부시게 빠른 경제의 근대화와 서구식 사상의 침투는 부족 전통의 부분적인 쇠퇴를 가지고 왔으나 아이러닉하게도 부족 전통을 더욱 강화시켜 주기도 했다.

정치 구조 변화는 칼리드 왕이 1982년 6월 13일에 병사했음에도 불구하고 큰 변화는 없었다. 왜냐하면 이때는 이미 파하드 황태자가 거의 모든 실무를 도맡아 하고 있을 때였기 때문이다. 파하드는 대부분의 중요 왕자들의 동의 아래 왕이자 총리가 되었으며 자신의 이복동생 압달라를 내셔널 가드의 사령관, 황태자, 그리고 제 1 부총리의 자리에 앉혔다.

1980년대 사우디아라비아 대외 정책의 특징은 지도층이 좌익 세력과 혁명 운동에 대한 두려움을 가지고 정책을 펼쳐 나갔다는 것이다. 이것은 사회주의 사상을 가졌던 이집트의 나세르와 대적해야 했던 1960년대와 1970년대로부터의 영향이다. 사우디아라비아의 국경 지대에는 어쩔 수 없는 지역적인 특색 덕분에 여러 개의 좌익 정권이 들어서게 되었다. 1974년에는 공산주의 색깔을 가진 정권이 군 쿠데타를 통해 에티오피아에 들어섰으며 1978년부터 아프가니스탄에는 친 소련 막시스트 정권이 나타났고 1979년 12월에는 소련군이 아프가니스탄을 침공했다. 사우디아라비아는 이런 상황의 전개를 우려하고 있었다. 소련의 지도자들이 걸프 지대를 점령하고 사우디 정권을 내쫓을 생각이 없었음에도 불구하고 사우디의 지도자들은 소련을 그들의 적으로 보았다. 이런 이유 때문에 사우디아라비아는 소련과의 정상적인 정치적 대화를 거부했다. 사우디아라비아는 아프간의 반정부 세력에게 무기를 공급해주는 등의 지원을 해주었고 다른 이슬람 국가들에게도 반 소련 정책을 펼치게 유도했다.

그러나 사우디 정권에게 가장 큰 위협은 좌익 집단으로부터 오지 않았다. 1979년 이란의 샤가 몰락하고 테헤란과 콤에서 일어난 부패한 친미 정권에 대한 적개심이 종교적이고 반 서구적인 사상을 지니고 있던 사우디 민중들에게 퍼지기 시작했다. 이에 대한 두려움을 가지고 있었던 사우디는 1980년 이라크와 이란에서 전쟁이 났을 때 이라크를 지원했으며 그 후 수년 동안 사우디아라비아의 목표는 이란의 승리를 저지하고 사우디아라비아가 전쟁에 휘말리지 않게 하는 것이었다.

그와 동시에 사우디아라비아는 전 아랍권에서 중심적인 역할을 맡아 나갔다. 1981년 레바논 내전 사태 때 중재자의 역할을 자처했으며 아랍권과 이스라엘 사이의 분쟁에도 해결점을 찾고자 노력했다. 그리고 1981년 8월 7일 당시 황태자 파하드는 '파하드 계획'이라고 불린 평화 계획을 발표해 비로소 공식적으로 이스라엘의 존재권리를 인정했다. 그러나 이 계획은 아랍권 전체로부터도 환영받지 못했고 이스라엘에게도 받아들여지지 않았으나 어느 정도 영향은 미칠 수 있었다.

그러나 이러한 대외정책보다 앞서 그 무엇보다 사우디 정부는 미국이 사우디아라비아의 동맹국이나 보호자로 남아있기를 원했다. 사우디 정부는 미국 외에 어느 나라도 사우디를 좌익, 또는 외부의 근본주의자들의 위협으로부터 보호해주지 못할 것이라고 생각했다. 따라서 1980년대에 사우디와 미국의 협력은 계속해서 늘어났고 이는 군사협조 면에서 더욱 두드러지게 나타났다.

제3절 민족 정체성 기제로서의 종교와 민족

1. 와하비즘

와하비즘은 18세기에 외부의 영향이 아닌 전적으로 내부적인 요소 때문에 일어난 이슬람 개혁운동이었다. 당시 아라비아 반도에 있던 무슬림들은 이슬람이 잘못된 길로 빠져들고 있다고 생각하고 있었다. 당시 이슬람에서 두드러지게 보이던 문제는 바로 성자숭배 사상이 만연해 있다는 것이다.

이슬람은 철저한 유일신 사상(tawḥīd)이었기 때문에 이는 심각한 문제였다. 오직 신만이 숭배와 기도의 대상이 될 수가 있었다. 이런 상황 속에서 이슬람 개혁가들은 무슬림들에게 이슬람 신앙의 근본인 꾸란과 하디스로 돌아갈 것을 호소했다.

와하비즘의 창시자이자 이슬람학자였던 이븐 압둘 와합의 삶과 가르침은 이렇게 종교적으로 혼란스럽던 때에 나타났다. 다른 개혁가들과 마찬가지로 그는 무슬림들이 유일신 사상, 그리고 꾸란과 하디스로 돌아가야 한다고 가르쳤다.

세계 모든 무슬림들에게 꾸란은 무함마드를 통해 밝혀진 신의 말씀이자 신의 의지이며 또한 이슬람 제1의 법원이다. 무슬림의 종교교육에 있어 꾸란 공부는 가장 중요한 부분으로 여겨진다.

전통적으로 꾸란 공부 방법은 권위를 지닌 학자의 지도 아래 꾸란을 외우는 것이었다. 이런 교육은 어렸을 때부터 이루어지는 것이고 공부의 척도는 꾸란을 얼마나 잘 외우는가를 통해 알 수 있다. 꾸란을 외우기 위해서는 꾸란에 나오는 단어, 순서, 그리고 외우는 방법에 익숙해야 한다. 이러한 벙법은 개념화, 이해, 또는 설명보다 우선한다.

알 와합은 남녀를 가리지 않고 모든 무슬림들이 꾸란을 알아야 된다고 생각했지만 이해하지 않고 외우는 것만이 정말 효율적인지를 의심했다. 그는 암기를 통한 지식의 보존과 실질적으로 꾸란을 이해하여 현실생활에 적용하면서 얻게 되는 지식을 분리해서 생각했다. 꾸란의 구절을 읽을 줄 아는 능력의 가치를 평가절하 하지는 않았지만 꾸란을 이해하는 것이 더 중요하다고 생각했다. 그는 무슬림들이 꾸란을 이해하지 못한다면 꾸란을 문자 그대로 해석해 버려 꾸란이 지닌 포괄적인 가치를 잃어버리게 될 것이라고 생각했다. 또한 그는 암기만 하는 것은 꾸란에서 제시한 진정한 목표를 무시하는 것이라고 생각했다. 그 목표란 바로 신이 인간에게 밝힌 신의 의지를 실행하는 것이다. 그렇기 때문에 그는 영원한 꾸란의 가치를 알고 그것을 삶에 적용하기 위해서는 꾸란에 나오는 역사의 맥락을 알고 이해해야 한다고 주장했다.

그러나 알 와합의 새로운 꾸란 학습 방법론은 당시 여러 종교 지도자들의 반대에 직면했다. 이런 새로운 방법론을 반대한 여러 집단 중 하나가 바로 지역 울라마 집단이었고 이들은 수백 년 동안 암기 방법만을 사용해 오던 사람들이었다. 수백 년 동안 암기방법을 사용해 왔기 때문에 그들은 이런 방법에 있어 변화가 필요하다고 생각하지 않았다.

알 와합의 이런 주장을 반대한 또 하나의 집단은 바로 아슈라프(ashraf)였다. 아슈라프는 예언가 무함마드의 직계후손들로서 사회적으로 특별한 위치에 있었다. 이들은 무함마드의 후손으로서 기본적으로 무슬림들에게 존경을 받았을 뿐만 아니라 꾸란에 대한 비밀스러운 지식을 지니고 있다고 여겨졌다.

알 와합은 그들의 혈통은 존중했지만 그들이 다른 사람들에 비해 신과 더 특별한 관계에 있는 것은 아니라고 생각했다. 이슬람은 인종, 성별, 그리고 혈통에 상관없이 신 앞에 모든 인간이 절대적으로 평등하다고 가르치며 꾸란은 무함마드를 마지막 예언자라고 가르치기 때문에 알 와합은 특정한 집단이 꾸란에 대한 특별하고 비밀스러운 지식을 지니고 있을 것이라는 생각을 인정하지 않았다.

쉬아들은 꾸란에 숨겨진 메시지가 무함마드의 직계 남성 후손이자 지도자인 이맘만 알 수 있다고 말한다. 쉬아는 이맘이 특별한 지식을 지녔고 그로 인해 꾸란을 완벽하게 해석할 수 있다고 믿기 때문에 쉬아들은 이맘이 저술한 법과 신학에 대한 글들을 성스러운 경전의 일부로 생각한다.

하디스는 예언자 무함마드의 언행을 기록해 놓은 책이다. 무슬림은 무함마드를 가장 완벽한 인간이라고 생각하며 그의 삶이 꾸란에 비추어 볼 때 가장 완벽한 삶이라고 여긴다. 무슬림들 사이에서 무함마드가 누리는 이 특별한 위치는 그가 자신에게 신성이 있다고 말했기 때문이 아니라 그가 신의 사자 역할을 충실히 이행했다는 점이다. 꾸란은 모세, 예수, 그리고 무함마드가 이런 역할을 수행했으며 사자로써 신의 메시지를 받았다고 말한다. 그리고 이를 통해 나온 것이 구약, 신약, 그리고 꾸란이라는 것이다. 이들의 특별한 위치 때문에 이 세 명의 사자들은 무슬림들에게 존중을 받는다. 하지만 이런 존중이 숭배로 이어지지는 않는다. 알 와합도 무함마드와 신을 사랑해야지만 그렇다고 해서 무함마드를 신으로서 사랑하면 안 된다고 말하며 무함마드와 신에 대한 사랑은 모든 무슬림들의 "신성한 의무"라고 가르쳤다. 무함마드는 다른 어떤 인간들보다 높은 위치에 있기 때문에 다른 어떤 인간도 무함마드와 같은 가치로 연관 지어져서는 안 된다.

알 와합은 이슬람에 있어서 무함마드가 갖는 특별한 위치를 가르친 후 이를 기반으로 하디스를 공부해야 하는 필요성에 대해 가르쳤다. 여기서 중요한 것은 하디스의 모든 말을 문자 그대로 해석하는 것이 아니라 하디스에 존재하는 법과 신학적 원리를 구별해 내고 이를 통해 다른 물질과 상황들을 해석하는 것이다.

와합이 설파한 가장 중요한 내용은 타우히드(tawḥīd, 절대 유일신)이다. "절대 신 외의 다른 신은 없다."라는 꾸란의 구절은 타우히드 신학을 가장 잘 설명한다. 타우히드는 보통 "신의 유일성"으로 해석된다. 그 누구도 신을 다른 어떤 존재와 연관 짓거나 비교해서는 안 된다는 것이다.

유일신 사상은 이슬람, 유대교, 기독교의 모태가 된 아브라함으로부터 나온 것이지만 알 와합은 절대 유일신 사상은 이슬람에서만 독특하게 찾을 수 있는 것이라고 가르쳤다. 이슬람은 신의 다른 "인격"에 대해 말하지 않고 예수를 신의 아들이라고 부르지도 않는다. 이슬람에서는 신은 한 분이며 언제나 신이라고 불려야만 한다고 가르친다. 신에 대한 설명은 신이 유일하다는 그 속성을 말하는 것이다.

이런 이유 때문에 알 와합은 오직 이슬람만이 절대 유일신 사상을 지켜 왔으며 유대교와 기독교와 다르다고 생각했다. 알 와합은 유일신 사상에 대한 믿음이야 말로 모든 무슬림의 가장 중요한 의무라고 가르쳤다. 유일신 사상에 대한 믿음이야 말로 무슬림을 무슬림으로 만들어주는 요소이며 이를 통해 무슬림의 재산, 혈통, 그리고 운명이 신의 보호 아래 귀속될 수 있다고 생각했다.

타우히드는 신앙과 인간의 삶이 지닌 모든 부분에 영향을 주는 복잡한 개념이기 때문에 타우히드가 지닌 모든 것을 하나의 단어나 문장으로 설명하기 어렵다. 그런고로 알 와합은 자신의 책 키탑 알 타우히드(Kitāb al-Tawḥīd) 전체를 통해 이 핵심적인 개념의 정의를 설명했다.

신의 유일성과 그 유일성이 어떻게 인간의 모든 면을 포용하는지 설명하기 위해 알 와합은 세 가지 종류의 타우히드를 가르쳤다. 첫 번째는 주로써의 타우히드, 두 번째는 신성으로써의 타우히드, 그리고 세 번째는 성향으로써의 타우히드다. 주로써의 타우히드는 하늘과 땅, 삶과 죽음에 대한 신의 절대 권력을 이야기 한다. 두 번째 타우히드인 신성으로써의 타우히드는 오직 신만이 그 피조물로부터 숭배될 수 있다고 말한다. 그렇기 때문에 다른 존재를 숭배하는 사람, 특히 그것이 정의로운 조상(Sālihīn)이나 천사들이라 할지라도 그들을 숭배하는 것은 이미 이슬람에서 벗어난 것이다. 무슬림은 오직 신을 우주의 지배자라고 받아들여야 하며 그와 동등한 가치를 지닌 존재는 없다고 믿어야 한다. 세 번째 타우히드는 신의 성향을 말하는데 이는 이미 주와 신성의 타우히드를 통해 정립된다. 신의 성향은 즉 주와 신성한 존재로써의 신의 역할에 의해 정의된다는 것이다. 그렇기 때문에 신의 성향을 인간에게 부여한다는 것은 신의 유일성에 위배되는 것이나 마찬가지다. 오직 신만이 진정으로 무언가를 소유할 수 있고 오직 신만이 진정으로 인간을 교육할 수 있다.

알 와합의 신의 유일성은 신이 자신을 섬기게 하기 위해 모든 피조물을 창조하였다는 점에서 자명하다고 가르쳤다. 오직 신만이 창조를 하고 신만이 그 창조를 되돌릴 수 있다. 하늘과 땅에 존재하는 모든 능력은 신의 것이며 무함마드를 포함한 어떤 인간도 축복이나 저주를 내리는 능력이 있을 수 없다. 그렇기 때문에 오직 신만이 숭배, 섬김, 그리고 복종의 대상이 될 수 있다.

이렇게 신만이 섬김과 숭배, 그리고 복종의 대상이 될 수 있다고 말함으로써 알 와합은 무슬림의 의식에 우상이 들어올 수 있는 자리를 완전히 없애 버렸다. 우상숭배, 그리고 그림이나 동상을 통해 신의 형상을 만드는 행위는 하디스에서 엄격히 금지한다. 이런 금지를 위한 신학적 기반은 바로 오직 신만이 생명을 창조할 수 있다는 믿음이다. 형상을 만드는 것은 생명을 주는 행위를 말하기 때문에 무함마드는 이를 금지했다.

순니 법학자들은 꾸란, 무함마드의 순나(하디스), 이즈마(ijmā', 합의), 그리고 끼야스(qiyāṣ, 유추) 이 네 가지가 이슬람법의 가장 기본적인 원천이라고 말한다. 이슬람 법학파 중에서도 한발리파에 속해있던 알 와합은 한발리식 법학을 따랐다. 한발리는 전통적으로 꾸란과 순나를 가장 기본적인 원천으로 보고 그 다음에 꾸란과 순나를 거스르지 않는 선에서 사하바(무함마드의 교우)들이 법적인 문제를 가지고 동의한 내용들을 그 다음 원천으로 생각한다.

알 와합은 자신의 책 Kitāb al-Tawḥīd에서 꾸란과 하디스를 굉장히 많이 사용했다. 신성한 법의 원천으로써 꾸란과 순나를 신성한 법에 대한 인간의 해석에 지나지 않는 피크(fiqh, 법학)보다 훨씬 더 중요하게 생각했다. 알 와합은 꾸란과 순나를 샤리아의 가장 근본적인 원천으로 생각하지 않는 것은 큰 죄악이라고 여겼다.

여성 권리의 보호면에서 오늘날 와하비즘은 여성을 비하하고 성을 차별하며 여성이 공공장소에 가는 것을 금지하고 남성보다 열등한 존재라고 주장한다고 알려져 있다. 와하비 사회 속에서 사는 여성들은 2등 국민, 어쩌면 노예와도 가까운 위치에 있다고 여겨진다는 것이다. 따라서 와하비즘을 비판하는 사람들은 탈레반과 사우디아라비아에서 여성이 부르카 또는 아바야를 입으며 자신의 전신을 가려야 하고 운전을 할 수 없으며 집안의 가장으로 인정받을 수도 없고 학교, 직장, 의료시설에 가지 못하는 사실을 비판의 근거로 삼는다. 이런 편견과 이미지를 지닌 사람들은 그 원인이 이슬람의 와하비식 보수적 해석이라고 말하지만 알 와합이 저술한 책 속에는 여성이나 성에 관한 조직적인 분석이 존재하지 않는다. 대부분 이런 비판의 근거 중에는 부족 전통, 지역 전통을 중요시 하는 이슬람법의 기본원칙을 알지 못하는 무지에서 기인하는 것이 많다.

이런 편견과 오해가 오늘날 서구의 인권 및 여성인권 운동단체들에 의해 와하비즘의 모습으로 굳어졌지만 이는 와하비즘이라는 말 자체가 제대로 정의 되어 있지 않았기 때문에 이것을 와하비즘이라고 생각하는 것은 매우 위험한 생각이다. 와하비 운동 내지는 와하비 정부라고 낙인찍힌 많은 것들은 실제 와하비즘 신학 및 법적 성향을 포함하지 않는 경우가 많다. 이런 오해는 호전적이고 급진적이거나 청교도적인 단체, 또는 꾸란과 하디스를 문자 그대로 해석하는 모든 집단을 와하비즘이라고 일반화시켰기 때문에 생겨난 결과이다.

사실 알 와합이 저술한 책을 보면 무함마드와 같이 여성과 여성의 권리에 대한 고려를 볼 수 있다. 무함마드와 마찬가지로 알 와합은 꾸란에서 가르치듯이 여성의 인권을 보장할 수 있는 방법을 모색했다. 동시대에 살던 다른 법학자나 무슬림 법사상가와 마찬가지로 그는 무슬림 사회에서 여성의 적절한 위치가 어디인지 고민했다. 그가 여성을 대한 태도를 보면 그는 여성을 개인 분야, 그리고 공공 분야에서 긍정적인 변화를 이끌어 올 수 있는 인간체로 보았으며 교육을 받을 권리가 있다고 생각했음을 엿볼 수 있다.

알 와합의 이런 행보는 그 당시, 그리고 지금의 풍습 및 전통과 큰 차이를 보이며 일부 보수전통적인 이슬람법과도 다른 모습을 보인다. 즉 알 와합은 자신의 법과 신학적 방법론에서 벗어나지 않으면서 꾸란과 하디스의 재해석을 통해 성 문제에 대한 새로운 해결책을 내놓으려고 노력했다.

또한 우리는 알 와합의 지하드(성전)관을 이해하기 위해 먼저 알 와합이 이슬람은 어떻게 퍼져야 한다고 믿었는지를 알아야만 한다. 많은 사람들이 와화비들은 지하드가 올바른 전도의 방법이라고 생각한다고 믿지만 알 와합은 다와(da'wah), 즉 선교가 진정한 신자를 만들어낼 수 있다고 믿었다. 그의 견해에 따르면 사람은 죽음의 협박 아래 전도되는 것보다 교육의 과정을 통해 전도 되어야 한다. 이것을 이해해야지만 지하드의 목표가 무엇인지, 누구에게 해야 하는지, 그리고 어떤 상황 속에서 시작되는지를 알 수 있다는 것이다.

알 와합이 가장 중요시 여긴 것은 개인의 지식, 연구, 그리고 이해였다. 그는 남녀 모든 무슬림들이 학습을 통해 지식을 습득해야 이슬람에 대한 진정한 이해를 얻을 수 있다고 믿었다. 그는 대부분의 사람들은 이슬람의 내용에 따라 살고 그 안에서 승리할 수 있기 위해 종교의 근본과 세부사항을 배워야 한다고 가르쳤다. 그는 특정한 학자나 전문가만이 이슬람을 이해할 수 있다고 생각하지 않았다.

모두가 꾸란과 하디스를 공부해야 한다는 그의 가르침은 모두가 자신의 행동에 따라 심판을 받을 것이라는 꾸란의 구절로부터 나온다.

그 누구도 자신이 아닌 타인의 행동에 따라 심판 받지 않는다. 알 와합은 자신의 가르침에서도 이런 내용을 강조했고 그의 추종자들에게 더 많은 지식을 쌓을 것을 가르쳤다.

알 와합은 그가 살던 시대에 가장 큰 문제 중 하나는 바로 사람들이 꾸란과 하디스를 잘 알지도 이해하지도 못한다는 점이라고 생각했다. 그는 개인적인 경험을 통해 무지가 사람들을 잘못된 길로 빠지게 만들 뿐만 아니라 무지는 다른 사람들까지도 무지에 빠져들게 한다는 사실을 알고 있었다. 뒤에 숨은 목적을 이해하지 못하고 자신이 올바른 행동을 한다고 생각하며 다른 사람에게 자신을 따르도록 만든다는 것이다.

알 와합은 특히 종교 및 정치 지도자들의 꾸란과 하디스에 대한 무지를 걱정했는데 이는 이들이 이슬람에 어긋나는 풍습이나 전통을 신성한 것으로 인정할 수 있기 때문이었다.

알 와합의 세계관에 의하면 이슬람에 대한 지식은 모든 정당화의 원천이다. 이는 정치권에도 적용된다. 세속적인 권력, 특권, 부, 그리고 혈통보다도 알 와합은 이슬람에 대한 지식이 지도자가 될 수 있는 가장 중요한 요소로 보았다. 그의 사상에 따르면 최고의 지도자는 가장 제대로 된 신앙을 가지고 있는 사람들이고 꾸란과 하디스의 의미를 쉽게 이해하고 해석능력이 매우 뛰어난 사람이어야지만 한다.

알 와합에게 있어 이상적인 정치 지도자는 자신의 위치를 통해 자신이 아니라 신을 섬기는 자였다. 그는 지배자와 피지배자의 관계도 신앙의 용어로 설명될 수 있다고 생각했다. 진정한 신앙자는 가족이나 친구보다 신을 먼저 사랑한다. 다른 인간을 사랑하는 이유도 신을 위해서다. 그의 견해에 따르면 집단을 아우를 수 있는 진정한 권위는 친인척 관계, 또는 세속적인 권력보다 신에 대한 공통된 사랑으로부터

올 수 있는 것이다. 지도자는 섬김을 받는 것이 아니라 섬기기 위해 존재한다.

알 와합은 다른 것들과 마찬가지로 정치적 권위의 성질은 그 의도와 떼어놓을 수 없는 관계라고 설명했다. 그는 신이나 전체를 위해서가 아닌 자신을 위해 지도자가 되려는 자는 지도자가 될 자격이 없다고 선포했다. 또한 학자라고 불리기 위해 지식을 찾는 자들, 관대하다고 불리기 위해 자선을 베푸는 자들, 용감한 영웅이라고 불리기 위해 이슬람의 길을 걷는 자들, 돈이나 재산을 얻기 위해 선한 일을 하거나 순례를 가는 자들, 부에 눈이 어두워 여자와 결혼을 하거나 싸우는 자들은 지도자가 될 자격이 없다고 했다. 그는 또한 뇌물과 부패를 허락하거나 지지하는 자들 역시 자신에게 부여된 권력을 남용하는 자들이기 때문에 지도자가 될 수 없다고 했다.

그의 이런 사상을 통해 보면 국민은 이슬람의 가르침과 가치를 따르는지에 따라 자신들의 지도자를 선택할 권리가 있다. 이것의 의미는 부적합한 지도자를 국민들이 거부할 수 있을 뿐만 아니라 부적합한 자가 이미 지도자의 위치에 올랐을 때 이에 반대할 수 있다는 의미이다. 그러나 알 와합의 주장은 그런 지도자를 폐위해도 된다는 것을 의미하지는 않는다는 것을 우리는 유의해야한다. 그는 그럴 경우 국민이 선택할 수 있는 적절한 방법은 올바른 길을 벗어난 무슬림이나 비무슬림을 대할 때와 마찬가지로 대화, 연구, 논쟁을 통해 이슬람으로 돌아오도록 유도해야 한다는 것이다.

과거뿐만 아니라 현대에서도 와하비와 와하비 운동에 대한 인식은 와하비즘식 이슬람의 해석으로 인해 폭력적인 지하드가 성스러운 전쟁이라고 강조되고 있다는 것이다. 그러나 이것은 알 와합의 글을 읽으면 오류임을 알 수 있다. 알 와합은 무슬림들이 악과 계속해서 싸워야 하고 모든 비무슬림인들을 불신자로 여기라고 말하지 않았다. 그는 정의를 바로 세우고 선교를 통해 전도할 것을 강조했다.

알 와합에 따르면 지하드는 집단적 의무이며 모든 무슬림들이 행해야 한다. 무슬림들은 이슬람, 성숙함, 금전적 능력, 자유로운 신분, 그리고 신을 기억하며 올바른 도덕성을 갖출 것을 맹세해야 한다. 이런 조건을 지닌 자들은 최소한 1년에 한 번 지하드를 해야 할 의무가 있고 정해진 날짜는 없다. 만약 순례 중이거나 전쟁 도중 휴전상태라면 지하드를 하지 않아도 된다.

알 와합이 지하드를 개인이 하는 것이라고 정의하지 않은 이유는 지하드의 목표가 무슬림 공동체를 보호하고 그 위세를 확장시키는 것이므로 무슬림 공동체에 대한 봉사를 강조했기 때문이다.

알 와합은 지하드를 설명하면서 이슬람 도래 전 존재했던 군사적 행동, 특히 약탈과 지하드를 분리하여 설명하고 싶어 했던 것을 볼 수 있다. 이슬람이 도래하기 전, 자신이 속해 있던 부족은 개인의 정체성을 형성하는데 중요한 역할을 했다. 한 부족이나 가족 중 한 명이 다른 사람과 싸운다면 부족과 가족 전체가 싸움에 끼어들어야 한다. 만약 여기에 참여하지 않는다면 그 부족과 관계를 단절할 수밖에 없게 된다.

약탈은 나의 부족이 아닌 타 부족에게만 하는 것이었다. 약탈의 목표는 재물, 군사적 영광, 교역로의 지배, 그리고 종종 영토의 확장보다 공식적인 보상이었다. 약탈은 부와 자원을 재분배하는 역할을 맡고 있었다. 약한 부족은 강한 부족에게 보호 비용을 지불함으로써 약탈로부터 안전할 수 있었다.

약탈을 통해 얻은 재물은 4분배 되고 부족 지도자가 1/4를 가져간다.

이는 개인적인 부가 아니라 부족의 지도자의 역할로써 포로를 다시 사오기 위한 돈, 그리고 자신의 군대가 범한 규칙들에 대해 보상을 주기 위한 돈이다. 나머지는 그 부족의 남자들에게 공평하게 나뉘었다.

약탈의 목표는 피를 흘리는 것이 아니었고 오히려 이를 가능한 한 피했다. 포로를 모두 죽이는 일은 거의 일어나지 않았다. 마지막으로 약탈에 대한 종교나 사상적 정당화는 존재하지 않았다. 그에 반해 알 와합은 지하드는 언제나 종교적 당위성을 갖추어야 한다고 말했고 종교 지도자(이맘)만이 선포할 수 있으며 그 의도와 목표는 엄격하게 방어를 위주로 한 것이어야 했다. 그는 지하드를 개인적인 부와 명예를 위해 하는 자들을 경멸했다.

알 와합은 지하드가 필요한 세 가지 시나리오를 주장했다. 첫 번째는 꾸란 8:45, "적과 맞닥뜨리면 흔들리지 마라"라는 구절처럼 서로 반대되는 세력이 맞닥뜨리고 한 쪽이 도망갈 때까지다. 두 번째 시나리오는 적이 자신의 땅을 떠나면 지형적으로 가장 가까운 적부터 시작해야 하고 세 번째는 이맘이 지하드를 선포할 때다. 알 와합은 오로지 이맘만이 지하드를 선포할 수 있다고 말했으며 정치가에게 그 권한이 있다고 하지 않았다. 또한 이맘이 지하드를 선포하면 신도들은 그를 반드시 따라야 한다.

알 와합은 세 가지 시나리오에서 모두 다 죽이라는 단어를 사용하지 않고 싸워라 라는 단어를 사용한다. 싸움 도중에 누군가 죽을 수도 있지만 여기서 중요한 것은 적을 후퇴시키거나 항복시키는 것이 목표지 적을 섬멸하는 것이 목표가 아니라는 점이다. 그렇기 때문에 여기서 나오는 폭력의 정도는 오늘날 와하비즘이 비판을 받고 있는 것처럼 그렇게 흉폭하지 않다.

알 와합은 이와 더불어 지하드가 선포되어서는 안 되는 경우도 명시했다. 이런 경우는 어떤 집단의 성향이나 행동이 무슬림들의 눈살을 찌푸리게 해도 무슬림에게 직접적인 피해를 주지 않는 경우다. 예를 들어 술을 마시는 것이나 권력에 대한 욕구 등이다. 다시 말하면 지하드는 선제공격을 하거나 이슬람에 맞지 않는 행동을 했다고 해서 이를 벌하기 위해 사용될 수 없다는 말이다. 오늘날 와하비즘은 종교적으로 맞지 않는 행동을 하는 모든 집단에게 공격적인 자세를 취한다고 비판 받고 있기 때문에 이는 대단히 중요한 사실이라고 할 수 있겠다. 알 와합은 그런 태도를 조장하지 않았을 뿐더러 오히려 기피했던 것으로 보인다.

이와 마찬가지로 동맹이나 비즈니스 관계에 있는 상대에게 지하드를 선포하는 것도 금지되어 있으며 이는 이런 관계를 통해 서로 보호해야 한다는 공식적인 관계가 성립되기 때문이다. 그렇기 때문에 적대관계에 있는 부족에서 보낸 사자나 비즈니스를 하기 위해 온 사람이 있다면 그의 종교에 상관없이 무슬림 땅에 있는 동안 보호를 받아야 한다. 이런 사람이 공격을 받거나 체포될 수 있는 경우는 다른 목적을 가지고 거짓으로 들어온 경우다. 알 와합은 사기나 속임수에 대해서는 일말의 자비도 베풀지 않았다.

혹자는 알 와합의 가르침에 폭력성이 다분히 존재할 것으로 생각할지 모르나 현실은 이와 전혀 다르다. 배교자에 대적해서 싸워야 한다고 할 때 폭력성이 있긴 하지만 사람들이 전통적으로 생각해오던 것보다 훨씬 비폭력적이다. 알 와합에 따르면 한 사람이 배교자인 카피르가 되기 위해선 먼저 꾸란과 하디스를 통해 이슬람의 가르침을 받고 그 다음에 그것을 거절해야 한다. 다시 말해 카피르란 말씀과 신앙을 모두 져버린

자에게 부여되는 칭호다. 이런 조건 위에서 싸움이 정당화 되는 것이다.

그러나 이런 알 와합의 태도는 그의 추종자들이 이슬람에 들어오길 거부하는 사람을 무조건 카피르(배교자)로 만들고 공격하는 것을 막지 못했다. 이런 추종자들의 행동은 군사행동을 통해 상대를 죽이고 싶어 하는 마음에서 행해진 것이 분명했다. 알 와합의 저서를 보면 그는 그가 살아 있는 동안에도 자신의 가르침을 왜곡하는 추종자가 있다는 사실을 잘 알고 있던 것으로 보인다. 여기서 중요한 것은 알 와합이 이런 행동을 허락하지 않았을 뿐더러 무지의 산물이라고 비판했다는 점이다. 그는 그의 저서에서 정확히 누구에게 어떤 행동이 정당화 되고 또는 어떤 행동이 허락되고 허락되지 않음을 분명히 하는 것이었다. 알 와합은 지하드의 개념을 넓히지 않았고 그의 저서를 통해 지하드가 성스러운 전쟁으로 불릴 수 있는 조건을 세밀하게 제한했다.

역사적으로 와하비들은 자신들이 비신도라고 생각하는 모든 이들에게 파괴와 살육을 일삼는 광신도 집단으로 생각되어 왔다. 이런 고정관념은 분명히 알 와합의 가르침이 전혀 반영되지 않은 것이다. 알 와합은 유일신 사상을 추구했지만 이런 목표를 이루기 위한 도구로서 폭력과 살상을 사용하라고 하지 않았다. 그는 언제나 사람들에게 유일신 사상을 전파하기 위한 도구로써 교육과 토론을 주장했다. 지하드에 대한 그의 설명을 보면 그는 생명과 재물을 아꼈다는 사실을 엿볼 수 있다.

알 와합의 저술을 보면 그는 교육을 통한 개인의 지식과 전도를 위한 무슬림들의 전도활동(da'wah)이 지닌 중요성을 계속해서 강조한다. 그리고 이것을 실현하기 위한 방법은 폭력과 무력이 아니라 대화, 논쟁, 토론 등의 과정이었다. 알 와합은 남녀 신자 모두 꾸란과 순나에 대한 지식을 쌓아서 신앙의 깊이를 더할 뿐만 아니라 종교적으로 올바른 행동을 하고 믿음을 가지며 올바른 종교 및 정치 지도자를 선택하길 바랬다.

2. 부족별 지역별 양상

부족 간 갈등

중동의 정체성을 구성하는 가장 기본적인 단위는 부족주의이다. 이는 중동의 일반적 문화인 유목문화배경에 기인한다. 역사적으로 사우디아라비아는 부족사회라는 공동체 안에서 분쟁을 해결하고 생존을 도모해 왔다. 사우디아라비아라는 국명은 '사우드가의 아라비아'라는 의미로 지배 일족의 이름이 국명의 일부를 이루고 있는 경우는 드물다. 그러나 현대에 들어서면서 사우디아라비아는 점진적으로 중앙체제를 지닌 국가의 형태를 형성해 가고 있으나 아직도 아라비아 반도에는 수 없이 많은 부족이 분포하고 있다.

사우디아라비아에 거주하는 중요한 부족 중 부족규모가 가장 큰 부족으로는 아나자, 하르브, 우타이바, 알 무라, 샤마르, 무아티르, 그리고 까탄이 있고, 사우디아라비아의 부족은 약 500여개로 추정된다. 그 중에 샤마르 부족, 하르브 부족, 까탄 부족은 나지드 지역과 메카 지역 부근에 분포되어있다.

이크완은 사우디아라비아 현대 국가가 수립되면서 군부대로서 창설되었다. 이크완은 유목생활로부터 농경생활로 정착한 부족들로 구성되어 있었다. 이크완 부대는 하르브, 까탄, 샤마르 부족을 제외하곤 대표적으로 수다이리부족과 같은 친 사우디 가문의 부족들로 구성되어있다.

이런 다수의 부족들은 그 자체가 정치적 집단으로써 존재해 왔다. 이런 다양성 때문에 한 가지 공통된 목표를 두고 하나로 될 수도 있었지만 오히려 서로 분단되고 갈등을 빚기도 했다. 그리고 이런 문제를 해결하기 위해 사우디아라비아를 건국한 압둘 아지즈는 결혼을 통해 부족과 우호관계를 맺으려 했다. 압둘 아지즈는 여러 주요 부족들과 혼인관계를 맺었다. 그리고 그의 손자와 그 후대까지도 여러 방향으로 혼인을 맺으면서 사우디아라비아 주요 부족들은 모두 어떠한 방식으로든 왕족과 혼인관계로 연결되게 되었다.

그러므로 사우디아라비아의 사회 및 정치구조를 이해하는 데는 부족사회 구조를 이해하고 넘어가지 않을 수 없다. 가족이 정부 형성에 영향을 미치는 중요성, 특히 사우디아라비아가 처음 건국될 당시 그것이 지녔던 중요성은 많은 사람들이 과소평가하는 경향이 있다.

앞으로도 중앙 정부의 부족들에 대한 영향, 그리고 나날이 발전하는 국가경제는 계속해서 부족 지도자들의 영향력에 영향을 미치게 될 것이다. 시간이 지날수록 부족의 지도자들은 정부에 흡수되고 있으며 더 많은 돈을 벌기 위해 부족 주민들은 자신들의 마을을 떠나 대도시로 이주하고 있다. 따라서 부족의 영향은 점점 줄어들고 있고 현재 정부의 정책이나 경제발전, 근대화를 위한 노력 등을 볼 때 이런 추세는 계속해서 이어질 것으로 보인다.

개개인은 항상 그들 자신의 가문에 충성을 맹세했으나 더 큰 규모의 부족에 대한 충성은 항상 불안정하고 재정적 이익 추구에 기반을 두고 있다. 사우디에 있는 주요 부족들은 수천만의 부족 원으로 구성되어 있으며, 그 부족들 중에서 샴마르는 지배 가문과 오랜 시간 동안 갈등관계에 있다.

오일로 축적된 부로 인해서 각 부족 족장들의 영향력과 중요성은 점차 줄어들고 있다. 오늘날 부족의 지도자들은 내무부의 공식적인 직원이면서 그들 부족내의 문제를 해결해야 하는 책임을 갖고 있다.

이슬람주의자들을 반대하는 사람들은 사우디 사회의 부족구조를 파괴하는 것이 불가능 하다고 본다. 실제로, 사우디아라비아의 많은 사람들이 사우디의 국민이라는 정체성을 거부하고, 지배 가문보다도 자신들의 부족이 더 고귀하다고 주장 하고 있다. 그러나 사우디의 부족주의를 위협하는 요소는 이슬람주의보다는 끊임없이 진행되는 도시화로서 이 도시화를 통해 점점 부족 간의 관계가 소원해 지고 있다.

지역 간 갈등

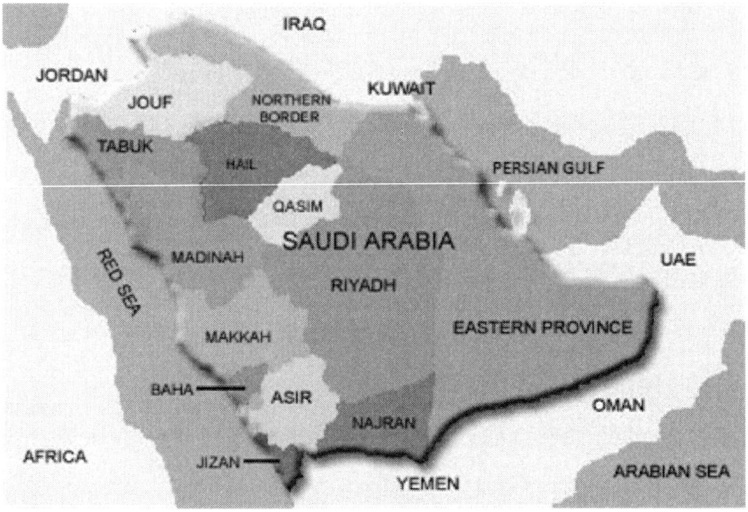

그림5 사우디아라비아 13개 주

사우디의 지역적 차이는 대표적으로 4개 지역으로 구분이 가능하다. 메카 메디나가 있는 종교 지역인 히자즈, 사우디 왕가 본산지이며 정치 지역인 나지드, 동부 유전지대로 경제 지역이자 국민의 대 다수가 쉬아파 (12이맘파)인 핫사 지역, 마지막으로 남 서부 예멘 국경지대이자 저 개발 지역이며 쉬아파 (자이드파)가 거주하는 아시르 지역이다.

사우디 내부 지역갈등은 그간 수면 하에 잠복해있었다. 강력한 이슬람왕정의 원리 주의적 통치로 인해 지역 간의 갈등이 표출되진 않았으나, 남부 아시르 주의 저 개발과 빈곤은 이 지역 출신 인사들로 하여금 정권에 대한 불만을 갖게 하였다. 이러한 지역 간 저개발과 차별구조는 반정부 인사들을 양산하는 결과를 초래하였다. 반정부 노선의 인사들 다수가 와하비즘에 입각한 이슬람 원리주의에 의해 소외되고 있으며 이들은 테러리스트 그룹에 자연스레 편입되는 현상이 빈발하고 있다. 9.11 테러 용의자 19명 중 15명이 사우디 인이며 이들은 대부분 아시르 출신인 것으로 알려지고 있으며 현재 알카에다 핵심 인물의 상당수 역시 아시르 지역 출신이다.

알 핫싸 지역의 경우 주민 대다수가 쉬아파이고 원유채굴관련 산업의 발달로 비교적 소득 수준이 높은 편이며 다수의 테크노크라트들을 배출했다. 그러나 순니파인 사우드 왕정의 정치권력 독점에 대한 불만이 점증하고 있는 상황이다. 특히 이 지역 사우디인의 경우 국제교류의 기회가 빈번하고 인터넷 등 통신 인프라가 잘 갖추어져 있어 세속주의에 다양하게 노출되고 있다

사우디아라비아 국민들의 정체성 형성은 한가지로 설명이 불가능하다. 따라서 사우디아라비아의 모든 국민들은 하나 이상의 정체성과 결부된다. 개개인의 정체성은 지역적으로 나지드, 히자즈, 핫사, 아시르, 내지는 또 다른 지역에 포함되거나, 종교적으로 순니파 혹은 쉬아파에 속하고, 부족에 따라서 달라질 수 있다.

지역적으로 긴장 상태가 가장 고조된 곳은 나지드 지역과 히자즈 지역이다. 메카와 메디나가 있는 히자즈 지역의 사람들은 다른 종교적 그룹보다도 그들의 정체성이 강하게 신성한 땅과 연결되어 있다고 생각한다. 이 지역은 그들이 선택된 사람들이라는 느낌을 받을 수 있고, 다른 무슬림들이 보기에 그 지역의 무슬림들이 특별하게 보일 수도 있다. 몇 세기 동안 히자즈의 주민들은 그들의 우월성을 좀 더 강화하기 위한 많은 의식과 종교적 예식을 만들었다.

사우디아라비아에는 13개주의 지방행정구가 있다. 인구는 리야드, 젯다, 담만 3대 도시권에 집중되어 있으며, 지방에서는 예로부터 베두인 부족이 세력을 떨치고 있다. 따라서 지방의 부족과 양호한 관계를 유지하며 그들의 불만을 완화시키는 일은 주지사의 중요한 역할이다. 13개주 중에서는 리야드 주, 메카 주 및 동부 주 3주가 특히 중요하다. 리야드 주는 수도 리야드가 있는 사우디아라비아의 중심이고, 또한 사우드가의 발상지이기도 하다. 메카 주는 홍해연안에 접해 있으며 상업도시 젯다 및 이슬람의 성지 메카가 있다. 그리고 아라비아 만에 접해 있는 동부 주는 유전지대로 사우디아라비아의 재정을 지탱하고 있다.

과거에는 주지사 전원이 제2세대, 제3세대 왕족 혹은 사우드가와 깊은 인척관계를 맺고 있는 왕족이었는데, 최근에는 고위 기술관료 출신의 지사도 임명되고 있다. 그러나 상술한 주요 3주(리야드, 메카, 동부) 와 이라크, 이스라엘 등과 근접해 있는 북부의 주인 타북과 자우프, 예멘 국경과 가까운 남부의 거점도시 아시르(Asir) 등의 주지사직은 여전히 왕족이 차지하고 있다.

그림6 사우디아라비아 수도 리야드의 전경

제3장 현대 정치문화와 종교와의 문제

제1절 종교와 현실정치

제2절 왕정과 종교계의 관계

제3절 현대 사우드 왕가 100년

제3장 현대 정치문화와 종교와의 관계

제1절 종교와 현실정치

사우디아라비아는 종교와 정치가 명확히 구분되지 않는 정교일치 사회이다. 현대 사우디아라비아는 1932년에 압둘 아지즈에 의해서 공식 수립 되었지만 그 기원은 전술한바와 같이 18세기에 종교 지도자 압둘 와합과 사우디 가문의 부족지도자 사우드의 결합으로 시작되었다. 즉 종교와 부족주의의 동맹은 18세기에 시작되어서 현재 사우디아라비아 국가의 형태에서도 볼 수 있는 구조이다. 사우디아라비아에서 와하비즘은 사우디 정치이념의 중심이고, 이슬람법인 샤리아는 헌법이며, 정치, 문화, 사회에 영향을 미치고 있다.

아직 까지 사우디아라비아의 정치체제는 압둘 아지즈가 40명의 추종자를 이끌고 리야드를 점령하고 그의 부족에 의한 아라비아반도의 재정복이 시작된 1902년 이후 큰 변화가 없다. 또한 사우디아라비아에서는 왕족들이 아직까지도 베드윈 부족장들의 수장 역할을 수행하고 있으며 귀족 혈통을 나타내는 족보 정치가 계속 유지되고 있다. 현재 부족장들은 그들 선조가 했던 것처럼 왕실 경호대원이 됨으로서 혈연적 유대감과 왕실에 대한 충성을 유지한다. 이러한 관습은 과거 무력정복이나 와하비 운동으로 사우드가문이 각 부족들의 지도자로서 인정을 받았다는 사실을 상징하고 있기 때문이다.

압둘 아지즈 초대 왕이 서거한 이후 2대 국왕 사우드 왕이 등극한 1953년 포고령이 발표되었고 대규모 정부조직이 개편되었다. 그 중 하나로 전 사우디왕국의 개별 조직들이 통합되었고 그 기능에서 국왕 다음 중요한 기구인 국무회의가 창설되었다. 1953년 포고령은 왕이 독단적으로 모든 주요사항을 결정하였던 전통 체제에서 정치권력과 권한의 한계를 정하는 첫 번째 시도로 보인다. 사우드 왕 시기 정치체제는 입헌군주제처럼 왕의 정책결정은 국무회의 의결에 근거해야했다. 따라서 사우드왕의 권력은 부족지도자들과 종교지도자들에게 절대적으로 군림한 압둘 아지즈 전 국왕에 비하여 현저히 약화되었다.

사우디아라비아의 정치체제는 파이잘의 국무회의 의장 기간과 국왕기간 동안 좀 더 정교하게 조직되고 운영되었다. 파이잘은 관료와 제도설립 그리고 기술의 현대화라는 두 가지 측면에서 변혁을 시도했다. 1930년대 초 외무부와 재무부가 처음으로 설립되었지만, 1953년 정부기구 재조직 포고령으로 통신, 교육, 농업, 보건, 상무와 공업 분야의 정부 부처가 신설되었다. 즉 1953년 발표된 포고령이 가진 의미는 그 이전까지 왕이 가졌던 절대 권력이 분산되었다는 것이다. 5대 파하드 국왕은 현 왕정체제를 유지하기 위한 신 행정기본조직에 관한 포고령을 발표하였다. 이 포고령은 사우디아라비아의 왕정체제가 정통성을 갖는 최상의 체제임을 강조함으로서 왕정에 대한 변화요구와 도전을 사전에 차단시키고 있다. 포고령에서 사우디아라비아의 통치는 왕국의 건국자인 압둘 아지즈의 아들과 손자들에 한정된다는 점을 강조함으로서 형제간의 왕위 계승 법을 부자간으로 확대하였다.

정당 활동이 허용되지 않는 사우디아라비아에서 왕이 임명하는 자문기관은 오랫동안 존재해왔다. 사우디아라비아를 건국한 압둘 아지즈 알 사우드는 1920년 첫 자문기관을 만들었으며 1992년 파하드 왕은 슈라 의회의 규제 권을 바꿨다. 그 역할은 1991년 종교 학자들이 제시한 제안서에서 요구한 만큼의 책임과 역할을 늘려 주었다. 새롭게 개정된 안에 의하면 왕이 요구하는 일에 대해 자문을 하는 것 외에도 이 의회는 대중들 사이에서 벌어지는 일에 대한 우려의 목소리를 표명할 수 있고 장관직을 제시할 수 있으며 현직 장관의 자질에 대해 의혹을 제기할 수도 있지만 법을 제정할 권한은 없다.

2005년 의회 임원 수는 150명으로 증원 되었으며 현재 이 의회 임원 중 절반은 와하비 종교 기관에서 선출되고 나머지는 대학교수, 정치가, 그리고 비즈니스 커뮤니티의 대표들이다. 1990년대 슈라 의회는 샤리아, 사회경제 발전계획, 그리고 장관 및 다른 정부기관들의 연간 보고에 대한 법적 문제들에 주로 초점을 맞추어 활동했다. 의회의 결정은 법적 효력이 없고 간단한 추천 안을 제출하는 것이 전부였다.

그러나 최근 들어 슈라 의회는 두 가지 중요한 변화를 겪었다. 하나는 그 규제권이 점차적으로 더 높은 차원의 자주성을 띄고 있다는 것이다. 2003년 12월 파하드 국왕은 슈라 의회가 더 능동적인 역할을 하게 될 것이라고 발표했다. 2005년에는 몇 개의 개정이 실시되었는데 그 중에 가장 중요한 것이 의회 규제권의 17항이다. 변화에 따라 슈라 의회는 그들의 추천 안을 바로 왕에게 제출할 수 있게 되어 장관들에 대한 대응을 더 효과적으로 이끌어 낼 수 있게 되었다. 또한 23항은 의회 임원들이 새로운 내부 규제를 제안하고 논의하고 만드는 것을 더 자유롭게 해 주었다. 그러나 이런 개정들로 인해 향후 의회 임원의 선출에 대한 선거가 도입되고 장관들에 대한 감시권한이 늘어날 것이라는 진보주의자들의 예상은 아직까지 현실로 이루어지지 않았다.

또 다른 변화는 슈라 의회에 진보 개혁주의자들과 온건 이슬람주의자들이 임원으로 선출됨으로써 임원진이 더 다양해지고 정치적으로 변했다는 사실이다. 새로운 임원들은 정치 개혁에 대한 목소리를 높이고 의회의 내부 사안을 결정하는데 있어 와하비 성직자들의 독점에 도전했다. 또한 2003년부터 의회의장은 여성이 슈라 의회의 상임 임원으로 될 수 없다고 말하면서도 지속적으로 여성 학자와 여성 운동가를 공개토론에 초청하고 있다.

이런 변화들은 아직 제도권 정책으로는 이어지지 않고 있으며 또한 슈라 의회는 아직까지도 법규정권이 없으며 선거를 통해 임원을 뽑는 것이 아니기 때문에 국민을 대표하는 기관도 아니다. 그럼에도 불구하고 이 의회가 존재한다는 그 자체는 사우디 정치가 와하비 성직자들의 독점에서 벗어나 사회의 다양성을 비추어 주는 활발한 공개 논쟁의 장이 되었다고 볼 수 있다.

따라서 슈라 의회는 임원 수가 150명으로 늘어나고 그 권한이 계속 늘어나면서 사우디 정치권에 있어 중요한 기관이 되었다. 이에 따라 진보 개혁주의자와 온건 이슬람주의자들은 정부에 슈라 임원 중 25% - 50%를 선거로 뽑는 것에 동의해달라고 요청해왔다.

2002년부터 왕족들은 점점 선거에 대한 두려움을 가지고 있지 않는 듯하다. 이는 자치 의회와 전문 기관에 선거를 도입한 것이 알 사우드 가문의 권위에 부정적 요소로 작용하지 않았기 때문이다. 따라서 압둘라 왕은 텔레비전에 방영된 한 의회 임원과의 만남에서 부분적 선거에 대한 요구를 받아들이고 2005년 지방의회 선거를 시행하였으며 2011년에도 지방의회 선거를 실시하였다.

의회에 제한적인 감시 권한을 주는 것은 의회의 힘을 늘리기 위한 두 번째 현실적 목표다. 의회에 완전한 권한을 달라는 몇몇 진보 개혁주의자들이 있긴 하지만 조금씩 접근하는 방법이 효과를 보이고 있다. 공공사업에 대한 지출과 자원분배에 있어 장관과 공무원들에게 질문을 하고 답변을 요구할 수 있는 권한이 의회에 생긴다면 정부사업을 감시하는 역할이 증가할 것이고 현재보다 더 나은 결과를 나을 수 있을 것이다.

결론적으로 사우디아라비아는 사우드 왕가가 지배하는 절대군주제 국가이다. 왕족의 핵심구성원들이 왕을 선출하며 울라마라고 불리는 이슬람교 지도층의 동의를 받는다. 왕은 이슬람법 샤리아에 따라 통치하며 왕의 제반 결정사항들은 왕족, 울라마, 주요 부족장들, 군, 관료집단 등의 지지를 받아야 한다. 왕은 정책을 결정하고 관료집단을 이끌어나갈 내각을 임명한다. 사법제도는 이슬람법 샤리아에 기초를 두고 있으며, 왕은 국가 최고의 상소법원 역할을 한다.

제2절 왕정과 종교계의 관계

사우디 기본법에 따르면 "국가는 이슬람을 지키고 샤리아를 적용시키며 국민들로 하여금 올바른 일을 하고 악을 거부하게 하고 신이 소명으로 내려준 의무를 다한다."이런 법적 기반을 통해 와하비즘은 공공, 개인의 도덕, 교육, 그리고 사회정의 시스템등에서 많은 권력을 누린다. 왕족과의 동맹을 통해 다져진 이들의 종교 기반은 여러 기관, 대학, 학교, 그리고 특별 센터들에 퍼져 있다.

가장 중요한 종교기관은 원로 울라마 의회이며 1971년 사우디아라비아에서 가장 높은 권위를 지닌 종교 기관으로써 왕명에 의해 생겼다. 구성은 왕이 정한 20명의 성직자로 구성되며 그랜드 무프티(파트와(fatwa)는 이슬람법의 응용에 관한 구체적 사안에 대한 법적 견해이며 이를 공표할 자격이 있는 사람을 무프티라고 부른다)가 그 총수다. 기본법 45항에 의거 이 의회의 임무는 종교에 의거한 의견의 공표, 즉 파트와를 공표하는 것이며 이는 샤리아를 따르고 모든 내용은 왕에게 제출한다.

석유 개발 초기에 울라마의 목소리는 교육과 근대 산업의 발전, 경제발전에 의해 줄어들었다. 그러나 사우드 일가와의 근본적인 관계는 변하지 않았다. 울라마는 정부가 결코 무시할 수 없는 보수 세력이다. 예를 들어 1960년 소득세를 부과하려고 했을 때 울라마는 정부에게 압력을 가해 외국인에게만 부과하게 만들었다. 1964년 사우드 왕을 하야시키고 파이잘을 왕 위로 앉히려고 했을 때도 12명의 저명한 울라마들이 그것을 지지하는 파트와에 서명하면서 성공적으로 이루어질 수 있었다.

사우디아라비아의 왕은 언제나 이슬람에 대한 충성을 맹세해야 했다. 왕은 이맘(무슬림의 집단 예배를 인도하는 사람을 이맘(imām)이라 부른다. 그 원 뜻은 "앞에 선 사람"또는 "지도자"란 뜻이다. 집단 예배 시 맨 앞에 서서 종교의례를 집전하는 사람을 뜻한다. 이슬람 역사상 최초의 이맘은 바로 예언자 무함마드 자신이다. 무함마드의 공적 임무는 이슬람 공동체의 지도자로서 정치, 경제, 사회, 문화 등 모든 일에 관여한 것이다. 따라서 예언자도 이맘의 임무를 수행했다. 즉, 지도자로서의 임무를 수행한 것이다. 그러므로 이맘이라는 호칭에는 여러 가지 의미가 포함되어 있다. 단순히 집단예배 인도자로 볼 수도 있으나 국가를 커다란 교회로 볼 때 그는 국가의 수장이기도 하며 또한 이슬람공동체의 수장으로 볼 때 그는 최고 종교지도자이기도하다)이자 사우디 무슬림의 최고 지휘권자이고 이는 곧 왕이 울라마(이슬람 학자)들과 상의하고 울라마의 높은 권위를 인정하게 되는 것이다.

울라마는 사우디 사회에 영향을 미칠 수 있는 도구를 만들었는데 그것이 바로 공공도덕위원회이다. 와하비즘의 교리를 실현시키기 위해 1920년대에 탄생된 이 위원회는 일상생활과 행동에 있어 도덕의 기준을 명시해 왔다.

각 지역의 위원회는 히자즈, 나즈드, 그리고 동부지역의 위원회에 귀속되어 있고 이들은 다시 그랜드 무프티와 최고 까디(재판관)에 속해 있다. 이 모든 체제는 왕이 직접 다스린다. 사우디가 이슬람의 발원지로서 메카와 메디나 두 성지를 보호한다는 명목은 사우디의 울라마들에게 보다 더 큰 권위를 주고 있다.

종교적인 법안에 대한 의견을 표명하는 무프티들은 사우디아라비아에서 매우 중요한 역할을 가지고 있으며 그 어떤 무슬림

국가에서보다 막강한 힘을 지니고 있다. 사우디아라비아는 신권정치의 성향을 지니고 있기 때문에 이론적으로는 사법권이라는 것이 없고 정부는 샤리아에 대한 권위를 지닌 법학자들이 종교적인 법 출처와 판례에서 정책을 지지해주는 내용을 찾아 그것을 가지고 개혁정책에 종교적 권위를 부여하고 사회의 안정을 도모하며 정권에 정당성을 부여하는 것에 의존할 수밖에 없다. 무프티들의 중요성을 잘 알고 있는 왕가는 무프티를 엘리트 지도층으로 끌어 올려 개혁 정책을 만드는데 든든한 아군으로 삼으려고 노력한다. 시민이나 정부 관료에게 공개되는 무프티의 의견은 그 수가 대단히 많으며 여러 주제를 포괄적으로 다룬다. 당연한 것이겠지만 그중 상당수는 샤리아의 보수적인 위치를 인정하는 것에 지나지 않는다.

쉐이크 압둘 아지즈 빈 바즈

그림7
쉐이크 압둘 아지즈 빈 바즈

쉐이크 압둘 아지즈 빈 바즈는 사우디아라비아 내 가장 높은 위치의 학자인 그랜드 무프티였으며, 가치추구와 악의 방지의회의 회장이었다. 그는 사우디아라비아 내에 이슬람 적으로 올바른 것, 허락되는 것을 결정하는 사람이었다. 그의 결정은 누구도 반박하지 않았고 그의 보수적 의견은 사우디아라비아 내에서 큰 가치가 부여됐다. 빈 바즈는 그의 정직, 관대, 겸손, 가난한 자, 남편과 부모를 잃은 자들에 대한 사랑으로 유명했다.

빈 바즈는 1330A.H. 사우디아라비아의 수도 리야드에서 태어났다.

그의 가족은 이슬람에 대해 해박한 것으로 유명했다. 빈 바즈의 아버지는 그가 어렸을 때 사망했고 빈 바즈를 기른 것은 어머니였다. 자신의 유년기에 대해 물어보자 빈 바즈는 이렇게 대답했다. “나의 아버지는 제가 3살 때 돌아가셨고 나를 돌봐주고 교육시켜주고 샤리아를 공부할 수 있게 격려해주신 것은 어머님뿐이었습니다. 어머님도 제가 26살 때 돌아가셨습니다.”빈 바즈의 성장에 그의 어머니는 중요한 역할을 하고 있었고 그가 14살 때 꾸란을 외우게 했으며 여러 이슬람에 관한 책을 공부하게 했다. 그러나 빈 바즈의 유년기는 결코 평탄치 않았다. 그가 13살쯤이었을 때 그의 형 무함마드와 함께 시장에 가서 남성 옷을 팔아야 했다. 그는 가정을 위해 돈을 벌고 일을 하면서도 꾸란, 하디스, 피크(법학), 그리고 꾸란 해석학공부를 열심히 했다. 1346H, 16살이었을 때 빈 바즈는 심각한 눈병에 걸려 시력을 잃기 시작했고, 그가 20살이 되던 해 그는 시력을 완전히 읽고 장님이 되었다.

그럼에도 불구하고 빈 바즈는 여러 쉐이크와 대화하고 이슬람 관련 서적을 공부하면서 시간을 보냈다. 그는 1357A.H년부터 1371A.H년까지 14년 동안 알 카르즈 판사로 일했다. 그 후, 1371A.H. 리야드 과학기관에서 선생님이 되었고 10년간 샤리아를 가르쳤다. 1381A.H년에 그는 메디나에 있는 이슬람 대학의 부총장으로 임명되었다가, 총장이 되었다. 1395A.H년에는 왕명을 통해 과학연구 및 이프타아 부서의 장관이 되었다.

1414A.H 에 그는 사우디아라비아의 그랜드 무프티이자 울라마 의회의 의장이 되었다. 그 후 그는 오랫동안 여러 이슬람 의회에 의장이나 임원직을 겸했으며 국내와 해외에서 여러 회의를 개최했고

여러 분야에 수 없이 많은 책을 썼다. 또한 엄청나게 많은 수의 파트와를 공표했다. 1402A.H, 그는 이슬람에 대한 공로가 인정되어 국제 파이잘 재단 상을 받았다.

빈 바즈는 그가 다녀간 모든 곳에서 젊은 무슬림들에게 모범이 되었으며 자선 단체 활동을 많이 했다. 그 중에는 세계 곳곳에 있는 이슬람 단체들에 대한 지원, 꾸란을 가르치는 학교설립 관리, 무슬림 젊은이들의 결혼을 주도하는 단체 등을 설립했다. 그리고 라디오 프로그램을 만들어 청취자들이 지닌 여러 질문들을 종교적 권위를 지닌 쉐이크가 대답하고 필요에 따라 파트와를 공표하게 했다

1999년 5월 13일 88세 나이로 빈 바즈는 세상을 떠났다. 사우디아라비아의 그랜드 무프티로서 그는 이슬람 초기 사상으로 돌아가자는 살라피야 이념의 연장선상에서 이슬람 개혁을 지지하고, 사우드 가문의 통치를 정당화하려고 노력했다. 빈 바즈는 살라피 운동에 큰 영향력을 미쳤고, 오늘날 저명한 살라피 종교학자 대부분은 그의 제자이다.

압둘 아지즈 이븐 압둘라 알 쉐이크 (현재 그랜드 무프티) Abdul-`Al-Aziz ibn `Abdullah ibn Muhammad ibn `Abdul-Latif Al Al-Shaykh

그림8 압둘 아지즈 이븐 압둘라 알 쉐이크

압둘 아지즈 알 쉐이크는 1940년 사우디아라비아의 명문 종교가문인 알 알쉐이크 집안에서 태어났다. 그는 아흐마드 빈 사나안 모스크에서 꾸란을 공부했으며 12살 때 꾸란을 모두 외웠다고 한다. 1954년 그는 이맘 아다와 기관으로 옮겨 갔고 1962년 샤리아 대에서 졸업했다. 그 후 그

는 열성적으로 종교 활동을 했고 1971년까지 이맘 알-다와 알-일미 기관에서 교사로 일했다. 그 후 리야드에 있는 샤리아 대학에서 가르쳤으며 1991년까지 그곳에 머물렀다.

그는 1986년 원로학자의회의 임원이 되었으며 동시에 이슬람 연구와 파트와 영구의회의 임원이 되었고 1995년 당시 그랜드 무프티 였던 쉐이크 이븐 바즈의 바로 아래 위치에 임명되었다가 빈 바즈 사망 후 1999년 그랜드 무프티에 임명 되었다.

그는 1969년부터 쉐이크 압둘라 빈 압두 알-라티브 모스크에서 열리는 합동예배를 관장하는 이맘이었고 1991년 알-이맘 투르키 빈 아벨라 중앙 모스크의 이맘으로 옮겨갔다. 그는 또한 1981년 아라파트의 날에 마스지드 나미라의 설교자이자 이맘이 되었다.

1993년부터 그는 라디오 프로그램에서 질의응답에 참여하고 있었으며 또한 알 이맘 투르키 빈 압달라 중앙 모스크에서 신도들에게 강의를 하기도 했다. 또한 그는 종종 리야드와 타이프에서 선교주제로 세미나를 열고 강의를 하기도 한다.

두 번째로 중요한 종교 기관은 가치추구와 악의 방지 의회이며 법을 시행하는 강력한 단체로 거듭났다. 이 의회에는 공무원과 자원봉사자가 있으며 공식 와하비즘에서 가르치는 올바른 이슬람의 가르침을 보호하고 그 가르침을 어기는 자를 벌하는 일을 한다. 이들의 대상이 되는 것은 베일을 부적합하게 입고 있는 여자나 태도가 나쁜 남자들이다. 그 외 원로 울라마 의회가 직접 또는 간접적으로 조종하는 다른 종교 단체는 여러 가지가 있다.

1970년대부터 종교 기관들은 정통 와하비즘을 강요하는 데 있어 공격적인 자세를 취해오고 있으며 왕족과의 결속에서 자신들의 권위를 행사했다. 왕은 종교를 통한 통치의 권위를 얻었으며 종교인들은 자신들의 실권을 얻었는데 이런 결속을 통해 진보 개혁주의자들과 보수적인 종교 학자들 그리고 정치가 등에게 영향력을 행사 해 왔고 개혁을 요구하는 목소리를 통제해오고 있다.

최근 진보성향을 띄는 왕족들에 의한 개혁의 필요성 때문에 왕족과 종교 기관 사이에는 불만의 목소리가 커지고 있다. 진보적인 성향을 취하는 소수를 제외한 대부분의 와하비 성직자들은 언제나 정치적 개방에 대해 비판적인 입장을 취해왔다. 와하비의 권위가 갑자기 상승한 것도 1960년대 사우디아라비아의 마지막 진보 시대였다. 2002년부터 성직자들은 보수적인 왕족에 대한 지지를 벌여 오고 있다

사우디 지식인들은 왕족과 종교 기관 사이에 존재하는 힘의 균형에 대해 여러 의견을 가지고 있다. 어떤 진보 개혁주의자들은 왕족이 우위에 있다고 말한다. 이들은 1960년대 파이잘 왕이 와하비의 반대를 무릎 쓰고 여성의 교육을 허락해준 일이나 카메라가 달린 핸드폰에 대한 금지를 풀어 버린 일을 볼 때 결국 와하비 성직자들은 왕의 명령을 따를 수 없다고 말한다. 왕족이 강한 의지를 보인다면 성직자들은 그것에 대해 노골적으로 반대할 수 없다. 이런 관점을 지닌 사람들은 왕족 내에 존재하는 진보와 보수의 힘의 균형에서 와하비는 보수진영을 지지함으로써 영향력을 행사한다고 말한다.

하지만 또 다른 관점은 와하비 성직자들의 자주성을 이야기하며 이런 관점은 대부분의 이슬람주의자들이 지니고 있다. 종교 기관은 왕이 주는 자금으로 운영되지만 종교 기관이 왕의 의지에 무조건 복종하는 것은 아니라는 것이다.

어느 관점이 더 우위에 있다고 말할 수는 없지만, 사우디의 종교

기관이 개혁을 계속해서 제지시키고 있으며 국가의 정책 흐름에 영향을 주는 가장 중요한 정치세력인 것만은 틀림없다.

제3절 현대 사우드 왕가 100년

이 절은 제3장 현대 정치와 종교와의 관계를 이해를 돕기 위해 제1장 역사적 배경 부분에서 자세히 설명되어있는 내용을 간략히 요약해 놓은 것이다.

그림9 사우디 왕계도 (출처: Reuters, Saudi Press Agency)

1. 압둘 아지즈 빈 사우드
(Abdul Al-Aziz bin Abdul Rahman Al Saud)

그림10
압둘 아지즈 빈 사우드

압둘 아지즈는 1932년 사우디아라비아의 건국을 선언하고 현대 사우디아라비 국가가 시작되게 한 현대 사우디아라비아 건국의 아버지이다. 압둘 아지즈는 1876년 리야드에서 태어나 어렸을 때부터 꾸란을 읽고 신학공부를 했다. 1891년 라시드 가에 의해서 리야드가 정복당하자, 아버지와 함께 쿠웨이트로 망명하였다가 1902년에 리야드를 재탈환하여 리야드의 새로운 지도자가 되었다. 압둘 아지즈는 초기 성공에도 불구하고 아라비아반도 중앙 지역에서 그에 대한 지지 기반이 약했으므로 이를 극복하기위해 아라비아반도 사람들을 결집 시켜 줄 수 있는 정치- 종교 운동을 일으킨다.

1927년에는 영국으로부터 독립을 승인 받았고, 1932년에 현대 사우디아라비아 국가를 건국하였다. 건국과 동시에 석유 개발이 시작되어 석유는 사우디아라비아에 막대한 부를 가져다주었다. 압둘 아지즈는 그것을 교육, 인프라구축 등에 투자하여 국가의 틀을 구축해나가기 시작했다..

1945년 2월 압둘 아지즈는 미국 루즈벨트(Franklin Roosevelt) 대통령을 만났다. 이 만남은 미국의 대중동 정책에서 사우디아라비아가 차지하는 비중을 은연중에 나타냈다. 루즈벨트 대통령은 압둘 아지즈에게 나치들에게 핍박받는 유대인들을 위해 팔레스타인에 보금자리를 만들어 주는 보상정책에 동의해 줄 것을 요구했고 압둘 아지즈는 반대 입장을 표명했다.

1950년대에는 주요 도시를 연결하는 도로망 건설이 시작되었고, 1951년에는 수도 리야드와 동부 담맘 간을 연결하는 철도도 개통했다. 또 아라비아 반도의 동서를 연결하는 항공로, 젯다 항의 정비, 전화망의 확충 등 국내 개발이 급속하게 진행되었다.

압둘 아지즈는 건강 악화로 인해서 1953년 11월 9일에 타이프에서 사망했다. 현재 국왕 살만에 이르기까지 6명의 국왕은 모두 압둘 아지즈의 아들이다. 압둘 아지즈의 장남은 투르키였지만, 어려서 독감에 걸려 사망하고 차남 사우드가 그의 자리를 이어 받았다.

2. 사우드 빈 압둘 아지즈(Saud bin Abdul Al-Aziz)

그림11
사우드 빈 압둘 아지즈

사우드는 1933년에 왕세자가 된 후 1953년에 사우디 제2대 국왕(재위1953년~1964년)이 되었다. 그는 부친 압둘 아지즈의 노선을 답습하여 교육부, 상업부 등 행정조직의 확충을 도모함으로써 국내 정치의 기초를 다졌으나 그는 아버지 압둘 아지즈가 사망한 후에 부총리 파이잘과 끊임 없는 권력다툼을 벌였다. 1962년 사우드가 치료를 위해 유럽으로 간 사이에 파이잘의 권력을 차지하기 위한 작업이 진행되었고, 사우드가 1963년 사우디아라비아로 돌아 왔을 때에는 이미 지지 세력이 없어지고 난 후였다. 이는 그의 낭비벽으로 인하여 국가재정이 파탄에 직면했기 때문이며 1964년 왕족의 원로회의에서 그를 퇴위시켰다.

3. 파이잘 빈 압둘 아지즈(Faisal bin Abdul Al-Aziz)

그림12
파이잘 빈 압둘 아지즈

3대 국왕 파이잘(재위 1964-1975)은 국가재정 구조 현대화와 개혁 정책을 실시하여 1차 5개년 계획을 필두로 국내 경제 발전을 위해 노력했다. 그의 이름을 세계에 알린 것은 1973년 제4차 중동전쟁 때 이스라엘과 그 지원국에 대해서 석유수출 제한 조치를 발동한 것이다. 이것이 유명한 '제1차 오일쇼크'로 석유를 무기로 하는 이 전략은 전 세계 석유소비국을 긴장시켰다. 제3차 중동 전쟁과 제4차 중동 전쟁에서 제1차 석유 파동을 주동하였으나 이후에는 이집트 대통령 안와르 사다트와 함께 이스라엘과의 평화 정착 관계에 힘썼다. 파이잘에 의해 사우디아라비아의 산업 발전은 본격적으로 시작되었으며, 외교정책에서는 아랍과 이슬람세계의 필수적인 이익 수호에 대한 단호한 의지를 보여주었다. 그러나 1975년 3월 25일 평소 정신병을 앓던 조카 파이살 빈 무사드에게 암살당했다.

4. 칼리드 빈 압둘 아지즈(Khalid bin Abdul Al-Aziz)

칼리드 이븐 압둘 아지즈 알 사우드(재위 1975-1982)는 국가통치를 자신의 형제 파하드 황태자에게 맡기고 국정외의 것을 하길 선호했다. 1979년 11월 광신주의자들이 메카의 그랜드 모스크를 점령하고 수일동안 점거하면서 왕족들의 느슨한 도덕기준을 비판했을 때, 칼리드는 심각한 도전을 받았다. 점거는 결국 진압되었지만 이에 충격을 받은 정부는 울라마들에게 부탁하여 자신들의 통치를 이슬람의 관점으로 더욱 지지해줄 것을 부탁했다. 일이 이렇게 벌어지자 칼리드는 왕국 내의 이슬람을 더욱 엄격하게 지키게 하고 걸프지역과 자신의 사람들로부터 오는 개혁에 대한 요구를 정치적으로 묵살시켰다.

그림13
칼리드 빈 압둘 아지즈

칼리드는 1982년 6월 심장병으로 죽었고 파하드가 왕이 되었다. 파하드는 자신의 배다른 동생 압둘라를 황태자이자 제1부총리로 임명했고 그의 친동생 술탄은 제2부총리이자 국방장관으로 임명했다.

5. 파하드 빈 압둘 아지즈(Fahd bin Abdul Al-Aziz)

그림14
파하드 빈 압둘 아지즈

파하드 국왕(재위 1982-2005)은 1986년에 왕을 두 성지의 호자(خادم الحرمين الشريفين)'로 지칭하기 시작했다. 두 성지라 함은 이슬람의 3대 성지 중 사우디아라비아의 메카와 메디나를 지칭하는데, 이 칭호는 세속 군주인 사우드가의 지배체제에 종교적인 권위를 더한 것이라고 해석된다.

파하드 왕이 처음으로 위기에 봉착한 것은 세계적으로 석유 가격이 하락했을 때였다. 1973년 석유 가격이 급상승한 후 1980년대 초에는 석유 가격이 급감하기 시작하여 경제적 위기를 겪었으며 또한 1979년 이란에서 호메이니 혁명이 일어나자 이러한 일련의 사건들이 국내위기로 이어져 정치적 위기도 겪었다.

1990-1991 아라비안 걸프 전쟁에 사우디아라비아는 많은 전비를 지원해야 했고 또한 사우디아라비아 정부는 미군을 사우디아라비아 땅에 주둔시킨 것에 대한 많은 비판을 국내외에서 받았다. 이러한 사우디 정부의 조치에 반발하여 오사마 빈 라덴 같은 사람들은 사우디아라비아 국내외에서 테러 공격을 감행했으며 파하드는 1992년 여러 개혁을 통해 반응했다.

그는 풍부한 오일머니와 강한 지도력을 구사하여 도로, 공항 등 국내 인프라 구축을 하였다. 그러나 치세 말년에 질병 때문에 집무가 불가능하게 되어 1995년 이후는 황태자 압둘라(Adbullah)가 실질적으로 국정을 전담했다. 그 후 파하드 국왕은 2005년에 사망하였다.

6. 압둘라 빈 압둘 아지즈(Abdullah bin Abdul Al-Aziz)

그림15
압둘라 빈 압둘 아지즈

압둘라 국왕(재위 2005-2015)은 1924년 리야드에서 태어났으며 사우디아라비아를 건국한 압둘 아지즈의 다섯 번째 아들로 태어났다. 압둘라의 어머니 파드하 빈트 아시 알 슈라임은 압둘 아지즈의 12명의 아내 중 8번째였다. 압둘라가 태어났을 때 그의 아버지는 왕이 아니라 아미르였으며 그가 통치하던 땅은 아라비아 북쪽과 동쪽이었다.

압둘라가 유년 시절 어떤 교육을 받았는지에 대한 정보는 거의 존재하지 않지만 사우디아라비아 공식 정보지에 따르면 그는 “정식 종교교육”을 받았다고 한다. 이 정보지에 의하면 압둘라는 학교를 다니면서 수많은 책을 읽었고 전통적인 아랍의 가치를 배우기 위해 사막의 베두인 민족과 오랫동안 생활했다고 한다.

1962년 8월 압둘라 왕자는 사우디아라비아 내셔널 가드의 사령관으로 임명됐다. 내셔널 가드의 임무는 왕실의 안전을 도모하고 쿠데타를 방지하며 이슬람의 성지 메카와 메디나를 지키는 것이었다. 내셔널 가드는 125,000 정규군과 25,000명의 부족 병사로 구성되어 있다.

1975년 3월에 왕이 된 칼리드 왕은 압둘라 왕자를 제2 부총리로 임명했다. 1982년 칼리드가 죽은 뒤 왕위는 파하드 왕에게 넘어갔고 압둘라 왕자는 제1 부총리로 임명되었다. 이 역할을 맡으면서 그는 왕의 장관회의에 참석할 수 있었다. 파하드 왕은 동시에 압둘라를 황태자로 임명했고 그의 사망 후 왕이 될 계승자로 지목했다.

1995년 12월 파하드 왕은 뇌졸중으로 회복불능의 상태가 되었고 그 후 9년 동안 압둘라 황태자가 파하드 국왕을 대신해서 실질적 권력을 받아 점진적 개혁 노선을 추진해 왔다. 개혁 노선의 핵심은 왕실 개혁이었으며 이로 인해 여타 유력 왕자들의 비판과 견제를 받아왔다.

압둘라는 '수다이리 일곱'으로 알려진 7명의 배다른 형제들을 견제하기 위해 왕가의 다른 멤버들과 동맹을 맺었다고 알려진다. 수다이리 일곱은 왕족 내에서도 가장 강력한 집단이기 때문에 압둘라 왕은 수다이리 계열 왕자견제의 일환으로 충성의회를 만들었다.

압둘라 국왕은 다른 왕자들과는 달리 검약하고 조용한 성격으로 알려져 있으며 아라비아반도의 유목민들과 사막에서 함께 어울리는 것을 즐기는 등 전통주의적 성향이 강한 것으로 알려졌다. 그러나 그는 사우디아라비아의 이슬람인 와하비즘의 지나친 완고함은 추구하지 않았다.

압둘라 국왕은 2005년 최초로 지방의회 선거를 시행하였고 여성 교육문제를 공론화하였으며 서구와의 관계개선 필요성을 인정하는 등 점진적인 개혁정책을 시도해 왔다. 나아가 왕실이 지명하는 의회 성격의 자문기구 역시 장기적으로는 국민이 선출하는 체제로 나아가야 한다는 데 동의하고 있었던 것으로 보인다.

2005년 압둘라가 왕이 되어 실권을 잡았을 때 사우디아라비아는 이슬람 근본주의자들과 진보적 개혁주의자들로 나뉘어 있었다. 근본주의자들은 테러를 사용해 사우디 땅에 미군이 주둔하는 것에 대한 불만을 표시했으며 진보주의자들은 점점 더 여성권리, 샤리아에 기반을 둔 법의 변화, 그리고 종교의 자유 등을 얻고자 압력을 넣었다.

압둘라 왕은 강한 아랍 민족주의자로 알려져 있지만 다른 국가와 협동하는데 적극적이다. 압둘라 왕은 최근 2002년에 제시됐던 중동평화정책을 되살리려는 시도를 했다. 이 중동 평화정책은 2005년에도 주변국의 이목을 집중 시켰지만 실행되지는 않았다. 이 평화정책은 팔레스타인과 이스라엘의 국경을 1967년 3차 중동전 이전으로 돌려놓고 팔레스타인 피난민이 돌아갈 수 있도록 하는 내용이다. 그리고 그것을 조건으로 이스라엘에게 서쪽 장벽과 웨스트 뱅크를 주고 이를 아랍 국가들이 인정해주자는 것이다. 사우디 근본주의자들을 의식해서 압둘라 왕은 이라크 전쟁에서 미군이 사우디아라비아 기지에 들어오는 것을 허락하지 않았다.

그는 비교적 청렴한 것으로 알려져 있다. 그에 대한 이런 믿음은 부패를 척결하고자 하는 노력을 통해 얻어졌으며 그는 개혁을 추구하는 동시에 사우디의 전통을 존중하는 정책을 추구하고 있다. 압둘라 왕은 아랍권에서 아랍 세계를 위한 정치를 추구 하였다고 알려져 있으며 또한 이스라엘에 대한 미국의 원조와 이스라엘의 팔레스타인 영토점령을 비판해 왔다.

그는 국내에서 개혁을 어느 정도 허락하는 정책으로 사우디 왕가의 정권을 위협하는 요소를 제거하려고 하였다. 또한 아랍의 봄 움직임에 대해 그가 보인 대응 중 하나는 사우디 국민들의 불만을 잠재우기 위해 막대한 자금을 투입한 것이었다.

7. 살만 빈 압둘 아지즈(Salman bin Abdul Al-Aziz)

그림16
살만 빈 압둘 아지즈

살만 신임 국왕(2015-현재)은 압둘라 국왕의 동생으로 사우디 왕실의 실세인 이른바 '수다이리 7형제'중 한 명이다. 살만은 2012년 동복형이자 당시 왕세제 겸 내무장관이었던 나이프 빈 압둘아지즈 알사우드가 사망하자 왕세제로 책봉됐다.

그가 왕위를 계승하면서 2014년 3월 부왕세제로 임명된 무그린 빈 압둘아지즈 알사우드(70) 왕자가 왕세제에 올랐다. 새 부왕세제에는 나이프 전 왕세제의 아들인 무함마드 빈 나이프 알사우드 내무부장관이 책봉됐다. 무함마드는 사우디 제2부총리로도 임명됐다. 이는 사우디의 왕위 계승이 압둘 아지즈 아들 세대에서 다음 세대인 손자세대로 넘어가는 것을 의미한다.

사우디는 왕이 사망하면 왕세제가 왕위에 오르고, 새로운 왕세제, 부왕세제를 지명하는 방식으로 후계자가 선정된다. 이슬람 순니파 종주국인 사우디의 새 국왕이 된 살만은 취임연설에서 선왕의 정책을 유지하겠다는 뜻을 밝혔다. 그러나 그 역시 고령(80세, 2015년 현재)으로서 와병설이 전해지고 있다.

그는 또 자신의 아들인 무함마드 빈 살만을 새 국방장관에 임명하고 외무와 석유, 재무 등 일부 장관은 유임시켰다고 왕실은 전했다. 그러나 살만 국왕은 사우디가 대내외적으로 직면한 여러 문제를 처리해야 할 상황에 놓여 있다. 유가의 급속한 하락과 수니파 극단주의 세력 이슬람국가(IS)의 득세, 인접국 예멘의 혼란 등 최근 사우디가 처한 위기 상황을 돌파해야 하는 과제를 안게 됐다.

제4절 2세대의 노령화와 3세대 계승 전망

사우디아라비아의 현 왕인 살만은 현대 사우디아라비아 국가를 세운 압둘 아지즈의 아들이다. 그러나 2015년에 왕이 되었음에도 불구하고 80세의 고령의 나이와 와병설에 휩싸여있는 것을 고려했을 때, 다음 후계자들의 성향에 따라 미국의 대 중동정책과 한국의 사우디에 대한 접근에 큰 영향을 미치게 될 것이다. 또한 사우디아라비아의 다음 왕의 성향에 따라서 이란, 이라크, 아프가니스탄, 파키스탄과 중동평화정책의 방향이 달라질 것이다.

그림17
술탄 술탄 빈 압둘 아지즈

압둘라 이후 왕이 될 가장 유력한 왕자는 왕세자 술탄(Sultan bin Abdul Al-Aziz) 이였으나, 사우디 왕실은 2011년 6월부터 미국에서 치료를 받아온 왕세제 술탄 빈 압둘 아지즈 알 사우드가 2011.10.22일 사망했다고 발표했다. 공식 나이는 80세지만 실제로는 85세로 추정된다.

그 후 사우디아라비아의 나이프(Nayef bin Abdul Al-Aziz) 내무장관은 2011년 10월 27일 왕위 계승 서열 1위인 새 왕세제로 책봉되었다. 나이프는 파하드(Fahd bin Abdul Al-Aziz) (2005년 사망) 전 국왕과 술탄 전 왕세제의 친동생이자 압둘라 전 국왕의 이복동생 이다.

리야드 주지사(1953~54년), 내무부부장관(1970년)을 거쳐, 1975년에 내무장관이 되었으며 2012년 사망할 때까지 35년간 그 지위를 지키고 있었다. 그는 친형인 술탄에 비해 공개석상에 얼굴을 내보이는 일은 적었지만, 2003년 이라크전쟁 후에 국내에서 테러사건이 잇달아 발생하자 테러대책에 힘을 발휘했다. 이것을 계기로 나이프 내무장관은 국왕과 황태자를 보좌하는 제3인자로서 지위를 확립하고, 특히 술탄 황태자 겸 제1부수상이 수술을 위해 1년 가까이 나라를 떠나 있는 동안 국왕 다음가는 자리에서 국정에 관여해 왔다. 국왕과 황태자가 각각 수상과 제1부수상을 역임하는 사우디아라비아에서는 수상대행을 해야 하는 술탄이 없어 압둘라 국왕은 외국 방문도 뜻대로 되지 않았고, 국정에 많은 지장을 초래했었다. 이러한 이유로 2009년 3월 압둘라 전 국왕은 나이프 내무장관을 제2부수상으로 임명했었다.

나이프 장관은 아랍권에 부는 '재스민 혁명'에 대해 강경한 입장인 것으로 알려져 있었다. 3월 수니파가 집권하고 있는 바레인에서 민주화 시위대를 진압할 때 쉬아파 종주국 격인 사우디가 군대를 보내 지원한 데는 나이프 장관의 역할이 컸었다고 전해진다. 그는 예멘의 알리 압둘라 살레 대통령에 대해서는 지지를 나타내고 있으며 1월 재스민 혁명으로 축출된 진 엘아비딘 벤 알리 튀니지 전 대통령을 사우디로 피신하도록 했다그러나 그는 왕세자에 오른 지 8개월만인 2012년 6월 16일 타계하였다. 그리고 그의 뒤를 이어 살만 빈 압둘 아지즈가 새 왕세제로 추대되었다.

그림18
나이프 빈 압둘 아지즈

2015년 압둘라 왕이 사망한 후 살만은 사우디 7대왕이 되었으며 무크린 빈 압둘아지즈 알사우드(70) 왕자가 왕세제에 올랐다. 새 부왕세제에는 나이프 전 왕세제의 아들인 무함마드 빈 나이프 알사우드 내무부장관이 책봉됐다. 무함마드는 사우디 제2 부총리로도 임명됐다.

압둘라 vs 수다이리

2005년 8월 1일 국왕 파하드(Fahd bin Abdul Al-Aziz)의 사망이 공식 발표된 이후에, 압둘라의 왕위 계승은 순조로웠다. 압둘라는 즉시 술탄을 황태자로 임명했다. 하지만 과거 수십 년의 전통을 깨고 압둘라는 다음 황태자가 될 제2부총리 임명에 아무런 노력도 하지 않았다. 그의 이런 행동은 오랫동안 내무부 장관을 지내고 나이와 경험적인 측면에서 적절한 후계자인 나이프를 외면하려는 움직임이라고 해석되었다. 술탄의 친 형제인 나이프는 제2부총리 자리가 자신의 권리라고 생각했다고 한다. 하지만 압둘라는 이를 거부했으며 그의 이런 결정은 수다이리 형제들을 견제하기 위한 것으로 보였다. 나이프는 압둘라의 이런 결정에 충격을 받았지만 당시 술탄이 압둘라의 결정을 존중해 주었기 때문에 반발할 수 없었다.

수다이리 계 왕자들은 초대왕인 압둘 아지즈 이븐 사우드 와 수다이리 가문의 왕비 사이에서 태어난 아들들로 구성된다. 전 국왕 파하드(Fahd ibn abdul Al-Aziz 1921-2005), 전 왕세자 술탄(Sultan ibn abdul Al-Aziz 1924-2011), 부 국방부 장관 압둘라흐만(Abdulrahman ibn abdul Al-Aziz, b.1931), 나이프(Nayef ibn abdul Al-Aziz, b.1933-2012)내무부장관, 투르키(Turki ibn abdul Al-Aziz, b.1934), 살만(Salman ibn abdul Al-Aziz, b.1936) 리야드 주지사, 아흐마드(Ahmadibn abdul Al-Aziz, b.1940) 부 내무부 장관으로 사우디 국가의 중요한 요직을 맡고 있어 사우디의 실세로 파악된다.

이들 수다이리 계열 왕자들은 현 압둘라 국왕의 왕실 개혁 프로그램

등 일련의 정책들에 관해 표면적으로는 충성서약을 통해 복종하고 있으나, 이면에는 기득권 박탈의 우려를 가지고 있는 것으로 보였다.

무엇보다 사우디 국민들의 반 왕실 정서를 달래기 위해 이들 수다이리 왕자들은 기본적으로 강력한 반미노선을 공공연히 천명하고 있다. 파하드 국왕 집권 전반기에는 누구보다 친미노선에서 있던 왕자들이었으나, 그 후 국내에서 반미감정이 급등함에 따라 이들도 반미노선으로 변화되었다.

기본적으로 압둘라 국왕의 노선은 사우디 왕실을 향한 국민들의 원성을 해결하기 위해서는 왕실의 개혁과 환골탈태가 필연적이라는 인식을 바탕으로 하고 있었다. 따라서 국민들의 반 왕실 감정이 테러리스트의 발호와 직결된다는 점을 왕족들에게 설득하며 왕실 내부 개혁을 추진하였다. 그러나 대외적으로는 이슬람 근본 가치의 존엄성을 인정받는 범위 내에서는 서구와의 관계를 유지 · 확장할 수 있다는 유연한 입장을 보였다.

충성위원회

제5대 파하드 국왕 시대에 '국가기본법(النظام الأساسي للحكم السعودية)'이 제정되었다. '국가기본법'은 사우드 가(家)가 사우디아라비아의 국왕으로 행정·입법·사법 3권을 장악하는 것을 내외에 선언한 것으로, 사우디아라비아는 군주제이고, 압둘 아지즈의 아들 및 손자에게 계승권이 있으며 국왕이 황태자를 지명할 것, 입법·사법·행정 3권의 근거는 국왕에게 있을 것, 국왕은 수상이 되고 각료를 임면할 것 등 절대적인 군주제를 선언하고 있다.

2000년에 발족한 '왕실평의회'는 황태자를 의장으로 18명의 왕족으로 구성되는데, 3분의 2에 가까운 11명이 압둘 아지즈의 직계자손이고, 남은 7명은 자라위 가(家) 등 외척의 왕자가 임명되었다. 이것에 의해 왕위계승 문제에 대해서 어느 정도의 형식은 갖추어 졌지만 황태자의 결정권은 국왕에게 있어서 지명 과정의 불투명성이 해소된 것은 아니다.

이에 대해 압둘라는 즉위 후에 2가지 조치를 취했다. 하나는 제2부수상을 지명하지 않은 것이고, 다른 하나는 자기가 사망 후에 새로운 국왕에 의한 황태자 지명에 대해서 국왕의 독단전행을 체크하는 '충성위원회'라고 불리는 조직을 만든 것이다. 2006년 10월 압둘라는 칙령으로 충성위원회 법을 공포하여 황태자 지명 과정을 명문화했다. 왕실평의회가 일부 직계왕족 및 외척 18명으로 구성된 것에 비해 충성위원회 법에서는 외척을 배제하고 제2세대 및 그 직계왕족으로 구성했다.

위원회 법에서는 새로운 국왕이 즉위하여 30일 이내에 황태자를 지명하게 되어 있다. 또한 국왕 혹은 황태자가 중병인 때를 상정하여 3인의 의사를 포함한 5명의 의료소위원회가 설치되었는데 국왕 또는 황태자의 집무불능의 여부를 의학적으로 판단하여 충성위원회에 보고서로 제출하도록 되어 있다.

황태자 선정 과정은 새로운 국왕이 3명의 후보자 명부를 위원회에 제출하고 위원회에서는 그 후보자 중에서 새로운 황태자를 선정한다. 만약 위원회가 국왕이 제시한 후보자 전원을 거부할 경우는 위원회가 독자의 후보자를 국왕에게 제시한다. 그리고 국왕이 위원회의 후보자에 동의할 수 없을 때는 위원회는 먼저 국왕이 제시한 3명 중에서 투표로 황태자를 선출한다고 되어 있다.

종래의 왕실평의회를 대신하여 충성위원회가 설치됨으로서 지금까지 후계자 선정에서 제외되었던 무그린(Mugrin ibn abdul Al-Aziz) 왕자와 같은 왕족에게도 황태자 선출에 관여할 권리가 주어진 것은 주목할 만하다. 위원 중에서는 압둘라 국왕과 친밀한 타랄(Talal ibn abdul Al-Aziz) 왕자가 황태자 선정의 열쇠를 쥐고 있는 주요인물 중 한 명이라고 생각한다. 타랄 왕자는 정부 요직에는 취임하지 않고 사우디아라비아 가정 의학협회 회장 등 명예직을 역임하고 있어 후계자 문제에 대해서는 중립의 입장에서 발언할 수 있기 때문에 일찍이 사우드가의 마즐리스를 전담했던 원로에 적합하다고 할 수 있다.

이러한 가운데 2009년 2가지 사건이 큰 화제가 되었다. 하나는 술탄 황태자의 해외 장기요양이고, 또 하나는 그것에 의한 정무의 정체를 막기 위해 나이프 내무장관이 제2부수상에 지명된 것이다. 나이프의 제2부수상 지명이 주목 받은 이유는 지금까지 제2부수상 직책이 사우드가의 왕위계승 순위를 내외에 알리는 중요한 신호이기도 했기 때문이다. 다시 말해 과거 3대에 걸쳐서 제2부수상이 된 사람이 그 후 황태자가 되고 더 나아가 국왕으로 즉위했다.

실제로 나이프 내무장관은 2011년 10월 27일 왕위 계승 서열 1위인 새 왕세제로 책봉 되었다. 나이프는 파하드(Fahd bin Abdul Al-Aziz)(2005년 사망) 전 국왕과 술탄 전 왕세제의 친동생이자 압둘라 전 국왕의 이복동생 이다. 그러나 그는 2012년 사망했다.

2006년 10월 충성 의회의 설립이 공표되면서 이를 지켜보던 사람들은 충성 의회가 앞으로 황태자, 그리고 더 나아가서 왕을 결정하는 데 중요한 역할을 할 것으로 여겼지만 현실은 그렇지 않았다.

충성 의회의 공식 역할은 압둘라가 사망하고 술탄이 왕이 된 후 새로운 황태자를 결정하는 것이었다. 그렇기 때문에 자신이 왕이 되면 황태자를 직접 결정할 수 있을 거라고 생각했던 술탄에게는 이런 의회의 형성이 충격으로 다가왔을 것이다. 이 새로운 체제에 의하면 그의 선택은 여러 가족원들에게 동의를 받아야 할 것이다. 그리고 만약 술탄의 선택이 동의를 얻지 못한다면 술탄은 이 의회가 결정한 다른 황태자를 받아들일 수밖에 없게 되는 상황이었다.

그러나 이러한 충성 의회가 생겨난 것 자체가 압둘라가 지닌 권력의 한계를 보여준다. 이론적으로 볼 때 술탄은 왕이 될 때까지는 아무 것도 할 수 없기 때문에 왕인 압둘라가 의회를 완전히 무산시켜 버릴 수도 있다. 그러나 2007년 12월 의회가 만들어지고 난 1년 뒤에야 의회의 멤버가 공표된 것을 보면 여기서 다시 한 번 압둘라의 권력의 한계를, 그리고 사우디의 더딘 행정 과정을 보여준다.

2006년 충성 의회가 생긴 것은 파하드가 처음으로 뇌졸중으로 쓰러진 1995년과 2005년 사망 시까지 맺어졌던 계약이 압둘라에게 매우 불만족스러웠음을 보여주기도 한다. 충성 의회의 핵심 정관(제 6조)은 왕과 황태자가 둘 다 아프거나 죽어가고 있을 때의 상황을 이야기한다. 왕과 황태자 둘 다 나라를 다스리기에 부족하다고 여겨지면 다섯 명의 임원으로 구성된 임시 의회가 결성돼 최대한 일주일까지 나랏일을 돌보게 되는 데 그 안에 새로운 왕과 황태자가 추대되게 된다. 하지만 이 조항을 만든 사람들도 나이든 지도층들이 권력을 다음 세대로 이양할 때 생기는 문제를 완벽하게 이해하진 못했다.

충성 위원회는 압둘 아지즈의 살아 있는 아들들 중 일부, 그리고 이미 사망했거나 행동불능인 원로 왕자들의 아들들로 구성되어 있다. 이 멤버들의 리스트에서 압둘라가 지닌 반 수다이리 사고를 엿볼 수 있다.

왜냐하면 35명으로 구성된 이 충성 위원회에서 그때까지 살아 있었던 여섯 명의 수다이리 왕자들이(현재는 술탄과 나이프의 죽음으로 4명임) 비 수다이리 왕자들에 의해 투표에서 질 수도 있게끔 구성되어 있었기 때문이다. 또한 의회의 의장직이 왕위를 계승할 수 있는 위치에 있지 않은 왕자 미샬(Mishal) 에게 주어졌기 때문이다. 미샬은 예멘 어머니를 두었고 최근에 정부에서 관료 직을 맡아본 경험도 없으며 자신의 사업에만 종사하는 것으로 알려져 있다.

당시 35명의 충성의회 멤버는 압둘 아지즈 16명의 아들과 19명의 손자로 구성되어 있으며 그 명단은 다음과 같다.

압둘 아지즈 아들: ①Prince Mishaal bin Abdul Al-Aziz; 의장, ②Prince Abdulrahman bin Abdul Al-Aziz; ③Prince Miteb bin Abdul Al-Aziz; ④Prince Talal bin AbdulAl-Aziz; ⑤Prince Badr bin Abdul Al-Aziz; ⑥Prince Turki bin Abdul Al-Aziz; ⑦Prince Nayef bin Abdul Al-Aziz; ⑧Prince Fawaz bin Abdul Al-Aziz; ⑨Prince Salman bin Abdul Al-Aziz; ⑩Prince Mamdouh bin Abdul Al-Aziz; ⑪Prince Abdul-Illah bin Abdul Al-Aziz; ⑫Prince Sattam bin Abdul Al-Aziz; ⑬Prince Ahmad bin Abdul Al-Aziz; ⑭Prince Mash'hoor bin Abdul Al-Aziz; ⑮Prince Hazloul bin Adul Al-Aziz; ⑯Prince Muqrin bin Abdul Al-Aziz;

압둘 아지즈 손자: ①Prince Mohammed bin Saud; ②Prince Khalid bin Al-Faisal; ③Prince Mohammed bin Saad; ④Prince Turki bin Faisal bin Turki (I); ⑤Prince Mohammed bin Nasser; ⑥Prince Faisal bin Bandar; ⑦Prince Saud bin Abdulmohsin; ⑧Prince Mohammed bin Fahd; ⑨Prince Khalid bin Sultan; ⑩Prince Talal bin Mansour; ⑪Prince Khalid bin Abdullah; ⑫Prince Mohammed bin Mishari; ⑬Prince Faisal bin Khalid; ⑭Prince Badr bin Mohammed; ⑮Prince Faisal bin Thamir; ⑯Prince Mishaal bin Majed; ⑰Prince Abdullah bin Musaed; ⑱Prince Faisal bin Abdulmajeed; ⑲Prince AbdulAl-Aziz bin Nawaf.

충성 의회의 정관은 1992년 3월 파하드 왕이 공표한 정치를 위한 기본법에 처음으로 명시되었으며 그때까지 계승되어 오던 전통적인 방식의 왕위계승 방법으로부터 많이 변화된 것이었다. 기본법에 의하면 왕위는 압둘 아지즈의 아들에게 먼저 이양되고 그 다음에 손자들에게 이양된다.

1992년부터 여러 기관들이 발전했으며 자문 의회인 마즐리스 슈라는 그 중 하나였다. 이 조직은 왕위계승에 직접적인 영향을 미치지 않고 정책에 대해서만 왕에게 조언을 한다. 그러나 이 의회는 왕족이 아닌 중산층들의 의견이 반영되는 곳이고 임원들은 대부분 대학원 학위를 갖고 있으며 풍부한 사회 경험을 갖추고 있다. 1993년 처음 만들어질 땐 60명의 임원과 한 명의 의장이 임명되었으나 4년의 임기 기간이 끝나고 새로운 임원을 선출할 때마다 90명, 120명, 그리고 지금은 150명으로 그 수가 늘었다. 하지만 여기에 속한 임원들은 사우디 왕가에 절대 충성을 다하는 사람들이므로 왕가의 의견이나 지시에 개인적으로나 집단적으로 반대되는 입장을 취할 것으로 보이지는 않는다. 아직까지는 이 의회가 계승문제에 대해 영향력을 행사할 수 있을 것처럼 보이지는 않는다.

2000년에 사우드 가족 의회가 만들어졌을 때 이는 질병에 신음하는 파하드 왕을 자연스럽게 폐위시키려는 의도로 보였다. 충성 의회와 마찬가지로 이 의회도 포괄적으로 가족원들을 포함시켰다. 멤버의 수만 보면 충성 의회보다 규모가 더 컸으며 당시 의장에는 황태자 압둘라,

부회장에는 술탄이 있었고 다른 16명의 왕자 멤버들은 사우드 가문의 큰 파들을 대표하고 있었다. 그로부터 가족 의회는 겉으로 드러나게 활동하지 않았으며 왕족 공주와 사우디 평민 사이의 결혼이나 사업에 대한 마찰을 중재하기 위한 일을 해온 것으로 생각된다.

3세대로 갈 경우

다음 세대를 이야기 할 때 먼저 알아두어야 할 것은 과거 왕들의 아들은 언급할 필요가 없다는 점이다. 그들의 영향력은 왕이었던 아버지가 사망하면서 급격히 축소된다.

파이잘(Faisal ibn abdul Al-Aziz)의 아들들 사우드(Saud ibn Faisal ibn abdul Al-Aziz), 칼리드(Khalidn ibn Faisal ibn abdul Al-Aziz), 투르키(Turki ibn Faisal ibn abdul Al-Aziz)는 해외 대사로서 적합한 지적인 인품을 지니고 있으나 이로 인해 알 사우드 가문에 우호적인 세력이 많지 않은듯하다.

오랫동안 해외 대사직을 보내온 사우드는 해외에서도 저명하고, 전반적으로 존경 받는다. 하지만 그는 척추가 안 좋고 파킨슨병을 앓고 있기 때문에 건강 문제 때문에 스스로 포기할 것이다. 그는 또한 한 번도 마즐리스(일반국민들의 의견을 청취하는 행위)를 개최한 적이 없기 때문에 왕위에 관심이 있는 것처럼 보이지는 않는다.

칼리드는 메카지역의 도지사이며 예술가이고 영국 황태자 찰스 왕자의 친구다. 그의 동생 투르키 역시 국제적으로 잘 알려져 있으며 사우디의 CIA인 사우디 국정원(GID) 국장을 지낸 적이 있고 런던과 워싱턴에서 대사직을 지냈다. 하지만 그는 2001년 GID 국장직에서 사임했고 (9.11 공격이 있기 10일 전에 사임했다) 미국 대사로 갔을 땐

이미 압둘라의 신임을 잃었다고 한다. (투르키는 현재 리야드에 있는 파이잘 이슬람 센터의 이사장이며 이곳은 왕국 내에서 서양에 대한 정책을 연구하는 두뇌들의 집합소이다.)

칼리드(Khalidn ibn abdul Al-Aziz)의 아들들은 공식적으로 알려진 바가 거의 없으며 후보로 생각될 수 없다.

사망한 파하드(Fahd ibn abdul Al-Aziz)의 아들 중 가장 관심을 받는 아들은 동쪽 지역에서 오랫동안 도지사를 보낸 무함마드 빈 파하드(Muhammad bin Fahd)이다. 하지만 그는 미래의 왕으로 거의 언급되지 않는다. 파하드의 막내이자 가장 총애를 받았던 압둘 아지즈(Abd Al-Aziz ibn Fahd ibn abdul Al-Aziz)는 압둘라 밑에서 국무성 장관직을 맡고 있었으며 그의 영향력은 점점 줄어들고 있는 것으로 예측된다.

유력한 후보로 생각되는 그룹은 압둘라(King Abdullah)의 아들들과 원로 수다이리 왕자들 즉 술탄(Sultan ibn abdul Al-Aziz), 나이프, 그리고 살만의 아들들이다.

압둘라의 장남인 미탑(Mitab ibn Abdullah)은 2009년 6월 부사령관으로 임명된 뒤 사우디아라비아 내셔널 가드를 운영하고 있다. 또한 압둘라는 압둘 아지즈를 자신의 자문위원에 포함시켰다. (압둘 아지즈는 압둘라 과학기술대학의 운영위원 중 한 명이기도 하다) 2009년 압둘라의 아들 미샬은 나즈란(Najran)의 도지사로 임명됐다. 그의 아들 파이잘(Faisal ibn Abdullah)은 사우디 적신월사(Red Crescent Society)의 회장이다.

전 황태자 술탄의 장남 칼리드(Khalid ibn sultan ibn abdul Al-Aziz)는 1990년 이라크의 후세인이 쿠웨이트를 점령했을 때 쿠웨이트를 해방시키기 위한 미국의 1991년 이라크 공격작전에서 사우디 군을 지휘했다. 칼리드는 국방부 부장관으로써 2008년 그의 아버지가 병 때문에 미국으로 가기 전부터 국방부를 효과적으로 이끌었다. 술탄의 가장 유명한 아들은 반다르(Bandar ibn sultan ibn abdul Al-Aziz)인데 미국에서 오랫동안 대사로 있었다. 2005년부터 반다르는 새롭게 신설된 사우디 국가안보위의 사무총장직을 맡았지만 놀라울 만큼 조용하고 드러나지 않게 살고 있다.

현왕인 살만의 아들은 1985년 디스커버리호(Discovery)에 탑승했던 우주인이자 현재는 최고 관광 위원회의 회장인 술탄(Sultan ibn salman ibn abdul Al-Aziz), 사우디 알 샤르크 알 아우사트(al-sharq al-Awsat) 신문을 소유한 연구 마케팅 그룹의 총수로써 언론 제국을 형성하고 있는 파이잘(Faisal ibn salman ibn abdul Al-Aziz), 그리고 석유부에서 일하고 있는 압둘아지즈(Abdul Al-Aziz ibn salman ibn abdul Al-Aziz)가 있다. (다른 두 아들 파하드와 아흐마드는 각각 2001년 2002년에 사망했다.)

나이프의 아들에는 스페인 대사인 사우드(saud ibn nayef), 그리고 사우디 대 테러 팀을 우수한 솜씨로 만든 것으로 유명해진 내무부장관 무함마드(Muhammad ibn nayef)가 있다. 그는 2015년 압둘라 왕이 사망한 후 새 부 왕세제로 책봉됐다. 무함마드는 사우디 제2 부총리로도 임명됐다.

왕위계승에 영향을 주는 변수

사우디아라비아 내에서 정부가 정책을 결정하는 방법은 아직까지도 정확히 알려져 있지 않다. 이에 해박한 분석가들은 어떤 정책을 결정하느냐에 따라 거기에 참여하는 왕자와 비 왕족들의 수가 다르다고 본다. 중요한 결정은 왕이 최종적으로 결정하지만 각료들 사이에 어느 정도 공통된 의견이 형성되고 난 뒤에 내린다. 만일 공통된 의견이 형성되지 못하면 결정은 내려지지 않는다. 1990년대 당시 황태자 압둘라가 왕국 내의 가스 개발에 해외 회사를 연관시키고자 했을 때가 그 예이다. 결국 이 결정은 사우디 아람코 정유 회사, 그리고 왕가 내에 압둘라의 라이벌들이 조종을 하고 있는 것으로 판단되는 사우디 석유부의 반대로 인해 무산되었다.

무슬림 최고 종교 지도층인 울라마들은 종교에 관여된 결정을 내리는데 있어 중요한 역할을 하지만 그들 역시 왕이 임명하기 때문에 왕족들의 의견을 거스르려고 하지는 않을 것이다. 하지만 시간을 끌 수는 있다. 1979년 메카의 하람 사원이 점령되었을 때 울라마들은 군대 출동을 결정하는 데 36시간이나 지체했다.

이런 정책 결정 방법은 아랍의 부족인 베두인들의 전통적인 방식으로부터 나오는 것이다. 베두인들만의 결정 방법은 지도자인 쉐이크가 그 부족의 원로들과 상의하는 것이었다. 이는 평등한 관계를 맺기 위함이 아니라 원로들로 하여금 충성을 다하게 하고 반란을 막기 위한 것이다.

하지만 왕위계승의 문제는 시간을 끌 수 없는 중대한 사안이다. 전통에 따르면 새로운 사우디 왕은 주변의 왕들에게 충성 맹세를 받아야 한다. 그 후에 울라마들이 새로운 왕을 이맘(무슬림의 집단 예배를 인도하는 사람을 이맘(imām)이라 부른다. 그 원 뜻은 "앞에 선 사람"또는 "지도자"란 뜻이다. 집단 예배 시 맨 앞에 서서 종교의례를 집전하는 사람을 뜻한다. 이슬람 역사상 최초의 이맘은 바로 예언자 무함마드 자신이다. 무함마드의 공적 임무는 이슬람 공동체의 지도자로서 정치, 경제, 사회, 문화 등 모든 일에 관여한 것이다. 따라서 예언자도 이맘의 임무를 수행했다. 즉, 지도자로서의 임무를 수행한 것이다. 그러므로 이맘이라는 호칭에는 여러 가지 의미가 포함되어 있다. 단순히 집단예배 인도자로 볼 수도 있으나 국가를 커다란 교회로 볼 때 그는 국가의 수장이기도 하며 또한 이슬람공동체의 수장으로 볼 때 그는 최고 종교지도자이기도하다.) 으로 선포한다. 이 결정은 파트와(파트와(fatwa)는 이슬람법의 응용에 관한 구체적 사안에 대한 법적 견해이며 이를 공표할 자격이 있는 사람을 무프티라고 부른다.)를 통해서 공식적으로 선포되어야 한다. 사우디아라비아 종교 지도자들의 인정은 종교적인 차원에서 계승을 인정하는 것일 뿐만 아니라 오랫동안 지속되어 온 사우드 왕가와 와하비식 이슬람의 끈끈한 결속을 확인해주는 것이기도 하다.

이론적으로 볼 때 울라마들이 스스로 판단하여 왕위계승 서열에 맞지 않는 사람에게 왕위를 물려주는 파트와를 선포할 수도 있지만 이는 한 번도 일어난 적이 없다. 파트와를 공표하는 울라마들은 최고 종교의회(Supreme Religious Council)에 속해 있는데 이들은 모두 왕이 직접 임명한다.

이 울라마들은 왕가 원로들의 의견과 조화를 이루고 있으며 이를 통해 울라마들은 국가안보에 대한 왕가의 의견과 상충되지 않는다면 종교적인 문제에 대해서는 자율권을 행사 할 수 있는 권위를 얻고 있다.

2009년, 당시까지 생존했던 압둘 아지즈(King Abdul Al-Aziz bin Abdul Rahman Al Saud)의 왕자 수는 20명으로 줄어들어 있었다. 충성의회가 생기기 전 실질적으로 미래의 지도자를 결정하는 왕자의 수는 10명도 안됐을 것이다. 35명의 멤버들로 구성된 충성위원회는 과거에 사우드 가문에 큰 영향을 미치지 못하는 것으로 생각된 왕자들과 그의 아들들에게 투표권을 주었다.

왕이 되기 위한 자격

나이

압둘 아지즈(King Abdul Al-Aziz bin Abdul Rahman Al Saud)가 자신의 아들들이 태어난 순서에 따라 왕이 되어야 한다고 말했다고는 생각되어지지 않는다. 하지만 알 사우드 (Al Saud)가문은 다른 무엇보다도 나이를 중요시하기 때문에 태어난 순서는 중요한 자격으로 간주된다.

올바른 무슬림

압둘 아지즈는 왕이 되기 위해선 올바른 무슬림이어야 한다고 공표했다고 한다. 올바른 무슬림이란 이슬람법 샤리아에서 요구하는 종교적 의무를 이행하는 것을 의미한다. 그러나 이러한 종교적 의무는 그 이행여부를 어떤 특정 기관에서 평가하는 것은 아니다. 그 이행여부에 대한 평가는 인간이 아닌 신의 평가일 뿐이다.

사우디 출신 어머니

현실적인 국정운영을 위해서는 외가 세력의 협조가 필요한 것이 사우디의 정치 현실이므로 외국인 부인들에게서 나온 자녀들이 왕이 되는 것에는 어려움이 있을듯하다. 그러므로 압둘 아지즈의 외국인 아내로부터 나온 자녀들을 뺀다면 왕이 될 수 있는 왕자의 수는 확연히 줄어든다.

정치경험

국제사회에서 차지하는 사우디아라비아의 위치가 점점 상승함에 따라 현대 사우디아라비아 왕의 행정 업무 능력은 갈수록 중요해지고 있어 왕실은 정치경험을 왕이 되기 위한 중요 자격요건으로 인식하고 있다. 압둘아지즈의 많은 아들들은 정부에서 일한 경험이 있지만 이들의 실력은 제각각이다. 대부분 고령인 관계로 압둘라 왕 시절 관료의 위치에 있었던 왕자들의 수는 적었다.

현실감각과 대중적 인기

왕이 되기 위해서는 왕에 대한 국민의 여론도 중요요소 중의 하나이다. 사우디 국민들은 현실감각을 지닌 지적인 현명한 왕을 원한다. 사우디 인들이 결정을 내리는 방법에는 다수의 동의를 구하는 관습이 있기 때문에 이런 동의를 구할 수 있는 능력은 사우디 내에서 중요한 능력으로 간주된다. 인기를 가늠할 수 있는 가장 간단한 방법은 왕자가 개최하는 마즐리스 (majlis) - 일반 국민들의 의견을 청취하는 행위 - 의 스타일이다. 마즐리스에 참석한 손님을 좋은 음식으로 융숭히 대접하고 그들의 애로사항을 들어줄 수 있어야 한다. 사망한 술탄은 마즐리스를 성대하게 잘 치루는 것으로 알려져 있었다. 야망이 있는 왕자들은 국민들이 어떤 생각을 하는지 알고 싶어 하고 이를 알기 위해 평범한 사람들을 초청해서 귀를 기울인다.

제5절 사우디아라비아 쉬아파

전 세계 무슬림 인구의 다수는 순니파이고 대략 10~15%정도는 쉬아파 무슬림이 차지한다. 쉬아파 무슬림 인구는 많은 국가에 걸쳐 거주하고 있으며, 다수가 쉬아파인 국가는 이란, 이라크, 바레인, 아제르바이잔이다. 아프가니스탄, 쿠웨이트, 레바논, 파키스탄, 사우디아라비아, 시리아, 예멘에도 많은 수의 쉬아파 무슬림이 거주하고 있다.

그림19 사우디 쉬아 울라마

사우디 전체 인구의 10%~15% 가량 차지하는 쉬아파는 사우디 내에서 중요한 목소리를 내고 있다. 이들의 대부분은 사우디의 중요 유전이 위치한 동부에 거주하고 있고 남부와 예멘 접경지역에도 분포되어 있다. 현대 사우디 국가가 건국된 이래로 사우디 내의 쉬아파는 차별대우를 받고 있다고 생각하고 있으며 사우디의 살라피스트(원래의 이슬람으로 돌아가자는 것을 주장하는 원리주의자)들이 쉬아파를 다신교 또는 불신자로 보는 시각도 여전히 존재하고 있다.

사우디에서 쉬아파들의 저항은 단계적인 변화를 겪었다. 1970년대와 1980년대에는 혁명이나 호전적인 성향을 띠었으나, 1990년대 들어와서는 민주화와 다원주의, 동등한 권리를 요구하기 시작했다. 사우디의 쉬아파는 1979년 이란 호메이니혁명에 영향을 받아 동부지역에서 인티파다(봉기)운동을 일으켰다. 1979년에 일어난 인티파다 운동 이후에, 1980년대 말에는 사우디 쉬아파 이슬람 혁명기구가 조직되었으나 이 기관은 급진적인 이데올로기를 포기하고, 국민의 다수가 쉬아파인 이라크 쉬아파 조직과의 관계를 끊고, 중도의 담화를 채택하고, 사우디 정치적 체계의 평화적인 변화에 초점을 맞추기 시작했다. 이 기관의 지도자들은 본인들이 처한 상황에서 이란의 혁명적인 방법이 가능하지 않다는 것을 자각하고 전략적 변경을 택한 것이다.

그림20 순니-쉬아 대화

그 후, 이라크-이란전쟁이 종결되고 소련이 붕괴되어 지정학적 변화가 도래하자 조직의 명칭에서 혁명적인 이름을 제거하여 개혁운동으로 변경하면서 사우디의 정치 분야에서 인정받는 주체가 되었다.

또한 사우디 쉬아파 운동의 대변인은 좀 더 온건한 쉐이크 하산 알 사파르 되었으며 그는 쉬아파의 미래 담론에 영향을 미친 이슬람의 다원주의와 자유라는 책을 1990년에 발간하였다. 그는 이 책에서 쉬아파와 순니파 간의 화해의 장을 제공하고, 자유선거와 언론을 기반으로 하는 정치체계와 시민사회를 권장하고 관용을 요구했다.

그러나 사파르의 요구에도 불구하고, 쉬아파 단체는 통합되지 못했다. 1987년 사우디 히즈불라가 설립되었고, 1988년과 1989년에는 석유 인프라구조에 대한 공격과 앙카라에서 사우디 외교관을 살해하는 등 사우디 정부에 대한 공격을 취했다.

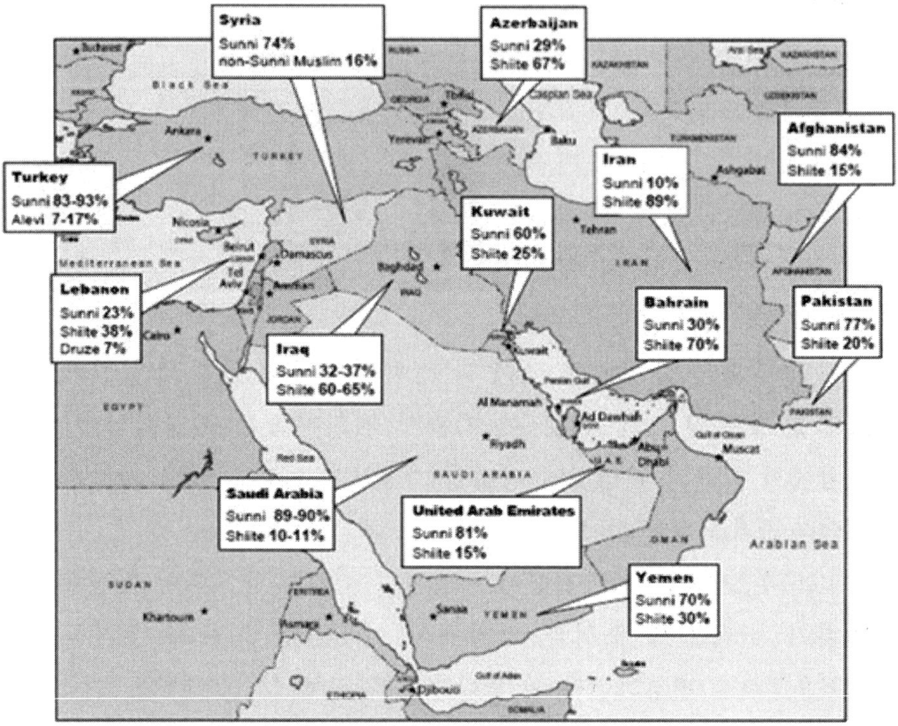

그림21 순니 쉬아 분포도

21세기 초반에는 사우디 정부가 쉬아파에 대한 단호한 행동들을 중단하는 것처럼 보였으나 그것은 단지 사우디아라비아의 이미지를 개선시키기 위한 조치의 일환으로 볼 수 있다. 살라피야의 급진적인 대표는 여전히 쉬아파를 불신자로 간주하고, 그들에 대한 차별적 칙령을 계속해서 만들었다.

2003년은 사우디아라비아의 쉬아파에게 중요한 한 해였다. 9.11이후 사우디아라비아에 불기 시작한 개혁의 바람과 알 카에다로 대표되는 급진주의자들에 대한 두려움 때문에 사우디아라비아의 쉬아파들은 진보 순니 이슬람 개혁주의자들과 손을 잡고 1월 "조국을 위한 비전"이라는 청원서를 만들었다. 그 동안 순니파들은 쉬아파들이 만든 청원서에 서명하는 것 자체를 거부해 왔었기 때문에 이는 의미있는 역사적인 사건으로 평가 되었다. 정부가 부정부패를 멈추고 투명성을 증진시킬 것을 요청한 이 탄원서는 당시 황태자였던 압둘라에게 보내졌다.

그림22 순니-쉬아 대화

그러나 그것보다 사우디의 쉬아파에게 더욱 중요했던 일은 2003년 4월 이라크 사담 후세인의 몰락이었다. 후세인 몰락 이후 쉬아파는 대담해지기 시작했다. 쉬아파의 성지인 나자프가 해방되어 이라크에 있는 수백만 명의 쉬아파 무슬림들이 자유롭게 아슈라 의식(쉬아파 종교의식)을 거행하는 것을 보며 사우디 쉬아파 역시 자신들의 시대가 도래 했다고 믿기 시작했으며 사우디아라비아 내에 쉬아파를 위한 지역이 이제는 만들어져야 한다고 생각하기 시작했다. 과거에 보여 왔던 성향과 달리 사우디 쉬아파들은 쉬아파를 탄압했던 이라크 바트당의 시대가 끝난 것에 대한 기쁨을 공개적으로 표현했으며 그와 동시에 자신들의 상황에 대한 개선을 요구하기도 했다.

쉬아파들에게 긍정적이었던 것은 당시 황태자였던 압둘라가 양측 간의 화해에 초점을 맞추고 있었다는 점이다. 쉬아파들은 450명의 서명이 동봉된 조국의 동반자라는 이름의 탄원서를 4월 30일 압둘라에게 제출했다. 사파르가 작성한 이 제목에서 사우디 사회의 일부가 되는 것만을 바라는 사우디 쉬아파들의 온건한 목표를 엿볼 수 있다. 압둘라가 이 탄원서를 거부하지 않고 받아 들였다는 사실 자체로도 쉬아파들은 희망을 느꼈다. 이 탄원서에는 모두를, 특히 쉬아파를 위한 평등을 요구했다. 또한 사우디가 이끄는 국제 이슬람 포럼과 자선단체에 쉬아파 대표 자리를 신설하고 왕족들이 왕국 내에 존재하는 여러 종교와 학파들 사이의 대화를 지원할 것을 요구했다. 그들은 적극적으로 자신들의 조국에 대한 충성심을 강조했다.

이는 과거에 사우디 쉬아파들이 사우디아라비아보다 이란에게 더 충성한다는 비난을 받았기에 더욱 중요한 사안이었다. 이 외에도 쉬아파 대표 정부진출, 불평등을 금지하는 공식 발표, 쉬아파 관련 책자들의 인쇄와 쉬아파 의식을 허락할 것을 요구했다. 또한 쉬아파를 차별하는 공식문서 배포를 중지할 것을 요구했으며 탄원서에 서명한 사람들은 독립적인 쉬아파 사법권을 인정해줄 것을 요구했다.

그림23 순니-쉬아 대화

탄원서를 제출한 이들은 자신들의 이런 요구가 사우디아라비아에 대한 자신들의 충성에 반하는 것이 아님을 강조했다. 비록 사우디 왕가가 쉬아파를 반대하는 와하비 국가를 운영한다는 명분으로 권위를 지닌다는 사실을 알고 있지만 그와 동시에 알 사우드 왕족이 와하비 극렬주의자들로부터 자신들을 지켜주는 존재임을 인식하고 있었다.

그러나 불행하게도 압둘라가 이런 탄원서를 받은 뒤 한 달도 채 지나지 않아 사우디아라비아는 테러리스트들로부터 여러 차례 공격을 받게 된다. 5월 12일 알카에다 아라비아 반도 지부는 리야드에 외국인들이 거주하는 세 곳을 동시에 공격함으로써 10년 만에 가장 큰 규모의 테러를 자행했다.

이런 상황에도 불구하고 압둘라는 쉬아파들과의 관계개선을 결심했다. 그 결과 2003년 6월 첫 NDC (National Dialogue Conferences)가 리야드에서 열렸다. 이 컨퍼런스는 4일에 걸쳐 진행됐고 50명의 순니와 쉬아파 종교지도자들, 그리고 지식인들이 초청받았다. 또한 처음으로 그 동안 쉬아파를 이교도인 이라고 불러오던 반대주의자들도 토론장에 참석했다. 이들의 토론은 대중에게 공개되지 않았지만 공식 사우디 언론기관에 따르면 압둘라는 이것을 "조용한 대화"라고 표현했다.

쉬아파들에게 있어서는 대화가 이루어졌다는 사실 자체가 성과였다. 특히 와하비 울라마들과 급진적 인사들이 참석했다는 점에서 더욱 그렇다. 이들 울라마들은 와하비즘과 상충되는 믿음과 종교를 따르던 쉬아파 무슬림들을 만난 것이었기 때문에 더욱더 뜻 깊었다.

그러나 현재까지 쉬아파들은 쉬아파가 사우디 사회에 평화롭게 병합되는데 있어 왕족이나 와하비 지도자들의 어떠한 지원도 받지 못하고 있다. 사우디의 지도자들은 쉬아파와의 대화를 원했지만 현재 상황에서는 공개적으로 쉬아파를 지지하는 것이 위험하다고 생각했을 것이다. 결과적으로 쉬아파들은 대화를 통해 얻은 것도 있지만 아직

기본적인 환경의 변화를 기대하기에는 역부족이라고 볼 수 있다.

2005년 사우디아라비아의 쉬아파들에게는 두 가지 중요한 사건이 있었다. 하나는 파하드 왕이 사망 한 뒤 8월에 압둘라가 왕위를 계승한 것이고 다른 하나는 사우디 시의회 선거였다. 압둘라가 왕이 되자 쉬아파들은 기다리던 때가 드디어 도래했다고 생각했다. 압둘라는 개혁과 종교관용의 선구자였다.

2005년 봄 시의회를 위한 전국 첫 선거가 개최되었다. 쉬아 지역 선거 참여율은 비교적 높았으며 사우디 지역 중 가장 높았다. 비록 시의회 자리를 위한 선거였지만 선거 자체만으로도 쉬아파들은 낙관적인 미래를 기대할 수 있었다. 그 결과, 쉬아파들은 자신들이 원했던 좌석을 얻을 수 있었다

그러나 2005 - 2006년 이라크에 쉬아파 정부가 들어선 것은 다시금 사우디아라비아의 순니와 쉬아 사이에 긴장감을 돌게 했다. 쉬아파가 자신의 나라보다 이란에 더 충성심을 갖는다는 2005년 이집트 무바라크의 발언에 사우디의 쉬아파들은 반발했다. 하지만 사우디 순니들에게도 사우디 쉬아파들이 이란에 더 충성한다는 의식은 여전히 존재했다.

쉬아파 히즈불라가 이스라엘 도시를 공격했던 2006년 레바논 전쟁은 사우디 쉬아파들에게 더 큰 어려움을 안겨주었다. 압둘라는 쉬아파들과 만날 준비가 되어 있었으나 히즈불라가 이스라엘-미국과 대항하여 싸우고 있다는 인식이 아랍인들에게 퍼지면서 쉬아파 히즈불라의 인기가 아랍권내에서 높아지고 또한 레바논의 친 사우디 정권이 무너진 것은 압둘라도 감당하기 어려웠다. 따라서 사우디 정부는 히즈불라와 이란에 대해 강경책을 펼쳤고 히즈불라가 두 이스라엘 군인을 납치한

것을 보고 "국가 내의 불순한 요소와 그 요소를 부추기는 자들이 자행한 무모한 모험"이라고 언급했다. 사우디 동부 지역에서는 친 히즈불라 시위가 일어났고, 이런 상황 속에서 압둘라는 전통적인 와하비즘의 반 쉬아파 논란이 다시 터져 나오는 것을 막을 수 없었다.

2006년 7월 레바논에서 히즈불라가 득세하자 사우디에서는 사우디 내에 있는 쉬아파들까지 동일시하기 시작했다. 이는 2006년 12월 38명의 급진적인 순니들이 파트와에 서명한 사실을 보고도 쉽게 짐작할 수 있다. 이 파트와는 이라크의 순니들을 응원하는 메시지였지만 그 내용이 전반적으로 반 쉬아적이었고 쉬아 파들의 비 이슬람적인 행위를 비판한 내용이었다. 이 파트와는 사우디 텔레비전에 종종 출연하여 대중적 인지도가 있는 급진적 성직자 쉐이크 압두 알 라흐만 알 바락에 의해 만들어졌다. 바락은 또한 자신의 파트와를 통해 쉬아파 이교도와 그들의 다신론적 의식을 공격하고 오랫동안 쉬아파를 비난하기 위해 사용된 쉬아파가 유대인에 의해 세워졌다는 논리를 반복해서 펼쳤다.

정부와의 협동적 모델을 지지하던 사우디의 쉬아파들에게 있어 사우디 쉬아파와 히즈불라가 사우디 순니 여론에서 동일선상으로 생각되는 것은 그들의 순조로운 사우디 사회정착에 매우 큰 걸림돌로 작용되고 있다. 또한 쉬아파의 움직임, 특히 쉬아파 국가인 이란과 동일선상에서 생각되는 것도 역시 마찬가지이다.

그러나 전반적으로 볼 때 사우디아라비아의 쉬아파들의 상황은 과거보다 훨씬 개선되었다. 사우디는 이들이 아슈라(쉬아파 종교의식) 의식을 할 수 있도록 허락해 주었고 쉬아파 내용을 지닌 책에 대한 출간, 쉬아파 모스크와 쉬아파 학교 건설 역시 허가해주었다. 이제 사우디 쉬아파들은 자신들이 오랫동안 쌓아 올린 탑이 결코 하루아침에 모두 사라질 것이라고 걱정하진 않음에도 불구하고 역설적이게도 이라크에 있는 그들의 쉬아 형제 때문에 사우디 쉬아들은 자신들이 얻어낸 것에 일부 타격을 입을 수도 있는 가능성을 내포하고 있다. 왜냐하면 사우디 순니들은 사우디 쉬아들이 이라크 쉬아의 순니들에 대한 테러에 자금을 지원한다고 공격하며 사우디 쉬아들은 사우디 순니들이 이라크에 있는 순니 테러리스트들에게 자금을 지원한다고 공격하고 있기 때문이다. 또한 사우디 쉬아들은 자신들 사이에 테러리스트들이 있을 가능성에 대해서도 염려하기도 한다.

사우디 쉬아파들은 아직도 대화를 지지하는 이들과 더 강경한 접근을 원하는 세력으로 나뉘어 있지만 모든 쉬아파들은 공통적으로 개혁이 느리게 진행된다고 느끼고 있다. 자파르 알 샤입, 무함마드 마푸즈, 그리고 하산 알 사파르와 같은 지도자들은 계속해서 정부와 협상하고 순니와 교류해야 한다고 말하지만 님르 알 님르와 같은 성직자는 무장투쟁의 계통에 속한다. 어떤 지도자들은 사우디 쉬아파가 이란과 이라크의 쉬아파 성직자들에 의해 영향을 받는다는 사우디 순니들의 공포를 가라앉혀야 한다고 말하기도 한다.

이런 와중에 대화를 원하는 쉬아 행동가들은 계속해서 손을 내밀고 있다. 사파르는 와하비의 본거지와 같은 우나이자에 가서 성직자들을 만나 이들 중 몇몇을 동쪽 지역으로 초청하기도 했다. 2010년 4월 사파르는 텔레비전에서 알 바라크와 공개토론에 참석하기도 했다. 어떤 진전도 이루어지지 않았으나 쉬아파들은 바라크가 사파르와 같이 출연하는 것에 동의했다는 사실 자체가 대화가 진전되고 있음을 시사한다고 믿는다.

쉬아파들은 자신들이 얻어낸 것을 지켜내기 위해서는 압둘라 왕이 반 쉬아 파트와에 반대되는 성명을 공표해야 한다고 믿는다. 이들은 그렇지 않으면 긴장상태가 빈번했던 1980년대로 돌아갈 수 있는 위험이 있다고 믿는다. 하지만 사우디 쉬아파들의 기대는 아직 시기상조이다. 왜냐하면 정부와 쉬아파의 관계는 아직 긴장이 팽팽한 불편한 관계이며 현 정부가 순니 와하비 성직자들에 의존하는 정도를 볼 때 쉽게 쉬아파가 정부 안으로 들어올 수 있도록 허락하지 않을 것이기 때문이다. 특히 이라크에서 벌어지고 있는 상황을 볼 때 더욱 어려울 것이다.

이라크는 국민의 다수가 쉬아파 임에도 불구하고 2003년 후세인 정권이 몰락할 때 까지 소수인 순니파가 정권을 잡고 있었으며 2003년 미국의 이라크 침공이후 쉬아파가 집권하였으나 순니파에 대한 차별정책으로 인해 이에 불만을 품은 순니파들과의 내전이 지속되고 있다.

왕족들은 자신들이 순니 세계에서 갖는 지도자 역할을 중요하게 생각하고 있고 각 지역의 순니들은 정부가 이라크에 있는 순니를 지원하도록 압력을 넣고 있다. 이스라엘에 대한 히즈불라의 행위로 대표되는 쉬아파 들의 득세, 이라크 쉬아파 정부 등장, 그리고 강력한 이란이 존재한다는 사실 때문에 사우디 쉬아파들은 계속해서 와하비즘에 의존하는 사우디 순니 국가에서 차별받을 것이다.

사우디아라비아에서 이슬람의 주류를 이끄는 핵심은 와하비즘이다. 순니파의 와하비즘은 타우히드 즉 신의 유일성을 중시하기 때문에 우상숭배를 철저하게 배척한다. 그러나 쉬아파는 예언자와 그의 가족들을 숭배하는 사상이 있기 때문에 순니파의 사상과는 괴리가 있다. 그렇기 때문에 와하비즘을 믿는 사람들은 쉬아파를 다신교로 여기고 있어 쉬아파는 정부로부터 임의체포, 직업 차별, 일부 종교 의식 금지 등의 차별을 받고 있다.

쉬아파 무슬림들은 동부지역과 서쪽에서만 아슈라를 기념할 수 있도록 허용되었다. 그러나 사우디의 독립기념일인 9월 23일은 공휴일로 지정되었으나 쉬아파 최대의 종교 행사인 아슈라는 아직 사우디아라비아의 공휴일로 지정되지 않았다.

소수인 쉬아파가 거주하는 동부지역은 과거에도 시민폭동이 발생한 지역이기 때문에 다시 발생할 가능성이 있다. 사우디 정부는 이라크의 불안정한 상황이 사우디아라비아의 쉬아파 무슬림에게 영향을 미칠 것을 우려한다.

사우디아라비아의 지역적 정치적인 문제는 거의 쉬아파가 거주하는 지역과 이란의 부상으로 연결된다. 사우디가 팔레스타인의 가자 지구와 West bank에 개입하고 있는 것은 이란의 영향력을 제한하기 위한 방안이다. 또한 사우디가 레바논에 개입하고 있는 것과 아랍-이스라엘 사이의 갈등을 해결하기 위해 이스라엘과의 공식적인 만남도 이란 견제의 일환으로 평가된다. 사우디는 부상하는 이란의 힘을 견제하고, 사우디 국가에 있는 쉬아파를 계속해서 경계하고 있다.

사우디의 와하비 울라마들은 쉬아파의 세력 확장에 대한 두려움을 느끼고 있기 때문에 그들이 자신들을 어떻게 표현하는지, 그들이 무엇을 원하고 있는지에 대해서 관심을 가지고 있다. 쉬아파는 사우디 정부가 반 쉬아파 입장에서 내린 파트와를 비난하고 그들의 보호자가 되어주기를 기대하지만, 정부의 쉬아파에 대한 차별은 여전히 존재한다.

그림24 쉬아파의 카르발라 전투 재현

이와 같이 사우디 쉬아파 운명에 영향을 미치는 중요한 정치적 요소에는 두 가지가 있다. 내부적 요인으로 와하비 울라마가 있고, 외부적 요인은 사우디아라비아의 정치 종교적 라이벌인 이란과 쉬아-순니간 내전상태인 이라크의 영향이다.

아라비아의 동부지역에는 쉬아파 인구가 거주하고 있었지만 쉬아파의 중요한 센터는 항상 이란과 이라크에 있었다. 동부지역이 사우디에게 점령되기 이전까지는 쉬아파 모스크와 커뮤니티 센터인 Husayniyyas의 건립이 허용되었고, Hawzas라고 불리는 교육센터도 1940년대 까지는 운영이 허용되었다. 그러나 이라크와 사우디 쉬아파의 관계가 강화되자, 사우디아라비아에서 교육센터는 폐쇄되었고, 종교적인 학생들은 이라크로 이주했다.

사우디아라비아의 쉬아파는 정부에 대한 위협적인 행동을 하지 않으며 소수파이기 때문에 영향력이 크지도 않지만 사우디 정부에게 쉬아파의 행동은 국내외 정책에 중요한 변수가 되고 있다. 사우디 쉬아파의 운명은 결국 와하비즘, 민감한 유전지대에 있는 거주지, 이란, 이리크 와의 관계에 영향을 받는다.

대화프로그램 NDC(대화를 위한 국내 컨퍼런스)

2003년 6월 정부는 압둘 아지즈 센터를 통해 개혁과 표현의 자유 증진에 관한 토론의 장을 열었다. 남녀 대학교 교수와 지식층 및 행동가들을 초청했으며 쉬아 소수파와 진보 개혁주의자들이 와하비 종교 지도자 및 정부 관료들과 대화의 장을 가졌다. 2003년 6월에서 2005년 12월까지 다섯 번의 대화가 개최되었으며 정치개혁, 급진주의와 관용주의, 여성의 신분, 청소년 문제, 그리고 다문화를 위한 토론의 장이 열렸다.

참석자들은 이곳에서 슈라 의회 선거를 통해 임원을 선출하거나 여성을 위한 동등한 정치권리, 국부의 균등한 배분, 쉬아파들을 위한 차별금지법안 통과, 그리고 시민 사회단체에게 힘을 더 실어주자는 등 대담한 발언들을 했다. 이 중 몇 가지는 실제로 적용되었으며 그 예로 슈라 의회의 개혁과 2005년 선거를 들 수 있다.

이러한 대화 프로그램은 정부와 반대되는 입장을 취하는 단체들이 개혁을 요구할 수 있는 발판을 마련했고, 그 동안 와하비즘에 의해 억압되어왔던 목소리가 존재한다는 사실을 사우디 대중들에게 알려주는 중요한 결과를 낳았으며 NDC는 점점 개혁 사상과 개혁 비전을 자유롭게 이야기할 수 있는 대화의 장으로 변하기 시작했다.

또한 정부에서 지원하지 않았던 지식인들의 포럼을 만들어 그 동안 들을 수 없었던 대중의 소리를 들을 수 있게 되었다.

이란의 부상과 쉬아파 연합의 가시화 등으로 인해 걸프 연안의 순니 왕정국가들 내 불안감이 증폭되어 왔으며 이에 대한 걸프지역 공동보조기 추진되고 있으나 여러 정치 변동과 맞물려 정치적 불안정성이 표출되었다. 쉬아파의 부상은 크게 두 축으로 발현되고 있으며, 이는 이스라엘과 걸프지역 안보라는 미국의 대중동정책 핵심축선과 궤를 같이 하며 대응하는 양상을 나타내고 있다.

쉬아파 초승달 연대(이란- 이라크- 시리아-레바논 히즈불라를 연결하는 곡선 모양의 연대)의 경우 레바논 남부 히즈불라와 연계되어 이스라엘을 압박하고 있고 말굽 편자 지대(이란- 이라크- 바레인-사우디 동부를 연결하는 말발굽 모양의 쉬아파 연대)는 걸프 지역 안보에 위협으로 인식되고 있다.

그림25 쉬아파 초승달연대

제4장 국제관계의 특성과 전망

제4장 국제관계의 특성과 전망

제1절 사우디아라비아의 대미 대유럽 관계

사우디아라비아의 대외 정책은 왕족 내에 존재하는 경쟁관계로 인해 종종 모순적이고 일관적이지 않을 때도 있다.

사우디아라비아와 대미관계

1931년 미국은 압둘 아지즈를 아라비안 반도 서쪽과 동쪽 지역인 히자즈와 나즈드의 지도자로 인정한다. 1930년대부터 1945년까지의 사우디의 대미관계는 석유 거래를 통해 유지되었다. 1933년 미국 석유회사 CASOC (Arabian American Oil Company, Aramco의 전신)가 석유채굴권을 얻어 사우디아라비아에 진출했으며 1938년에 대규모 석유 매장량이 발견되었다. 전문가들은 1945년 2월 14일 미국 루즈벨트(Franklin Delano Roosevelt)대통령과 압둘 아지즈가 미국군함 선상에서 만나 회담을 가진 것을 사우디와 미국의 긴밀한 정치적 관계의 시작점으로 본다. 1940년대부터 미국은 사우디아라비아에 기지를 건설하고 사우디 군인을 훈련시키는 등 제 2차 세계대전이 끝난 이후에도 서로간의 군대협조를 이어갔다.

1950년대부터는 아랍-이스라엘 분쟁과 같이 서로 의견을 조율하지 못한 문제가 발생했음에도 불구하고 상호 간의 공통적인 이익을 추구하기 위해 노력했다. 1948년, 1967년, 1973년에 있던 아랍-이스라엘 전쟁에 대한 미 정부의 일괄적이지 못한 대응은 미국-사우디 관계를 시험대에 올려놓았다. 그러나 트루먼(Truman), 아이젠하워(Eisenhower), 케네디(Kennedy), 존슨(Johnson), 그리고 닉슨(Nixon) 미 대통령은 사회주의 성향을 지닌 정부들보다 사우디를 더 가까운 동맹으로 보았고 아라비아 반도에서 공산주의의 확산을 막을 수 있는 버팀목으로 생각했다.

그러나 1973년 아랍-이스라엘 전쟁은 그때까지 존재했던 미국-사우디 관계를 바꾸어 놓았다. 미국이 전쟁에서 이스라엘을 지원한 것에 대해 사우디는 석유수출을 금지하고 석유생산을 줄임으로써 대응했다. 그 결과 오일쇼크 때문에 미국 경제는 인플레이션을 겪었으며 수출금지가 실행된 후 미국과 사우디는 다시 상호이득을 주는 관계를 가지려고 노력했다.

1979년 이란 혁명과 소련의 아프가니스탄 침공 이후 미국과 사우디는 십년 동안 반 소련 노선을 함께하게 되었다. 이라크 후세인 정권의 쿠웨이트 침공으로 시작된 1991년 걸프 전쟁으로 사우디아라비아가 미국 전투부대와 전투 장비를 보관하는 장소가 되고 미군 부대가 사우디아라비아에 주둔하면서 오사마 빈라덴의 알 카에다를 포함한 극렬주의자들과 반대파들의 불만을 사고 있다.

소련이 해체되어 냉전이 끝나면서 미국과 사우디 사이의 반공이라는 공동의식은 사라졌지만 아직까지도 정치적 안정과 석유를 둘러싼 상호관계는 강하게 존재하고 있으며 동시에 아랍-이스라엘 분쟁에 대한 미국과 사우디의 이견도 강하게 남아있다. 이라크와 이란의 확장을 저지한다는 미국 클린턴 정부의 정책은 사우디아라비아에 있는 미군주둔에 대해 부분적으로 지지를 받았다.

왕국 내에는 정치 행동가들이 금융 정책, 정부 헌법, 그리고 대외 정책에 대한 해묵은 논쟁을 되살리고 있었다. 1991년 걸프 전쟁 이후 국민들은 파하드 왕에게 개혁을 요청하는 탄원서를 냈고, 사우디 정부를 비판하던 이슬람주의자 반대파들은 체포되어 수감됐다. 1980년대 사우디를 아프가니스탄에서 활동하게 했던 범 이슬람 결속운동은 지속적으로 해외에 있는 사우디 국민들을 움직이고 있었다. 이들은 개인 시민으로서, 사우디 정부의 자선단체로서, 그리고 국제 이슬람 자선단체로서 활동하고 있었으며 사우디아라비아는 이들을 통해 세계 곳곳의 무슬림들에게 경제적인 지원을 해주고 있었다. 이런 단체들에 대한 사우디의 후원은 알 카에다와 연관이 있는 폭력단체에도 연결되어 미국의 평화정책에 간접적인 걸림돌이 되고 있었으며. 이에 대한 미 정부의 우려는 2001년 9월 11일 공격이 있기 전부터 존재해왔다.

2001년 9월 11일 공격 이후 사우디와 미국관계

사우디아라비아와 미국은 밀접한 경제 및 안보 관계를 지니고 있으나 긴장감이 없는 것은 아니다. 2001년 9월 미국이 공격을 당하자 아프가니스탄의 탈레반 정부를 인정하던 세 국가 중 하나였던 사우디아라비아는 미국과 관계가 악화되기 시작했고 19명의 테러리스트 중 15명이 사우디 인이었던 것도 한몫했다. 미국과 사우디 간의 긴장감이 높아지는 가운데도 테러리스트들은 계속해서 미국, 그리고 미국과 협조하는 사우디아라비아를 테러의 대상으로 삼고 있다.

2001년 9.11 공격이 있은 후 미국과 사우디의 관계는 1970년대 오일쇼크 이후 가장 큰 위험에 처하게 됐다. 19명의 테러리스트 중 15명이 사우디 국민이었으며 일부 전문가는 의도적으로 미국과 사우디의 관계를 악화 시키려고 사우디 국적을 지닌 테러리스트를 알카에다가 이용했을지도 모른다고 주장한다. 또한 알카에다의 오사마 빈라덴도 1994년 추방될 때까지 사우디 국민이었다.

일부 비평가들은 사우디아라비아의 종교적 극렬주의가 이런 테러리스트로 이어졌다고 말한다. 또한 사우디 정부가 행한 정책들이 급진적인 이데올로기를 지녔거나 알 카에다와 연관이 있는 단체들에게 자금을 대주어 알 카에다의 활동을 가능케 했다고 보기도 한다. 위에서 언급했듯이 범 이슬람 결속운동은 1960년대와 1970년대 파이잘이 왕으로 재직할 당시부터 시작된 것이며 1980년대에는 아프가니스탄의 반 소련 투쟁을 돕기 위해 미국 역시 인정하고 받아들였던 것이다.

1990년대에 들어서면서 오사마 빈라덴과 다른 사우디 반대파들은 사우디 정부의 국내 및 해외 정책, 그리고 미국과의 밀착 관계에 대해 강하게 비판하기 시작했다. 2001년 9.11 공격이 있은 후 오사마 빈라덴은 이것을 중동과 다른 지역에 대한 미국의 정책, 세속적인 민주주의, 그리고 서구식 문화에 대한 응징이라고 표명했으나 테러리즘에 대한 이들의 이런 이유는 전문가들에게 이들 극렬주의가 종교권이나 문화권과 동떨어진 행위로 평가된다. 수천 명의 미국인이 2003년 사우디아라비아를 떠난 이후에 알 카에다가 또 다시 테러를 자행했다는 사실은 이를 뒷받침 한다. 따라서 사우디아라비아 정부의 테러리즘에 대한 태도는 공격적으로 변했지만 사우디 국민들의 계속된 테러리스트 단체들에 대한 자금지원은 문제로 남아 있다 °

사우디와 미국의 관계는 갈수록 복잡해지고 있다. 2001년 9.11사건이후 미국의 아프가니스탄과 이라크 침공, 2011년 아랍의 봄 이후 아랍의 권위주의 국가들 붕괴, 시리아 이라크에서의 IS(Islamic State) 등의 일련의 사태로 인해 중동에 대한 미국의 영향과 약속에 대한 사우디 정부의 신뢰도 줄어들고 있으므로 미국이 아라비아에서 사회 및 정치적 개혁을 이끌어냄과 동시에 긴밀한 전략적 관계를 계속 유지할 수 있을지는 미지수다.

사우디아라비아는 경제적 어려움과 위험한 국내 테러리스트들의 공격을 극복하고 현재 아랍권에서 가장 강한 국가로 부상되었다고 평가된다. 이는 아라비아 만 지역의 석유 매장량이 줄어들고 있으나 사우디 석유 판매수입이 늘어나고 있는 점, 그리고 개발 국가들이 더 많은 석유를 계속해서 필요로 한다는 점을 볼 때 사우디아라비아의 세계적 위상은 계속해서 높아질 것으로 보인다. 사우디아라비아에 대한 미국의 안보 문제는 계속해서 존재할 것으로 보이며 이로 인해 정책적 목표를 달성하려는 미국의 노력은 힘들어질 것으로 보인다. 즉 현재 공식적인 미국-사우디아라비아의 안보관계는 어려움도 있지만 긴밀한 것으로 보인다.

오바마(Obama) 행정부는 계속해서 카운터 테러리즘과 중동지역의 안보문제를 위해 사우디의 협력을 얻어내는 동시에 교육, 무역, 그리고 투자에 있어서도 미국-사우디 협력관계를 늘려나갈 것으로 보인다.. 민주화 바람이 불고 있는 시점에서, 2011년 5월 1일 미 대통령 버락 오바마는 공식연설에서 사우디아라비아에 대한 어떤 언급도 하지 않았으며 이는 사우디아라비아와 미국이 지닌 관계를 입증해주는 것이라고 할 수 있다. 사우디아라비아의 지도층 알 사우드 가문의 힘은 이렇게 강력한 서구로부터의 지원 덕에 가능한 것이다.

미국 입장에서는 사우디의 전략적 중요성이 과거 보다는 약화되었다고는 하나, 사우디가 세계원유 부존량의 25%를 점유 하고 있고 일일 원유생산량이 1,000만 배럴에달하는 최대 산유국이라는 측면에서 강경일변도의 노선은 미국으로서 부담이 적지 않다. 특히 사우디 왕실이 이미 연방 정부가 발행한 5,000억 달러 내외의 국채를 보유 하고 있으므로 이에 대한 고려가 필수적이다.

안정적인 미 · 사우디관계 지속을 위해서는 결국 사우디왕실내의 온건 · 친미세력이 주도권을 잡아야 하며 현 상황에서 2015년 등극한 살만 국왕의 개혁프로그램이 차질 없이 진행되는 것이 가장 중요한 당면 과제로 부상한다.

민주화 이후

2011년 아랍의 봄이 시작된 이후 미국과 사우디의 관계 사이에는 긴장감이 돌고 있다. 사우디아라비아는 미국이 아랍의 민주화운동에 있어 제대로 대처하지 못하고 있으며 오히려 국가의 안정보다 정치적 개혁을 우선시 하고 있다고 생각한다. 미국과는 달리 중동에서는 개인적인 관계, 의리, 충성이 그 무엇보다도 중요시 여겨진다. 하지만 미국은 튀니지의 벤 알리, 이집트의 후스니 무바라크와 같이 과거에 우호적이었던 지도자들을 제거하는 데 도움을 주었다. 그리고 사우디는 미국이 이런 행보를 멈추지 않을 것이라고

그림26 살만 왕과 오바마의 만남

믿는다.

과거에 미국과 사우디아라비아는 국내 문제에 있어 의견이 상이했지만 대외 정책에 있어서는 의견일치를 보였지만 아랍의 봄 이후 조금씩 어긋나기 시작했다. 그럼에도 불구하고 아직 미국과 사우디의 관계는 강하게 연결되어있다. 미국은 중동지역에서 사우디아라비아와 돈독한 관계를 지니고 있다. 문제가 많지만 아직 두 국가의 관계는 계속해서 강해질 것으로 보인다. 미국과 사우디는 다른 국가로부터는 얻을 수 없는 서로를 통해서만 얻을 수 있는 게 있기 때문이다.

사우디아라비아는 석유를 가장 많이 생산하는 국가이며 순니파 무슬림들에게 있어서도 중요한 곳이다. 사우디아라비아는 에너지 안보, 이라크, 시리아, 아프가니스탄, 그리고 전체 중동평화 정책에 있어서까지 미국에게 중요한 국가다. 그와 동시에 미국은 사우디아라비아가 필요로 하는 안보를 줄 수 있는 유일한 국가다.

군사 협력

사우디는 1940년부터 미국의 많은 군사적 원조를 받았다. 사우디 군대는 미군을 통해 훈련을 받았고 군수장비도 미국으로부터 수입하거나 지원받은 것이며 1970년대에서 1980년대 초까지 이루어진 군수 인프라구조 건설을 통해 현재까지도 미국이 건설한 인프라는 사우디아라비아 안보의 중요한 위치를 차지하고 있다.

1990년 이라크가 쿠웨이트를 침공하자 미군은 사우디아라비아에 군대를 주둔시키기 시작했고 이것은 2003년까지 이어졌다. 2003년 미군이 철수한 후 아직도 200-300명의 인원이 항시 대기하면서 사우디아라비아 군인들의 훈련을 도와주고 있다.

무역관계

사우디아라비아는 2010년 중동에서 미국과의 거래량이 가장 높았다. 미국 국제무역 회에 따르면 사우디는 미국에 314억 달러를 수출했고 (2009년 220억 달러에 비해 증가했으나 2008년 548억 달러에 비해 감소했다) 사우디가 미국으로부터 수입한 양은 116억 달러에 이른다(2009년 108억에 비해 증가했지만 2008년 125억에 비하면 감소했다). 중동에서 두 번째로 미국과 많이 무역을 하는 국가인 이스라엘은 2010년 미국에 210억을 수출하고 113억을 수입했다. 사우디에 대한 미국의 수입액이 높은 것은 탄화수소 수입 때문이고, 미국의 수출은 대부분 무기, 기계, 그리고 자동차 등으로 구성되어 있다. 사우디가 미국에 수출량이 줄어드는 것은 미국-사우디 사이 석유 무역량이 감소되기 때문이다.

현재까지 발견된 것 중 세계에서 가장 큰 석유 매장량(2조 6670억배럴 추정)을 지닌 사우디아라비아는 2010년 12월말 일일 약 8백6십만 배럴의 석유를 생산했고 이는 2009년에 생산했던 것보다 증가한 양이지만 2008년 중반에 기록한 일일 9백 7십만 배럴에는 미치지 못하는 지수다. 사우디 석유 매장, 석유 수출, 그리고 그 외의 석유 생산 능력은 사우디를 국제 석유시장의 중심으로 만들어 주며, 최근에 중동에서 일어난 정치적 불안은 시장에 불안한 영향을 미치고 석유 값 상승을 초래했다. 사우디 아람코(Aramco)는 최근 다년에 걸쳐 수십억 달러에 달하는 생산가능성을 지닐 수 있게 해주는 프로젝트를 완성했고 이를 통해 석유를 일일 1천 2백 5십만 배럴까지 생산할 수 있는 능력을 갖추게 되었다. 미국 에너지정보 관리국에 따르면 2010년 12월 사우디아라비아는 미국이 가장 많이 석유를 수입하는 국가였으며 매일 미국이 수입하는 1천1백1만 배럴의 석유 중 1백 1십만 배럴을 사우디에서 수입했다.

세계적으로 상승하는 석유 사용량의 증가와 중동지역의 불안정 때문에 2011년 초부터 석유 값은 사우디아라비아에 엄청난 자금을 안겨준 2008년 때 높았던 가격으로 돌아갔다. 사우디 정부는 2010년 289억 달러의 예산흑자를 기록했고 2011년 예산안에는 2011년 2월 왕이 370억이 드는 복지정책을 발표하기 전부터 8%나 늘어난 액이 책정되었다. 사우디 정부의 예산안 중 90%는 석유수출을 통해 얻는 이익으로 구성되어 있는 것으로 보인다. 2008년 초 석유 값이 급격하게 올랐을 때 사우디아라비아는 다른 OPEC 국가의 동의를 구하지 않고 기록적으로 많은 양의 석유를 생산했다. 석유소비 국가들의 경제가 위축되고 2008년과 2009년에 석유 수요가 떨어지면서 사우디아라비아는 석유 값을 안정시키기 위해 OPEC 국가들과 함께 석유생산을 줄이기로 했다. 석유 쪽에 종사하는 사우디 관료들은 정세가 불안하지만 지금도 시장의 요구에 대응할 수 있는 준비가 되어 있으며 석유 값을 유지시킬 수 있는 능력이 있음을 보여주고 있다. 이는 현재 사용하진 않지만 필요시 사용할 수 있는 능력을 최대한 사용하겠다는 의지로 보인다. 그러나 2014년부터 세계적인 경제 불황으로 석유수요가 줄어듬에 따라 석유 값이 하락하고 있으나 사우디는 OPEC 회원국들의 감산요구에도 불구하고 석유를 감산하지 않아 석유 값의 하락을 주도하고 있으며 이는 여러 국제 정치적 요인들을 감안한 의도적인 정책 결정이다.

사회 및 정치 개혁

미국은 지속적으로 사우디 내에 인권, 종교의 자유, 그리고 정치개혁을 이끌어내려고 하지만 지도층인 사우디 왕가는 보수적인 종교 권과 결속하여 자신들의 권위에 위협이 될 수 있는 변화를 허락하고 있지 않다. 또한 미국은 대중동 정책에서 사우디에 대한 의존성 때문에 변화를 주도하는 데 어려움이 있는 것으로 보인다.

다른 아랍권에서와 마찬가지로 미국과 서구세력들이 원하는 사회 및 정치적 개혁은 외세의 내정간섭이라는 비난을 들어야 했다. 또한 개혁을 원하는 사람들은 미국이 테러리즘과의 전쟁에서 사우디 정부에게 의존하는 정도를 볼 때 얼마나 개혁을 일으킬 수 있을까하는 회의적인 시선을 갖고 있다. 또한 일부 전문가들은 과거 사회 개혁 과정에서 폭력사태 경험을 한 사우디 정부가 개혁을 꺼려한다고 보기도 한다.

2015년 새로 등극한 살만왕은 전 왕인 압둘라 왕의 사회 및 경제 개혁을 지지하는 것으로 알려져 있지만 그와 동시에 현 왕인 살만왕은 전왕인 압둘라 왕과 마찬가지로 알 사우드 가문이 왕국 내에서 지닌 권위와 해외 영향력을 지키고자 한다. 외부 전문가들과 사우디 관료들에 따르면 사우디 내에서 정책이 이루어지는 과정은 왕족과 왕족의 가까운 동맹들이 원하는 당장의 필요성을 채우기 위해 있는 것이 아니라 핵심적인 그룹들 사이의 동의를 구하고 그것을 유지하는 데 있다고 한다.

정치개혁에 관한 논쟁과 선거

사우디 왕가의 지배권위에 대한 논의는 사우디아라비아가 탄생한 직후부터 계속해서 있던 것이다. 개혁주의자들은 1990년대부터 끊임없이 왕가에게 개혁을 요구했다. 또한 2003년부터 행동가들은 헌법 왕정의 건설을 포함한 정치 개혁을 요구하는 탄원서를 여러 번 냈다. 당시 황태자였던 압둘라 왕은 이런 요구를 어느 정도 수용해 "국가적인 대화(National Dialogue)"를 만들었고 이를 통해 사우디의 진보주의자들은 과거 어느 때보다 적극적으로 목소리를 낼 수 있게 되었다. 하지만 탄원서에 서명한 사람들을 체포하고 수감시키는 등 사우디 왕가의 개혁에 대한 입장을 의심케 하는 여러 일이 있었던 것도 사실이다.

2003년부터 사우디 정치권에 불어온 변화의 바람은 매우 더뎠다. 2005년 새롭게 만들어진 178개의 지방 자치 의원 좌석 중 절반이 선거에 의해 선출되었으며 이들은 지역 및 국가적으로 정책을 제안할 수 있는 약간의 힘을 갖게 되었다.

인권

미 국무부에 의하면 2009년 사우디아라비아에는 여러 인권탄압이 일어났다. 하지만 그와 동시에 여성들을 위한 교육기회의 상승, 그리고 사법권 개혁 등의 노력도 있었다. 2004년 사우디 정부가 인정한 독립조직인 사우디 인권위원회 역시 이 해 사우디 내에서 일어났던 인권탄압에 대해 비슷한 보도를 했다. 사우디 정부는 밝혀진 부족한 점을 개선시키기 위해 포괄적인 사법권 재구성에 들어갔고 많은 이들은 2009년 2월 압둘라 왕이 공표한 리더쉽의 변화가 앞으로 중요 사법 단체들이 계획된 개혁을 적용할 가능성을 높였다고 본다.

2009년 미 정부의 사우디아라비아에 대한 인권 보고서에 의하면 2008년 한 해 동안 심한 인권 유린과 인권의 발전이 동시에 이루어졌음을 보여주었다. 시민의 자유와 종교자유, 고문을 받았다는 주장, 정치적 체포가 보고되었으나 그와 동시에 사법권의 개혁과 여성 교육발전에 대한 보고도 이루어졌다. 2010년 말에 시작된 전자출판에 대한 규제는 비판을 받고 있으며 개혁주의자들은 사우디의 블로거, 웹 사용자, 그리고 온라인 기자들의 활동에 제약을 준다고 주장했다.

종교의 자유

미 국무부는 2004년부터 종교자유에 대한 제한 때문에 사우디아라비아를 '특별히 걱정되는 나라'로 분류해 놓았다. 2009년 10월 26일 나온 국제 종교자유 보고서에 의하면 사우디아라비아의 종교 자유는 매우 제한적이라고 한다. 비 무슬림들은 아직도 공개적으로 자신의 신앙생활을 하는 것이 불가능하다. 하지만 3년 동안 연속으로 보고된 것은 왕이 직접적으로 초 종교 대화와 종교적 관용을 이끌어 내고 있기 때문에 앞으로 발전의 조짐이 보인다는 것이었다.

사우디아라비아의 대 영국관계

과거 사우디 주변국은 영국의 보호령으로 남아있었고, 사우디아라비아와의 사이에는 정확한 국경선이 존재하지 않았다. 그러나 1940년대부터 석유를 기반으로 한 산업 활동이 시작되자 국경선을 정확히 할 필요가 있었다. 사우디아라비아와 영국 사이에 알 버라이미 지역의 여러 오아시스를 둘러싼 분쟁이 벌어졌다. 버라이미 지역은 사우디아라비아와 머스캣이라는 나라 사이의 싸움이었는데 머스캣은 영국의 보호령이었다. 알 버라이미 지역은 이전의 사우디 국가에 속해있었기 때문에 사우디아라비아가 155년 동안 다스린 지역이라고 주장했으나 영국은 사우디아라비아의 지배는 짧았고 더 이상 사우디아라비아에 귀속 될 수 없는 땅이라고 반박했다. 두 국가 간의 분쟁은 군사 분쟁으로 퍼지지 않았으나 사우디아라비아는 1956년 영국과의 국교단절을 선포하고 석유수출도 금지했다.

그 이후, 사우디아라비아와 영국에서 사회주의 성향을 띈 아랍 민족주의 운동이 동시에 일어나자 동조해 싸우며 국가관계가 호전되기 시작했다. 외무부 장관 파이잘 왕자는 런던에서 영국 대표와 만나 국교를 재수립했다.

사우디아라비아와 영국은 20 세기 초부터 현재까지 다양한 차원에서 긴밀한 동맹관계를 유지해오고 있다. 한 예로, 기독교 국가로서는 처음으로 영국은 1999년부터 매년 약 2만 5천 명 정도의 영국인 메카 순례자들을 돕기 위하여 정부차원에서 하지 대표단을 조직하고 있다. 이 대표단의 역할은 의료지원을 포함한 필요한 것들을 지원하고 있다. 하지 순례 이외에 약 12만 5천 명 정도의 영국인들이 매년 메카를 순례하고 있다.

이러한 영국의 정책은 자국민 성지 순례자들을 보호한다는 차원을 넘어서 이슬람의 두 성지인 메카와 메디나 보호자를 자처하면서 이슬람 세계에서 발언권을 강화하는 사우디아라비아와 연대감을 표시하는 것으로 보인다.

제2절 사우디아라비아의 대 아랍관계

무슬림 세계에 사우디의 영향력을 행사하는 데 도움을 주는 외교 정책의 도구는 살라피식 이슬람에 대한 지원이다. 이집트와 같은 나라들은 이런 보수적인 이슬람 세력에 대한 지원이 반혁명적인 결과를 가지고 올 것이라고 우려하지만 그와 반대로 그들에게 자금을 지원해주는 사우디 정부조차 살라피 조직들의 활동을 규제하지 못하고 있으며 오히려 그들에게 사우디 정부가 공격을 받는 일도 있다. 이것의 좋은 예가 바로 알 카에다와 같은 조직들이 비 무슬림뿐만 아니라 무슬림들까지도 공격하는 것이다

사우디아라비아는 중동에서 중요한 위치에 있다. 또한 이슬람의 두 성스러운 도시를 보호하는 역할을 지니며 다른 이슬람 국가들과 강한 연계를 가지고 있다. 이란과 같이 국교를 단절한 국가도 있지만 다른 GCC 국가들과 함께 중동지역에서 가장 강력한 외교적 힘을 지니고 있다.

사우디아라비아는 중동과 서구 사이에서 복잡한 외교력을 발휘해야만 하는 위치에 서있다. 사우디아라비아는 아랍권의 통합을 주도하고 아랍과 이슬람의 이익을 대변하며 이스라엘과 팔레스타인 분쟁의 평화로운 해결을 도출하고자 노력하고 있으며 또한 사우디아라비아는 서구와 경제적으로 결속되어 있으며 테러리즘과 맞서 싸우고 있기도 한다. 그러나 아랍권의 일부 인사들은 사우디아라비아가 이스라엘의 가장 강한 지지자인 미국과 친선 관계를 유지하는 것에 대해 불만을 가지고 있다.

1990년 이라크가 쿠웨이트를 침공했을 때 사우디아라비아는

주변 국가에 도움을 요청했지만 예멘, 요르단, 그리고 PLO 등은 사우디와 연합하길 거절했다. 걸프 전쟁이 끝나고 5년이 지나서야 사우디아라비아는 요르단, PLO와 정상적인 관계를 재수립할 수 있었다.

아랍- 이스라엘 분쟁

많은 사우디 국민들과 정부 관료들은 중동에서 가장 핵심적인 문제는 아랍-이스라엘 분쟁이라고 말한다. 이들은 미국이 이 분쟁을 해결하는데 더 적극적으로 나서야 한다고 믿는다. 1940년대부터 사우디와 미국의 관계는 이스라엘과 팔레스타인을 둘러싼 문제를 가지고 종종 도마 위에 올랐다.

1990년대 까지 사우디아라비아는 다른 걸프 주변의 국가와 달리 미국의 이스라엘 정책에 강력한 비판적인 태도를 취하지 않았었다. 1990년대 초에는 미국이 제시한 이스라엘-팔레스타인 정책을 전반적으로 지지했고 1994년에는 이스라엘에 대한 간접적인 보이콧을 멈췄다. 그러나 2000년 팔레스타인에서 봉기가 일어나고 오슬로 평화협정이 무너지자 사우디와 이스라엘의 관계에는 다시 긴장감이 돌기 시작했다. 사우디는 팔레스타인인들의 테러 공격에 이스라엘이 보인 군사적 대응을 비난했고 이스라엘 군인들에게 저항하다 사망한 자들의 가족들을 포함해 많은 팔레스타인인들에게 구호물품을 보냈다

사우디-팔레스타인 관계

사우디아라비아는 두 정치단체를 통해 팔레스타인과 접촉한다. 하나는 세속 민족주의자인 파타운동이고 다른 하나는 미국이

테러리스트 단체로 지정한 이슬람 저항운동 즉 하마스다. 2006년부터 하마스와 파타 사이에 존재해온 정치적 경쟁은 팔레스타인에 대한 사우디의 접근을 복잡하게 만들었다. 그 결과로 사우디 정부는 종종 미국과 반대되는 정책을 펼치기도 했다. 그러나 최근에 들어 서로간의 갈등과 정치적 어려움이 팔레스타인-이스라엘 평화협정에 방해가 되자 사우디는 정치적 수단들을 통해 하마스와 파타를 화해시키고 아랍권 내의 통일을 유도하기 위해 노력하고 있다.

사우디 정부와 국민들은 팔레스타인 단체들에게 물질적인 후원을 해주는 것을 오랫동안 지지해 왔다. 이런 후원은 하마스가 팔레스타인을 지배하고 있었을 때도 계속되었었다. 2007년 12월 사우디아라비아는 팔레스타인 정부에게 3년에 걸쳐 5억 달러에서 7억 5천 달러를 지원해줄 것을 약속했으며 비공식적인 계산에 의하면 2008년에 약속된 금액은 이루어졌다고 한다. 2009년 1월 사우디아라비아 정부는 가자지구에 대한 이스라엘의 군사행동에 대응하며 팔레스타인 국민들을 지지한다는 명목 아래 국가적인 자선 캠페인을 벌였다. 2009년 8월 사우디아라비아는 약속한대로 팔레스타인 정부에게 2억 달러를 보냈다.

사우디의 평화제안

2002년 3월 당시 황태자였던 압둘라는 이스라엘이 점령지에서 완전 철수한다면 이스라엘과 아랍권의 국교를 정상화하겠다는 정책을 내걸었다. 하지만 계속된 복잡한 문제 때문에 이런 정책은 쉽게 받아들여지지 못했다. 결국 2007년 3월말 대부분의 아랍권 국가 대표가 아라비아의 수도 리야드에 모였고 2002년 제안되었던 내용을 받아들였다. 외무부 장관 사우드 알 파이잘은 이스라엘이 이 제안을 받아들이지 않는다면 그들은 자신의 미래를 평화가 아니라 전쟁에 내맡기게 될 것이다라고 말했다.

2009년 1월 이스라엘이 하마스를 공격하자 많은 사우디아라비아인들이 이스라엘을 비난했다. 쿠웨이트에서 1월에 열린 회담에서 압둘라 왕은 가자지구의 분쟁을 "세상이 지켜보는 가운데 무자비하고 비인간적인 범죄자들에 의해 자행된 인종말살 사건"이라고 비난했고 "아랍권이 제시한 조건은 언제까지나 변하지 않을 것이다"고 말했다. 사우디아라비아는 미국과의 회담을 통해서도 이스라엘이 먼저 군대를 철수하지 않으면 결코 평화를 위한 절차를 밟지 않겠다고 했다.

이라크

사우디아라비아와 이라크는 역사적으로 친밀하지 않았다. 그러나 1980년대 이라크-이란 전쟁이 일어났을 때와 같이 공통적인 이익이 생기면 서로 협력하는 경우도 있었다. 사우디아라비아가 2003년 미국의 이라크 침공을 반대한 이유는 이라크 문제로 인해 자국의 안보위협, 새로운 지배층으로 상승한 이라크 쉬아파들의 이라크 순니파들에 대한 핍박, 그리고 위협적으로 변할 수 있는 이란의 영향력을 제한하기 위해서였다

1991년 이라크의 후세인 정권이 쿠웨이트를 침공하여 발생한 걸프 전쟁 이후 사우디아라비아는 이라크의 사담 후세인 정권을 가장 큰 적으로 생각했다. 하지만 2003년 이라크 전쟁이 일어났을 때는 이라크 전쟁에 참여 하는데 반대의사를 내비췄다. 사우디아라비아는 2003년부터 이라크에 대한 군사적인 활동을 하고 있지 않다.

일부에서는 사우디아라비아가 이라크의 순니파들을 지원하고 있다고 추측하지만 사우디아라비아의 공식적인 입장은 어떠한 단체나 종파에 편향되지 않으며 모두와 동등한 거리를 두고 지켜보고 있다는 것이다.

이란

사우디는 이란의 군사력, 핵무장 가능성, 히즈불라와 급진 쉬아파들의 관계, 그리고 이라크 문제에 간섭한다는 점 때문에 이란과 불편한 관계에 있다. 이란을 둘러싼 핵 분쟁 때문에 이란과 사우디아라비아의 관계는 과거보다 더욱 악화됐다.

걸프연안의 헤게모니를 둘러싸고 사우디와 이란은 상호 대결 국면을 펼쳐온 바 이 란의 이슬람혁명 수출전략은 사우디 동부 알 핫싸 지역의 쉬아 무슬림들에게 직·간접적 영향력을 미칠 수밖에 없고 이는 정권 안정에 무시 못 할 위협 요소로 작용할 수 있다.

이슬람 정통성이라는 측면에서도 결국 이란의 이슬람 보수주의정권 등장은 심리적으로 사우디 내에서 강력한 이슬람원리주의 회귀를 주장하는 나이프 등 수다이리계열 세력의 입지를 강화시킬 가능성이 있으며 따라서 2015년 사망한 압둘라 국왕으로서는 이란과의 대결국면 지속대신 이란 정부와의 협력 수사학을 공론화 하는 것이 필수적이었으며 이러한 기조는 현왕인 살만체제에서도 비슷할 것이다.

사우디의 향후 행보는 이란의 쉬아 이슬람 혁명정권과 대결 점에 설 것으로 보인다. 만일 사우디 왕실 내 과격파의 득세 시에는 이란과 전술적 우호관계를 추구 할 가능성도 있으나, 장기적으로 볼 때 이란의 쉬아 교리상 사우디 왕실의 독점적 전제 권력을 비난하는 입장이므로 걸프 지역 나아가 중동전체의 헤게모니를 놓고 경합관계에 있는 것이 현실이다.

그러나 사우디아라비아에게 있어 이란보다 더 위험한 것은 2011년부터 중동과 북아프리카를 휩쓸어 온 '아랍의 봄'시위운동이다. 이런 시위운동은 사우디아라비아의 국민들에게 자신들에게도 이런 선택이 있다는 생각을 심어주며 특히 성장하는 청년층에게 큰 영향을 준다. 이런 시위운동을 사우디아라비아의 지도자들은 우려하고 있다.

'아랍의 봄'에 맞서 사우디아라비아 정부는 두 가지 전략을 사용하고 있다. 하나는 아랍의 봄의 확산을 막는 것이며 다른 하나는 해당 지역의 변화하는 정부들에 대한 전략적 접근이다. 사우디아라비아가 현재까지 정치적 불안정을 겪지 않고 있는 모로코와 요르단을 GCC(걸프협력회의 Gulf Cooperation Council)에 초대한 것은 개혁을 제한시키려는 시도로 보인다.

바레인은 국민의 다수가 쉬아파이지만 정권은 소수인 순니파가 쥐고 있다. 따라서 아랍의 봄 이후 바레인 쉬아파는 그들에 대한 부당한 처우개선을 요구하며 대규모 시위를 벌여 순니파 정권안보가 위험에 처했었다.

이러한 바레인에 군대를 보내기로 한 것은 바레인 문제를 외교문제로 보기보다는 국내문제로 생각하는 사우디아라비아에게 있어 자연스러운 움직임이었다. 이런 움직임을 통해 사우디아라비아는 세계에 두 가지 상징적인 메시지를 전했다. 하나는 이란에 대해 공격적인 자세를 취하겠다는 메시지였고 다른 하나는 아랍의 봄 사태에 대해서는 더욱 공격적인 자세를 취하겠다는 메시지였다. 사우디가 바레인에 군대를 보낸 것에 대해 서구가 아무런 논평도 하지 않은 것을 보며 우려의 목소리를 표명하는 사람도 있으며 사우디아라비아와 이란 간의 분쟁에

서구가 연루되어있을지도 모른다는 생각을 갖게 해주고 있다.

예멘

1930년대 히자즈의 남쪽에 있는 예멘은 사우디의 영토를 빼앗기 위해 공격해 왔다. 그러나 사우디는 예멘보다 더욱 많은 군대와 장비가 있었기 때문에 결국 사우디와 예멘은 1934년 5월 15일 평화협정을 맺는다. 다음 해 압둘 아지즈가 메카의 성지순례에 참여하는 동안 예멘에서 온 암살자가 압둘 아지즈를 죽이려고 하는 사건이 있었지만 사우디와 예멘의 사이는 지속적으로 개선되어 사우디아라비아 왕가와 예멘의 왕가는 정치적 협력 관계를 맺기 시작했다.

사우디아라비아와 예멘의 관계는 예멘이 1991년 걸프 전쟁에 참여하는 것을 거부함으로써 관계가 나빠졌지만 2000년 국경선에 대한 협정이 있은 후 호전된 상태다. 사우디아라비아는 예멘과 여러 경로를 통해 정치적, 부족적으로 연관되어 있기 때문에 국내문제로 취급하는 경향이 있다. 예멘과 사우디아라비아를 제약 없이 넘나드는 부족들 역시 분쟁의 원인이 될 수 있다.

2011년 아랍의 봄 이후 예멘이 내전상태에 빠지고 알카에다 아라비아 지부가 예멘에서 활발한 활동을 전개하면서 사우디의 안보에 위협을 주고 있어 이를 방지하기 위해 사우디는 예멘 상황을 주시하면서 직간접적인 지원과 개입을 하고 있다

제3절 GCC 국가와의 관계

걸프협력회의는(Gulf Cooperation Council: GCC)는 1980년 이라크와 이란이 전쟁을 시작하자 이를 우려하기 시작한 사우디아라비아가 걸프만 주위의 바레인, 쿠웨이트, 오만, 카타르, 그리고 UAE가 맺은 경제협력체 동맹이다. 이 전쟁 초기에 이라크군이 이란에게 큰 승리를 거두자 아라비아 반도를 향해 이라크가 호전적인 자세를 취할 것이라고 생각한 이 나라들은 사우디아라비아의 주도 아래 동맹을 맺었다. 각 국가 대표들은 1981년 1월부터 만나기 시작했고 4개월 후 GCC가 공식적으로 출범했다. GCC 국가는 비슷한 정치 시스템을 지니고 있으며 공통된 사회 및 문화를 가지고 있다. 이들 국가는 왕정주의며 아주 제한적으로 정치정당을 허용하거나 아예 존재하지 않는다. 사우디아라비아는 GCC국 중 가장 강력한 국가로서, 협력 체제 강화를 도모하고 있다.

그 후 이란과 이라크 전쟁은 1988년까지 이어졌지만 GCC 국가들의 공포의 대상은 1981년 말부터 이라크에서 이란으로 옮겨 갔다. 이들 국가들은 이란이 아라비아 만 주위에 있는 국가들의 쉬아들을 선동해 테러 활동을 한다고 믿었다. 특히 바레인에서 붙잡힌 테러리스트들은 이란에서 후원을 받고 있었고 이를 통해 사우디아라비아는 이라크를 공개적으로 지지하기 시작했다. GCC 국가들은 계속해서 테러의 원인인 이란의 쉬아파들에 대한 선동을 경계했다.

1986년 이란과 이라크의 전쟁이 치열해졌을 때 GCC 국가들은 이란을 견제하기 위한 방법에 의견을 달리했다. 쿠웨이트는 다른 국가의 함선이 걸프 만에 들어온다면 이란이 이를 견제하기 위해 GCC

국가의 상선을 공격하지 못할 것이라고 생각했지만 사우디아라비아는 이에 동의하지 않았다. 결국 사우디아라비아는 UN을 통해 이란-이라크 전쟁을 중재하기 시작했고 UN안보리가 결의안 598을 통과시켰다. GCC 국가들은 이란이 이를 받아들이지 않는다면 제재를 가하겠다고 협박했고 1988년 이란은 이를 받아들여 전쟁을 끝냈다.

1988년 전쟁이 끝남과 동시에 GCC 국가들은 위기에 직면했다. 막강한 군사력을 지닌 이라크가 쿠웨이트에게 위협을 가하기 시작한 것이다. 이라크는 이라크 항구로 통하는 쿠웨이트 섬들의 지배권을 넘기라고 협박했다. 1990년 결국 이라크는 쿠웨이트를 침략해서 점령했다. 자신들의 힘이 회원국에 대한 공격을 막지도 못할 만큼 약하다는 사실을 깨달은 GCC 국가들은 충격을 받았고 사우디아라비아는 미국과 다른 아랍권 나라에게 군사 도움을 요청했다. GCC 국가들은 자신들의 동맹에 다른 나라도 포함시켜야 된다고 생각하기 시작했지만, GCC 차원이 아닌 개별 국가별로 다른 나라와 안보동맹을 맺었다.

1984년 GCC는 사우디 반도 방패(Saudi-based Peninsula Shield)라는 방어부대를 구축했다. 하지만 GCC는 이 부대를 증가하는 것에 실패했고 1991년 10만 명의 병사를 공동 구축하자는 오만의 제안도 거절됐다. GCC 국가는 2004년에 테러리스트와 싸우기 위해 정보교류협약을 맺었다.

걸프협력회의는(Gulf Cooperation Council: GCC) 경제협력체로서, 세계 원유 매장량의 36%, 천연가스 매장량의 23%를 차지하고 있다. 사우디아라비아는 GCC 중에서 가장 큰 국가이며 2009년 7월 조사에 의하면 2천 8백만명이 거주하고 있다.

경제적인 면에서 볼 때 GCC 공동시장은 2008년 초에 생겨나기 시작했다. GCC 국가는 2008/9년 공황으로 인해 타격을 입은 첫 국가들 중 하나였지만 다른 국가들보다 훨씬 더 어려움을 잘 견뎌냈다. 이는 풍부한 석유 자원 덕분에 돈이 풍부했기 때문이다. GCC는 2003년부터 공동관세 제도를 시행하여 역내 교역 상품에 대한 관세를 폐지하였고, 역외 교육물품에 대해서는 5%의 공통관세를 부과하고 있다.

GCC는 2009년 12월 정상회의에서 단일통화 출범을 위한 통화협정을 발효시켰으나 그 후 UAE와 오만이 통화협정에서 탈퇴하였다. 그 이후, 2010년 3월에는 걸프 중앙은행의 역할을 담당할 합동통화위원회(Joint Monetary Council)가 설치되었고, 사우디아라비아 중앙은행 총재가 위원회 의장으로 선출되었다.

2011년 9월 사우디아라비아의 무하마드 알 자세르 중앙은행장은 UAE와 오만의 탈퇴로 지연된 GCC 단일통화계획 추진이 정상화되었다고 발표했다. 카타르 도하에서 열린 아랍 중앙은행장 회의에서 걸프지역의 경제여건이 단일통화권건설을 위한 최적의 조건을 갖추고 있으며 걸프 단일통화계획이 순조롭게 진행되고 있다고 언급했다.

CGG의 구조는 다음과 같다.

최고의회(Supreme Council)는 GCC 국가의 수장들로 구성된 가장 높은 권위의 단체이고, 매년 한번 씩 만난다. 회장직은 돌아가면서 맡고, 결정은 만장일치제다.

장관 의회(Ministerial Council)는 외무부 장관, 또는 다른 장관들로 구성되며 3달에 한 번씩 만난다. 정책을 제안하고 이미 결정된 사안들을 실현한다.

사무총국(Secretariat General)은 회의를 준비하며 정책의 실현을 관리하는 행정조직이다.

자문의회는 각 국가마다 다섯 명의 대표를 선출하여 구성하며 최고의회에 자문을 제공한다.

분쟁조정의회(Comission for the Settlement of Disputes)는 국가 간의 분쟁을 해결하기 위해 일시적으로 구성되는 조직이다.

사무총장(Secretary-General)은 최고의회가 뽑으며 3년의 임기가 있고 한 번 재임이 가능하다.

그림27 GCC 로고

제5장 경제구조 및 대내외 경제정책

제1절 경제와 현실정치

제2절 이슬람 금융

제3절 킹 압둘라 원자력 신재생 에너지

제5장 경제구조 및 대내외 경제정책

제1절 경제와 현실정치

사우디아라비아는 유전이 발견되기 전 까지 부족을 기반으로 생활권이 형성되어 있었으나, 1930년 유전이 발견되어 석유 개발로 인해 벌어들인 막대한 오일머니로 사우디 왕가의 정치권력을 강화 시킬 수 있었다.

1933년 이래 석유 산업이 사우디 산업 국내 총 생산의 85%를 차지하고 외환가득의 90%를 차지하는 절대 핵심 산업이 되었다. 사우디아라비아 행정의 제도화는 석유 개발과 연관되어 발전하였다. 1944년 다란에 기지를 건설하려는 미국의 결정을 계기로 사우디왕정에 국방부가 창설되었다. ARAMCO는 사우디 석유생산 뿐 아니라 주택, 공항, 병원 등을 건설하였다. 석유수입은 사우디 정부가 첨단기술을 도입 가능하게 하였고, 서구유형의 행정체계를 갖추게 하였다. 석유자본을 통한 대단위 산업시설은 도시화를 촉진시킨 것은 물론, 교육과 의료제도의 보장을 위시한 복지국가로의 등장을 가능하게 했다.

급격한 오일달러의 유입은 사우디왕실로 집중되었다. 오일달러는 사우디아라비아의 현대화를 촉진시킴과 동시에 사우디 왕정의 권력을 더욱 강화시켰다. 국내정치에서 석유는 부족들에 대한 중앙정부의 권력을 강화시켰다. 석유 임차료를 분배하는 과정에서 경제적 지원이 부족지도자와 동맹 세력에게 이루어짐으로서 이들의 사우디 왕정에 대한 불만을 감소키시고, 중앙권력에 의존하게 하였다.

사우디아라비아는 1970년에 경제개발 5개년 계획을 시작했다. 석유에서 얻는 풍부한 수입으로 인프라 건설, 산업의 다변화 등을 꾀한 이 계획은 2005년 제8차 계획에 들어갔다. 8차 5개년 계획은 과거 7차례의 계획과는 달리 사우디아라비아가 선진국 경제권에 진입하기 위해 민간경제의 활성화에 구체적인 목표들을 제시한 것으로 새로운 차원의 계획으로 평가되었다.

2010년 8월10일 사우디아라비아는 사상최대 규모인 3,850억 달러의 제 9차 5개년 개발계획을 발표했다. 이 정책의 개발 목표는 경제 다변화, 인적자원개발, 삶의 질 향상, 국가 경쟁력 강화 등이다. 따라서 2014년 까지 약 3,300억 달러가 인적자원 개발과 인프라 관련 분야로 투입되고 있으며 교육에 1,863억 달러와 의료에 647억 달러, 수자원 개발에 434억 달러, 운송 인프라에 271억 달러가 대규모 지출되고 있다. 9차 계획은 8차(2005- 2009년)계획에 비해 지출 규모가 67%나 증가했다.

사우디아라비아의 경제 다변화는 아직 초기 단계에 머물러 있다. GDP에서 차지하는 석유부문의 비중은 1970년의 58%에서 제1차 석유파동이 발생했던 1974년에는 75%로 급증하였다가 1989년에는 21%까지 감소했다. 그러나 1991년 걸프전 발발 이후 석유 부문의 비중이 다시 증가하면서 2002년에는 37%를 차지하게 되었다. 2006년의 경우 비 석유 부문의 성장률은 6.4%로 매우 높다고 할 수는 없다.

2009년 석유부분의 GDP는 25.1%였고, 2014년 석유가 차지하는 예상 비중은 22.1%로 줄어들었다. 9차 계획은 2020년까지 GDP내 제조업 비중을 20%확대, 기술기반 제품의 생산 비중을 전체의 60%, 제조업 제품의 수출비중을 전체의 30%, 제조업 고용비중을 전체의 30%로 확대하는 것을 목표로 한다.

(단위: 십억달러, %)

	2004년		2009년		2014년		2019년		2024년	
	금액	비중	금액	비중	금액	비중	금액	비중	금액	비중
농림업	10.1	5.3	11.8	5.0	13.4	4.2	15.1	3.4	16.7	2.5
2차산업	37.4	19.6	50.6	21.2	72.5	22.9	103.6	23.2	168.9	24.9
서비스업	52.2	27.4	68.9	28.9	109.1	34.4	173.9	38.9	284.3	41.9
공공부문	36.0	18.9	43.4	18.2	48.2	15.2	59.8	13.4	80.1	11.8
석유부문	52.5	27.5	60.0	25.1	70.0	22.1	89.5	20.0	121.4	17.9
관세수입	2.4	1.3	3.9	1.6	3.8	1.2	4.7	1.1	6.6	1.0
GDP	190.6	100.0	238.7	100.0	317.1	100.0	446.6	100.0	678.0	100.0

자료: Ministry of Economy and Planing

표3 장기발전전략하의 GDP 업종별 목표(1999년 불변가격 기준)

경제 다변화의 가장 상징적인 움직임은 6대 경제도시의 건설이라 할 수 있다. 이 프로젝트는 앞으로 20년간 정부와 민간의 파트너십으로 1,680억 달러를 투입해 여섯 개의 신도시를 개발 한다는 것이다. 궁극적으로 450만 명이 거주하게 될 이 여섯 개의 도시는 1,000억 달러의 경제효과를 가져올 것으로 평가되고 있다. 그 중 첫 번째 프로젝트에 해당하는 '킹 압둘라 경제도시'에 관해서는 이미 2005년 12월에 계획이 발표된 바 있다.

사우디아라비아의 경제 발전은 네 단계로 나눌 수 있다. 첫 번째는 1946년에서 1956년까지 오일머니로 인해 막대한 부가 모인 시기였다. 두 번째 단계는 '과도기'로써 1957년부터 1963년까지다. 이때 정부는 서서히 국가의 경제를 보호하기 위한 노력을 시작했고 화폐 유통,

그림28 킹 압둘라 경제도시

수입 등에 대한 규제를 두기 시작했다. 세 번째 단계는 1960년대 중반부터로 국가 자본주의라는 새로운 개념이 사우디 경제에 나타나기 시작했다. 마지막으로 네 번째 단계는 1970년대부터로 1년 내외로 세우던 경제 발전 계획을 5년 발전 계획으로 변경한 시점으로 사우디아라비아의 경제 발전 단계를 구분할 수 있다.

그림29 킹 압둘라 경제도시

제2절 이슬람 금융

	2005년	2006년	2007년	2008년	2009년	2010년
GDP(십억 달러)	315.6	356.6	384.9	476.3	375.8	448.6
실질GDP성장률(%)	5.6	3.2	2	4.2	0.6	3.4
인구(백만 명)	23.2	24	24.7	25.5	26.3	27.1
1인당 GDP(PPP, 달러)	21,127	21,817	22,195	22,905	22,606	22,979
자국민실업률(%)	11.52	12.00	11.99	9.80	10.50	-
물가상승률(%)	0.6	2.3	4.1	9.9	5.1	5.6
수출액(십억 달러)	180.7	211.3	233.3	313.5	192.3	236.4
수입액(십억 달러)	54.6	82.6	82.6	101.5	87.1	99.2
경상수지(십억달러	90.1	99.1	93.4	132.3	22.8	53.1

주:2010년은전망치임
자료:EIU(2010.8) : Saudi Arabia Agency(2009)

표4 사우디 경제 통계

최근, 이슬람 금융은 국제 금융시장에서 빠르게 성장하고 있다. 이슬람 금융 서비스 위원회(IFSB)에 따르면, 2008년 기준 이슬람 금융시장의 규모는 약 1조달러에 이른다. 연평균 15%안팎의 빠른 성장세를 보이고 있다. MIFC(Malaysia International Islamic Financial Centre)에 의하면 이슬람 금융은 매년 15~20%이상 그 규모가 성장하고 있다고 한다.

2010년 말 이슬람금융의 총자산 규모는 약 1조 달러 규모로 이는 세계 총 금융 자산의 1% 규모에 불과하나, 2000 년 이후 연평균 20% 이상의 성장세를 보이고 있어, 2012년에는 이슬람금융의 총자산 규모 1조 6,000억 달러, 총 수익 1,200억 달러 규모로 성장하였으며 향후 급격한 신장세를 보일 것으로 전망된다. 2008년 기준 이슬람은행이 전체 자산의 80% 이상을 차지하고 있으며, 국가별로 보면 이란(35.7%), 사우디아라비아(15.6%), 말레이시아(10.5%), UAE(10.2%)에 집중되어 있다.

이슬람 금융은 이슬람 국가의 금융이다 오일 머니를 기반으로 하는 중동 자금과는 다른 개념이다. 그 특징은 이슬람법인 샤리아를 기반으로 하고 금융거래에 있어 이자를 금지하며, 자금제공자와 사업수행자가 이익 및 손실을 공유한다. 따라서 일반 금융의 구조와는 근본적으로 다른 개념이다.

그러나 이슬람법의 해석은 학파 간 차이가 있는 것이 일반적이듯이 GCC 국가와 말레이시아 이슬람 은행 원리에는 차이가 존재한다. GCC 국가와 말레이시아의 이슬람식 은행 원리의 차이는 Mohd. Bakir (2008)와 Sudin Haron(1999)의 연구를 통해 알 수 있다. 이 연구에 따르면 GCC 국가에서 사용된 이슬람식 은행의 원리는 말레이시아보다 규모가 작다. 또한, 말레이시아에서 널리 사용되는 두 가지 원리인 바이 알-인나(bay al-innah)(Sale and Buy-back agreement. 판매하고 다시 되살 수 있는 협정,재정 상태가 좋지 않은 나라에 기계류 등을 파는데 주로 이용되는 방식. 예를 들면 A라는 나라에 공장을 지어주거나 설비를 수출한 뒤 이 공장 또는 설비에서 생산된 상품을 수출대금으로 받는 것을 말한다, 금융과 고객사이의 기본적인 구매와 판매를 거래하는 금융시설이다.) 그리고 바이 알-다인(bay al-dayn)(지연된 지불금액을 판매하는 형태로 무역과 서비스 거래로부터 발생된 채무의 판매를 말한다. 고객은 채무를 은행에 판매할 수 있다.)을 GCC 국가에서는 사용하지 않는다는 점이다. GCC 중 어떤 국가는 이슬람 은행 시스템에 타와루크(tawarruq)원리를 적용한다. 바이 알-인나와 바이 알-다인의 사용에 대한 것은 지도자들 사이에서 계속된 논쟁거리가 되고 있다. 오직 샤피학파만이 바이 알-인나와 바이 알-다인의 사용을 허락하며 다른 학파는 이 원리들이 이슬람 금융에서 사용되는 것을 반대한다.

Niyyah(의도) 문제는 바이 알-인나를 허락해야 되는지를 가지고 학자들이 계속해서 논쟁하고 있다. 샤피는 이 사항에 관해서, 물건을 파는 사람이 가격을 마음대로 책정할 수 있는 것과 마찬가지로 큰 문제가 아니라고 생각했다 다른 학파는 Niyyah(의도)에 더 많은 강조를 준다. 이들은 물건을 파는 사람이 만족한다면 바이 알-다인의 사용이 허락되지만 할인을 해서는 안 된다고 말한다. 이런 이유 때문에 GCC 국가에서 만드는 상품의 규모는 말레이시아에 비해 적을 수밖에 없다. 결국, 말레이시아 이슬람 은행이 더 규모가 큰 것이다. Mohd. Bakir (2008)는 말레시아 이슬람 은행이 기존의 은행에게 더 진보적이며 더 효과적이지만 GCC 국가 학자들의 눈에는 너무 진보적이라고 말한다. 문제는 말레이시아 은행이 이슬람의 가르침에 벗어나지 않느냐는 것이다.

GCC는 이슬람 세계의 중심에 있다. 샤리아 법으로 통치되는 것을 자랑스럽게 여기는 사우디아라비아는 가장 신성한 두 곳의 성지를 지키고 있다. 그러므로 상업, 투자은행, 보험, 펀드 매니지먼트, 그리고 샤리아에 어긋나지 않는 증권인 수쿠크(sukuk)의 거래를 포함한 이슬람 금융 산업이 사우디아라비아를 중심삼고 빠른 속도로 확장 될 것으로 예상할 수 있다.

이슬람 투자은행은 GCC에서 일반 상업보다 발전이 덜 되어있지만 수쿠크 발행 등 최근 들어 눈에 띄게 성장하고 있다. GCC는 금융 분야에서 큰 성장을 이룩하고 있으며 아직 지속이 가능할지 확실히 알 수는 없지만 바레인은 이슬람 은행의 중심지가 되었다.

말레이시아와 같은 다른 나라들은 법안, 감세, 그리고 간접적인 정부보조를 통해 이슬람 금융을 키워왔다. 이란은 1983년 자국의 모든 은행 시스템을 샤리아에 어긋나지 않도록 바꾸는 법안을 마련했으며 이때까지는 GCC의 어느 국가도 이것을 시행하고 있지 않았다. 영국 정부도 런던을 이슬람 금융의 중심지로 삼으려 했는데 이는 이를 통해 런던에 새로운 일자리를 창출하고 영국에 사는 무슬림들에게 원한다면 이슬람 금융을 제한 없이 사용할 수 있다는 사실을 보여주기 위해서였다.

하지만 거의 모든 차원에서 GCC는 다른 경쟁 국가들보다 훨씬 더 앞서있다. GCC 국가들은 이란보다 세계적으로 샤리아를 따르는 금융 자산이 더 많으며 사우디아라비아는 이란의 이슬람 금융 규모가 국가적 차원으로 구축되어 있다는 사실에도 불구하고 이란을 넘어섰다. 또한 GCC 국가의 이슬람 은행들은 이란의 이슬람 은행들보다 상품 만드는데 더 혁신적이며 국내시장에 이미 존재하는 기존의 은행과 경쟁을 해야 한다는 점 때문에 고객이 원하는 서비스를 많이 가지고 있다. 이란의 은행은 국가의 소유이기 때문에 혁신적이라기보다는 관료주의적일 것으로 보인다.

은행 산업 외에도 GCC 국가들은 샤리아를 어기지 않는 뮤추얼 펀드와 타카풀(이슬람 보험)을 개발하는데 선두에 서있다. GCC 이슬람 금융기관들은 점점 국제적인 관점을 갖기 시작했다. 사우디아라비아 알 라즈히(Al Rajhi) 은행은 말레이시아에 법인회사를 만들었으며 19개의 지점을 지니고 있다. 쿠웨이트 파이낸스 하우스(Kuwait Finance House)는 터키로 확장하여 터키의 가장 큰 이슬람 은행이 되었고 쿠웨이트보다도 많은 88개의 지점을 소유하고 있다.

2006년 일반, 상업, 그리고 투자은행으로 시작한 쿠웨이트 파이낸스 하우스는 싱가포르와 멜보른에 지점을 열었다. 두바이 이슬람 은행(Dubai Islamic Bank)은 파키스탄에 지점을 여는 등 빠른 속도로 성장하고 있으며 수단에서는 카르툼 은행(Bank of Khartoum), 이집트에서는 세 개의 부동산 회사를 구입했다. 두바이 이슬람 은행은 또한 케이맨 아일랜드(Cayman Islands)에 기반을 둔 해외 부동산 투자회사와 바하마와 아일랜드에 있는 리스회사를 구입했으며 보스니아 국제 은행(Bosnia International Bank) 27.3%, 노든 사이프러스(Northern Cyprus)에 있는 한 은행 31%, 예멘의 사바 이슬람 은행(Saba Islamic Bank) 18.5%를 주식으로 소유하고 있다. 두바이 이슬람 은행은 터키, 레바논, 그리고 영국에 있는 부동산 회사의 43%를 주식으로 소유하고 있다.

현재 GCC 국가에서 이슬람 관점으로 보았을 때 문제가 될 만한 요소가 없는 새로운 이슬람식 자본주의가 발전되고 있다는 것은 매우 중요한 사실이다. 두바이 포츠 월드(Dubai Ports World)가 P&O 포츠(Ports)를 매입했을 때 들었던 자금도 수쿠크(이슬람 채권)를 통해 나온 자금이었다. 중동에서 비 석유 회사로서는 가장 큰 규모를 지녔으며 세계적으로는 다섯 번째로 큰 석유화학 회사인 사우디아라비아 기본산업기업(Saudi Arabia Basic Industries Corporation, SABIC) 역시 수쿠크의 발행을 통해 세계적으로 확장했다. 네덜란드의 겔리인(Geleen), 영국의 티사이드(Teesside), 그리고 독일의 겔센키르첸(Gelsenkirchen)에 생산시설을 매입함으로써 기본적인 석유화학 품에 대한 안전한 시장을 확보했다.

중동지역에서 이슬람 채권이 본격화 된 금융시장은 GCC이다. 막대한 석유수입으로 GCC지역은 석유재원의 운용확대에 따라서 금융

면에서도 제도적인 정비와 시장기능을 발달시켰다. 특히 UAE는 다른 걸프 산유국들보다 앞장서 금융의 하부구조를 조성하고 금융기술을 축적하였다.

GCC 내에서 샤리아에 어긋나지 않는 자산은 사우디아라비아, 쿠웨이트, UAE, 바레인, 그리고 카타르를 전부 합치면 2626억이라는 큰 규모를 지니고 있으며 이는 이란의 2353억 보다도 크다. 2007년 말, 샤리아에 어긋나지 않는 자산의 규모가 전 세계적으로 6400억 달러에 이르렀는데 이는 GCC 국가가 이중 41%를 차지했다는 결과가 된다. 비록 2007년에 이룬 굉장히 높은 성장수치는 급격히 상승한 석유와 가스 가격 때문에 GCC 국가의 수입이 급격히 증가했고 그로 인해 더 많은 경제활동이 가능했기 때문이다.

GCC내 이슬람 금융기관의 성과도 좋았으며 국가가 소유하는 이란의 이슬람 은행보다 훨씬 높은 이익을 남겼다. 알 라즈히 은행은 다른 이슬람 은행보다 월등히 높은 이윤을 남겼고 이는 투자되는 낮은 비용과 금융 산업을 통해 얻는 이윤 사이의 큰 차이 때문이기도 하다. 그러나 세계에서 가장 큰 10개의 이슬람 은행 중 6개가 이란 은행이며, 이란에는 7천만 명의 인구가 살고 있고 GCC 국가들보다 훨씬 더 많은 수의 고객을 유치하고 있으나 경제와 금융이 다른 국가보다 비교적 고립되어 있기 때문에 국제적인 이슬람 금융의 발전과 동떨어져 있다. 이와는 반대로 GCC 국가들은 훨씬 개방적이고 HSBC 아마나(Amanah) 그리고 이란 은행과 같은 국제 은행이 들어서있다.

GCC를 구성하는 국가들은 이자를 거래하는 은행에 대한 의심과 적대감을 가지고 있었다. 그러나 그 지역이 필요로 하는 금융 시스템에 적용될 수 있는 이슬람 은행의 모델이 없었고 이 공백은 현대식 은행으로 채워졌다.

Rank	Country	Assets (US$ billion)	Growth,2007 (%)
1	Iran	235.3	27.5
2	Saudi Arabia	92.0	26.1
3	Malaysia	67.1	32.3
4	Kuwait	63.1	44.3
5	Unaited Arab Emirates	49.1	35.9
6	Bahrain	37.4	42.8
7	Qatar	21.0	77.5
8	United Kingdom	18.1	60.7
9	Turkey	15.8	65.5
10	Pakistan	6.3	39.0

Source : The Banker, supplement on the Top 500 Islamic Financial Insitutions, October 2008, p.24. The data refers to December 2007

표5 국가별로 본 샤리아에 어긋나지 않는 자산규모

Rank	Country	Assets (US$ billion)	Growth,2007 (%)
1	Iran	235.3	27.5
2	Saudi Arabia	92.0	26.1
3	Malaysia	67.1	32.3
4	Kuwait	63.1	44.3
5	Unaited Arab Emirates	49.1	35.9
6	Bahrain	37.4	42.8
7	Qatar	21.0	77.5
8	United Kingdom	18.1	60.7
9	Turkey	15.8	65.5
10	Pakistan	6.3	39.0

Source : The Banker, supplement on the Top 500 Islamic Financial Insitutions, October 2008, p.24. The data refers to December 2007

표6 대규모 이슬람은행 자산 가치

1952년 사우디아라비아는 사우디 금융 기관(SAMA: Saudi Arabia Monetary Agency)을 만들었는데 이는 다른 국가의 중앙은행 제도와 비슷한 것이었고 다른 점이라면 "중앙은행"이란 이름 대신 "금융기관"이란 이름을 사용한 정도다. 오늘날까지 사우디아라비아의 은행을 규제하는 1966년 사우디아라비아 은행 조종법은 8항과 9항을 통해 샤리아에서 허락하지 않는 은행대출을 규제하고 10항은 무라바하(murabaha) 거래를 없애는 것으로 해석될 수 있는 은행의 소규모 및 대규모 거래를 금지한다. 1970년대 석유 붐이 시작되자 사우디아라비아는 왕국이 필요한 금융체계를 만족시킬 수 있는 은행 시스템을 만드는 것이었으나 SAMA는 민감한 샤리아 문제를 거의 언급하지 않았다. 그러나 이슬람 금융을 지지하는 운동이 국제적으로 일어나기 시작했고 이 현상은 특히 이슬람 발전은행(Islam Development Bank)가 생겨나면서 두드러지게 나타났다. 이 은행은 1975년 젯다에서 생겼고 은행의 목표는 이슬람 세계를 위한 발전기구의 역할을 하는 것이었다. 그러나 무함마드 빈 파이잘 왕자(Prince Mohammed bin Faisal)와 샤이크 살레 카멜(Sheikh Saleh Kamel)은 이슬람 은행을 설립하려고 했으나, 결국 이슬람 금융을 해외에 설립하기로 결심했다.

다른 GCC 국가의 정부들은 이슬람 은행을 만드는데 더 적극적인 태도를 보였다. 두바이 아미르(Amir)는 1975년 3월 12일 왕명을 발표해 두바이 이슬람 은행(Dubai Islamic Bank)를 만들었고 쿠웨이트는 1977년 3월 23일 법을 제정해 KFH의 창설을 허락했다. 그리고 20년동안 이 두 은행은 두 국가의 유일한 이슬람 은행으로 존재해왔다. 바레인과 카타르는 1979년, 1982년 이슬람 은행을 세워 그 뒤를 따랐다.

주변 국가에 이슬람 은행이 생겼음에도 불구하고 사우디아라비아 정부는 조심스러운 태도로 일관했다. 사우디아라비아는 오늘날 세계에서 가장 큰 이슬람 은행이 된 알 라즈히 은행(Al Rajhi Bank)에게 은행 허가증을 내주는 것도 꺼려했었다. 왜냐하면 이미 왕국에 존재하는 현대 서구식 은행들의 이자거래 문제를 수면 위로 꺼내는 효과를 가지고 올지도 모른다는 걱정 때문이었다. 알 라즈히 은행은 1987년이 되어서야 드디어 허가증을 받았는데 이는 은행에 이미 상당한 양의 예치금이 있었고 SAMA의 규제를 받겠다고 허락했기 때문이다. 알 라즈히 은행이 사우디아라비아에 생기자 오만을 제외한 5개의 GCC 국가에 이슬람 은행이 생겼다. 오만은 GCC 국가들 중에서 이슬람 금융이 가장 늦게 시작되었다.

그림30 젯다전경

시간이 지날수록 GCC 국가들은 이슬람 금융에 대한 더 많은 관심과 지지를 보내고 있으며 특히 1968년에 생긴 중앙 은행법 32(Central Bank Law 32)를 2004년에 개정한 쿠웨이트는 KFH를 쿠웨이트 중앙은행 밑에다 두기 시작했다. 이슬람 금융권 내에 경쟁을 가능하게 하기위해 생긴 새로운 법규 프레임이 생겼고 다른 은행도 이슬람식 은행영업을 할 수 있는 자격증을 받을 수 있게 됐다. 결과적으로 쿠웨이트 부동산 은행(Kuwait Real Estate Bank)은 쿠웨이트 국제 은행(Kuwait International Bank)으로 이름을 바꾸고 이슬람 은행으로 전환했다. 보비안 은행(Boubian Bank)이라는 새로운 이슬람 금융 기관이 이슬람식 은행 영업 자격증을 부여받았다. 이 법규의 조항들, 특히 86항, 87항, 93항, 그리고 96항은 이슬람 금융기관에 최소한 세 명의 임원으로 구성된 샤리아 의회가 있어야 한다고 규정했다.

쿠웨이트 법규는 비록 더 광범위한 은행법의 일부이긴 하지만 말레이시아의 이슬람 은행법보다 더 자세했다. 오만을 제외한 GCC 국가들은 이슬람 금융의 발전을 돕는 법규를 통과시켰고 특히 쿠웨이트는 이슬람 은행과 다른 국내 은행 사이에 건전한 경쟁이 존재할 수 있도록 법규를 고치고 신설했다. 이슬람 금융에 대한 바레인의 공식적 지지는 자세하게 이야기하지 않았으나 아직 법적인 효력보다는 규제에 더 가깝다.

이슬람 은행에 대한 법규에 대해 거의 이야기 하지 않고 그에 대한 법률도 거의 통과시키지 않는 사우디아라비아 내에 존재하는 뮤츄얼 펀드(Mutual fund)와 수쿠크는(Sukukm 이슬람 채권) 모두 샤리아를 따르고 있다. SAMA와 금융시장당국은 아직 이슬람 금융에 관한 단 한 장의 법률도 소개하지 않았으며 이는 말레이시아와 영국에 비해 매우 다른 현상이라고 볼 수 있다. SAMA는 쿠알라룸푸르에 기반을 둔 이슬람 금융 서비스 의회(Islamic Financial Services Board, IFSB)를 고려하는 과정에 있지만 이는 국내에 있는 이슬람 금융보다 해외에 존재하는 이슬람 금융을 발전시키려는 정책의 연장선으로 볼 수 있다.

이슬람금융은 오일 머니 축적 등으로 2000년대 들어 그 규모가 급증하고 이슬람 국가뿐만 아니라 비 이슬람 국가에도 적용 범위가 확대되는 등 급속한 성장을 하고 있다. GCC 국가들을 중심으로 오일머니가 축적되고, GCC 국가들이 경상수지 흑자를 기록하면서 대규모 오일머니가 형성되어 이슬람금융의 재원으로 사용되고 있어서 성장이 가능할 뿐만 아니라, 세계인구 약 67억 명 중 무슬림 인구는 약 16억 명으로 전체 인구의 24%를 차지하고 있는데, 무슬림들의 경제력 향상과 평균 인구증가율도 1.8%로 세계평균 1.1%보다 높은 수준이다.

따라서 무슬림이 세계 경제에 미치는 영향력이 확대될 것이다.

	2001	2002	2003	2004	2005	2006	2007	2008	2009	2010
바레인	2	-1	2	5	15	22	29	23	6	10
쿠웨이트	83	43	94	156	301	453	422	602	286	417
오만	19	14	5	11	52	57	25	50	-3	65
카타르	48	42	59	71	133	153	202	323	100	243
사우디아라비아	94	199	281	521	901	991	935	1,325	288	388
UAE	78	27	65	83	209	341	154	233	82	233
합계	324	244	506	847	1,611	2,017	1,767	2,556	699	1,355

자료: IMF, World Economic Outlook database, 2011.4

표7 GCC국가들의 경상수지 흑자 규모 추이

사우디아라비아 금융 현황

사우디아라비아의 은행 산업은 이익을 창출할 때 사우디아라비아 금융기구(SAMA)에 의해 강하게 규제받고 있다. 이슬람법에서는 이자가 불법이기 때문에 예금주에게 이자를 주지 않아도 된다는 이점이 있다. 석유를 통한 높은 수입과 함께 이런 요소는 최근 몇 년 동안 사우디 은행에 큰 이윤을 남겨 주고 있다.

2007년 사우디아라비아의 금융시스템은 11개의 시중은행, 6개의 특수 신용기관(펀드), 13개의 외국은행, 그리고 50개에 가까운 투자회사로 구성되어 있다. 사우디아라비아 은행들의 자산 합계는 약 2,400억 달러로 아라비아 반도의 다른 은행권들에 비해 큰 규모를 가지고 있다.

사우디아라비아를 대표하는 5대 금융 기관으로는 내셔날 상업은행(National Commercial Bank), 삼바 파이낸셜 그룹(Samba Financial Group), 알 라즈히 금융투자(Al Rajhi Banking and Investment Corp.), 리야드 은행(Riyadh Bank), 방크 사우디 프란시(Banque Saudi Fransi) 등이 있다. 사우디 내에 가장 큰 은행인 국립상업은행(National

Commercial Bank, NCB)은 사우디 정부가 조종하며 이슬람의 법에 따른다. 사우디아라비아는 최근이 되어서야 해외은행이 자국에 들어오는 것을 허락했다.

사우디 주식시장은 아랍권에서 가장 크며 2005년 회기년도에는 6천 5백억 미 달러의 가치를 지니고 있었다. 이는 전년보다 111%나 오른 것이었다. SAMA가 1990년 만든 주식시장은 1997년이 되어서야 GCC국가 외의 해외 투자자들에게 문을 열었다. 지난 몇 년 동안 주가가 폭발적으로 상승할 때마다 국민들의 관심과 참여가 상승했다. 주식, 채권, 뮤츄얼 펀드, IPO 등이 금융에 밝은 국민들에 의해 전략적인 투자로 인식되고 있다.

사우디아라비아는 GCC 6개국 중에서 가장 많은 2,800만의 인구를 갖고 있다. 하지만 사우디아라비아에는 시중은행이 11개 밖에 없으며, 이는 인구 비율로 볼 때 다른 나라에 비해 적은 숫자이다. 2007년 말 11개 시중 은행에 근무하는 직원 수는 3만 6,000명으로 한 은행 당 약 3,000명 남짓한 직원이 근무하고 있다. 2007년 기준으로 사우디아라비아의 은행들이 보유하고 있는 해외 자산은 370억 달러에 이르는 것으로 추산되고 있다.

사우디아라비아의 은행들은 국제화를 적극적으로 추진하고 있다. 이미 1976년에 사우디 국제 은행(Saudi International Bank)은 런던에 현지법인을 만들어 투자은행으로서 업무를 시작했다. 이 투자은행은 사우디아라비아통화당국(SAMA)이 50%, 내셔날 상업은행(NCB)과 리야드 은행(Riyadh Bank)이 각각 25%를 투자하여 설립한 것이다. 같은 해에 사우디아라비아는 파리에 100% 현지 투자 은행인 알 사우디 방크(Al Saudi Banque)를 설립하기도 했다. 은행업계의 개방을 적극적으로 추진하고 있는 사우디아라비아 통화당국은 현재 발급된 16개의 외국 은행 면허에 추가하여 수개의 면허를 더 추가 허용할 것을 고려하고 있다.

사우디아라비아에서는 특수 여신 기관들이 금융업에서 중요한 기능을 담당하고 있다. 이 기관들은 과거 한국의 국책은행들과 같이 단기, 중기, 장기의 프로젝트 파이낸싱을 담당한다. 대표적인 특수 여신 기관들로는 사우디아라비아 정부가 투자해 1974년에 설립한 사우디 산업 개발 펀드(Saudi Industrial Development Fund)를 비롯하여, 공공투자펀드(Public Investment Fund), 국립산업공사(National Industrial Corp.), 부동산개발펀드(Real Estate Development Fund), 사우디아라비안 농업은행(Saudi Arabian Agricultural Bank), 사우디크레딧은행(Saudi Credit Bank) 등이 있다.

사우디아라비아의 프로젝트 이슬람채권 발행은행들은 세계적인 금융위기로 인해 여러 다국적 은행의 융자 재원이 고갈될 수 있다는 우려로 재원을 다각화하려고 함에 따라 2011년 10월 첫 이슬람 채권인 수쿠크를 발행해 이 사업이 본격화되고 있다. 한편 사우디 아람코-토탈 정유화학회사는 2011년 10월 초 사우디 최초의 프로젝트 채권인 10억 달러 규모의 이슬람채권을 발행해 이러한 재정 조달 출처의 대안을 제시해줄 뿐 아니라 향후 이슬람채권 발행 시장을 확대하는 계기가 될 것으로 기대된다.

사우디아라비아 은행들이 2011년 상반기 중 순이익 160억 리알을 기록해 2010년 상반기 144억 리알의 순이익보다 10% 증가한 실적을 보였다. 삼바 은행(Samba)을 제외한 모든 사우디아라비아 국내은행들은 이 기간 중 순이익 증가를 기록한 반면 삼바 은행은

8% 순이익이 감소했다. 삼바 은행은 2011년 2분기 중 특수 서비스에 대한 수수료의 감소가 주요 요인이었던 것으로 분석되었다. 사우디 투자은행(Saudi Investment Bank)은 867%로 최고 성장률을 기록했으며 사우디 프란시 은행(Saudi Fransi Bank)이 1%로 가장 낮은 성장률을 기록했다. 자산 기준 사우디아라비아 최대 은행인 내셔널 커머셜 은행(National Commercial Bank)은 2사분기 순이익이 16% 증가했다고 발표했다. 2010년 2사분기 12억 리알의 순이익을 기록했던 이 은행은 2011년 동기 14억 리알의 순이익을 기록했다

각 은행의 성명발표에 따르면 이러한 순이익 증가는 영업비용의 감소, 은행 서비스 수수료 수입의 확대뿐 아니라 수입원의 다원화, 은행 서비스 및 투자 수입의 증가 등 다양한 요인이 기여한 것으로 파악된다.

사우디아라비아아의 이슬람 은행

1. 이슬람 개발은행 (Islamic Development Bank, IDB)은 1973년 12월 이슬람 국가 장관위원회의에서 설립을 인가받은 국제적인 이슬람 금융기관이다. 이슬람 개발은행은 이슬람국가뿐만 아니라 각국 내 무슬림 커뮤니티가 샤리아에 입각하여 금융거래를 추진할 수 있도록 하는데 의의를 두고 있다. 주된 업무로는 회원국의 경제, 사회적인 성장의 원동력이 될 금융적 지원뿐만 아니라 기업 및 프로젝트에 대한 자금 지원 등이 있으며, 샤리아를 준수하는 예금 거래와 자본 유치가 가능하다. 그리고 이슬람국가가 아닌 다른 나라의 무슬림 커뮤니티를 위한 특별기금 또는 신탁기금 조성과 같은 업무도 진행하고 있다.

이슬람 개발은행에는 현재 54개국이 회원으로 있다. 회원 자격 기준은 이슬람 회의기구(Organization of the Islamic Conference,

OIC)의 회원국이어야 하고 기부금 지불에 동의해야 하며 이슬람 개발은행의 규율조항을 따라야 한다.

이슬람 개발은행 본사는 사우디아라비아의 젯다에 위치하고 있다. 1994년에는 모로코의 라바트와 말레이시아의 쿠알라룸푸르에 각각 지사를 설립하였고, 1997년 7월에는 카자흐스탄의 알마티에 사무소가 설립되었다.

2. 이슬람 민간 부문 개발공사 (The Islamic Corporation for the Development of the Private Sector, ICD)는 1999년 11월 2일부터 3일까지 사우디아라비아의 젯다에서 개최된 제 24회 이슬람 개발은행 위원회의에서 인가를 받아 설립되었다. 젯다에 본부를 두고 있는 ICD는 운용자금 10억 달러(USD), 납입 자본 5000억 달러(USD)의 튼튼한 재무구조를 지닌 기관이다. 출자된 금액은 이슬람 개발은행이 50%, 회원 국가들이 30%, 그리고 회원국가의 공공금융기관들이 20%의 비율로 조성하였다. 다국적 독립 국제 금융기관인 ICD는 첫째, 민간부문을 중심으로 투자를 육성하고, 둘째, 민간 기업들이 이슬람금융의 도입을 준비함으로써 ICD회원국가의 이슬람 금융권의 성장에 이바지 하는데 설립의의를 두고 있다.

3. 알 라즈히 은행(Al Rajhi Bank)은 이슬람권 은행 중 최대의 자산 규모를 자랑한다. 사우디아라비아의 왕족이 아닌 사람 중에서 가장 부유한 것으로 알려진 Al Rajhi 일족이 최대 주주이다. 알 라즈히 은행의 전신은 1978년에 설립된 알 라즈히 무역과 외환 회사(Al Rajhi Trading and Exchange Corporation)로서 주로 은행과 무역 업무를 병행하고

있었다. 그 후 1990년대에 알 라즈히 은행과 투자 회사(Al-Rajhi Banking and Investment Corp)로 명칭이 바뀌었다가 2006년 2월 다시 알 라즈히 은행(Al-Rajhi Bank)으로 개명되어 오늘날에 이르고 있다.

그림31 라즈히은행

2009년 말 총자산 330억 달러(USD), 자본금 40억 달러(USD), 550개의 지점을 보유하고 있다. 자산 중 가장 많은 비중을 차지하고 있는 것은 할부판매금융(Installment Sale)으로 약 50%를 차지하고 있다. 알 라즈히 은행은 프로젝트 파이낸스 부문에서도 강점을 보이고 있다. 2005년 사우디아라비아 최초의 민간 발전 담수화 프로젝트인 쇼아이바 프로젝트(Shoaiba 3 IWPP)에 기간 20년의 이슬람 금융 방식 프로젝트 파이낸스를 제공하였다. 2007년에는 민간 발전 담수화 프로젝트인 마라피키 프로젝트(Marafiq IWPP)에 기간 22년 2억 달러(USD)의 이슬람 금융 방식 프로젝트 파이낸스를 제공하였다.

2006년 말레이시아에 이슬람 은행인 알 라즈히 은행 말레이시아(Al Rajhi Bank and Investment Crop Malaysia)를 설립하여 2011년 현재 23개의 지점을 두고 있다. 알 라즈히 은행 말레이시아는 예금, 자동차 금융 등의 금융 서비스를 제공하고 있다. 현지화에도 성공하여 이슬라믹 파이낸스 뉴스로부터 2009년 개인 부문 이슬람은행 최고상을 수상하였다. 한편 알 라즈히 은행은 2010년에 쿠웨이트 그리고 2011년에 요르단에 진출했다.

이슬람 금융관련 주요 기관

이슬람금융 서비스 위원회(International Financial Service Board: IFSB)는 2002년 11월 3일 이슬람국가들의 중앙은행, 통화기관, 감독기관들이 연합하여 설립되었다. 이슬람금융의 효율적인 감독과 연구를 위해서 설립되었으며, 193개 회원국이 참여하고 있다. 정회원 26개사, 준회원 22개사, 옵서버 145개국으로 구성되어 있으며, 우리나라도 금융감독위원회와 우리투자증권이 옵서버 회원으로 참여하고 있다.

국제 이슬람 금융시장(International Islam Financial Market: IIFM)는 2001년 11월 말레이시아, 인도네시아, 수단, 바레인, 이슬람개발은행(IDB) 등의 상호 협정에 의해 설립된 비영리기구이다. 이슬람금융기관들의 업무 활성화를 위해 이슬람금융상품 개발과 구조의 표준화를 담당하고 있다.

이슬람 금융기관 회계감사 기구(Accounting and Auditing Organization for Islamic Financial Institutions: AAOIFI)는 이슬람금융기관들에 대한 회계, 감사, 감독 기능을 담당하고 있다. 이슬람 금융 거래의 원칙인 샤리아의 표준을 정의하는 비영리기관이다. AAOIFI의 회원은 창립회원, 제휴회원, 감독규제기관을 대표하는 회원과 옵서버 회원 등으로 구성되어 있으며, 45개국에서 200개 기관이 회원으로 가입되어 있다.

국제이슬람평가기관 (International Islamic Rating Agency: IIRA)은 이슬람금융기관 및 이슬람금융상품에 대한 샤리아의 준수여부와 이슬람 의무 사항을 실천하고 있는지에 대해 독립적인 평가를 담당하고 있으며 여러 국가출신의 이슬람 학자 19명으로 구성된 샤리아 위원회를 설치하고 있다. 2006년 이후 샤리아 등급, 국가 등급, 신용 등급, 기업 관리 등급 등 4종류의 평가 등급 서비스를 수행하고 있으며, 평가 등급은 이슬람 금융상품의 투자여부 판단에 중요한 영향을 미치고 있다.

제3절 킹 압둘라 원자력 신재생 에너지 (King Abdullah City for Nucler and Renewable Energy)

석유수출국 기구 OPEC의 최대 생산국인 사우디아라비아는 증가하는 에너지 수요를 충족시킬 수 있을 정도의 전력을 생산하는 동시에, 공급할 수 있는 양의 가스를 확보하고 있지 못하기 때문에 발전소에서 원유와 정제된 석유 제품을 연료로 사용하고 있다. 국영 기업인 사우디 전기(Saudi Electricity Co: SECO)에 따르면 사우디아라비아는 전력 생산량의 약 절반을 액화 연료로부터 공급받고 그 나머지는 가스로 충당하고 있는 현실이다. 또한 사우디아라비아는 약 45,000 메가와트의 전력생산용량을 확보하고 있으며 최대 소비 기간에는 전력 수요가 그 수준에 육박하고 있다.

2011년 사우디아라비아의 에너지 수요는 국내생산의 61.9%를 차지하며 다원화된 산업 기반과 2032년까지 두 배로 증가할 것으로 예상되는 높은 인구성장률의 등의 주요 요인에 대비하기위해 2011년 4월, 수도 리야드(Riyadh)에서 개최된 한 회담에서 킹 압둘라 시티 원자력-재생에너지 사 (King Abdullah City for Atomic and Renewable Energy)의 칼리드 알 슐라이만 신재생 에너지 담당 부사장은 사우디아라비아는 향후 20년간 국내 전력 수요가 3배로 커질 전망이며 에너지 자원을 보다 지속가능한 방법으로 전환하기를 희망한다고 발표했다

2011년 11월 30일 카타르의 도하에서 석유광물 자원부(Ministry of Petroleum and Mineral Resources)의 칼리드 알 세나니 가스 공급 담당자는 사우디아라비아는 국내 수요를 충족시키는데 이미 하루 80만

배럴의 석유를 소비하고 있다고 전했다.

이와 같이 비용증가와 소비량의 증가로 인한 원자력과 신재생에너지의 개발이 시급한 시점에서 사우디아라비아는 원자력 에너지 프로그램을 고려하고 있다고 발표했다. 이 발표는 2010년 4월 압둘라 왕 에너지 및 재생에너지를 위한 도시건설(Establishment of King Abdullah City for Nucler and Renewable Energy)에 대한 왕명이 나온 이후 나온 것인데 이 왕명에 따르면 늘어나는 에너지 수요를 감당하고 염분이 제거된 물을 생산하며 줄어드는 탄화수소에 대한 의존을 줄이기 위해 반드시 원자력 에너지를 발전시켜야 한다고 했다.

원자력 에너지를 포함해 새로운 대체 에너지를 발전시키기 위해 설립된 KA-CARE는 원자력과 재생 에너지를 위한 국가정책을 만들고 실행한다.

KA-CARE의 주요목표는 다음과 같다.

- 원자력과 재생 에너지에 대한 국가정책을 제안하고 적용 계획 및 전략을 정하고 그에 필요한 규칙과 규제를 만든다.
- 과학 연구 프로그램을 활성화시키고 민간부분과 대학이 연구 프로젝트를 할 수 있도록 장려한다.
- 원자력과 재생 에너지 분야의 국내 전문가를 양성하기 위해 사우디아라비아 내에 장학금 및 훈련 프로그램을 만든다.
- 원자력과 재생 에너지 산업을 위한 규제를 만든다.
- 국제 원자력 안전기구(IAEA)와 같은 국제단체에서 사우디아라비아를 대표하고 협정을 맺는 책임기관으로서의 역할을 수행한다.

KA-CARE의 최고의회는 13명의 임원으로 구성되었고, 이들은 KA-

CARE의 발전을 책임지고 있으며 왕명에 따라 KA-CARE는 독립적인 연간 예산을 배정받으며 과학적인 활동을 위해 구입하는 기계와 장비에 대한 세금과 관세를 물지 않아도 된다.

사우디아라비아는 향후 20년간 3,000억 달러 이상을 투자하여 원자로 16기를 건설할 계획이라고 발표했다. 사우디아라비아 정부는 2011년 6월 말, 원자력 담수화 전문기술 보유국인 아르헨티나와 원자력 에너지 협력 협정을 체결했다고 발표했다. 아르헨티나의 원자력에너지위원회(Atomic Energy Commission)와 원자력기술업체인 INVAP는 사우디아라비아에게 필요한 소규모 전력생산과 해수 담수화 사업을 위한 간소화된 가압수형 원자로(pressurised water reactor) 설계기술을 제공한다고 전했다. 사우디는 우리나라와 원자력 협정을 체결한 26번째 국가이기도 하다.

KA-CARE 사업 계획에 따르면 원자력 발전소뿐 아니라 태양열과 풍력 발전도 미래의 에너지 자원에 포함된다. 태양열 에너지의 경우는 전력수요의 증가에 대응하고 원유 의존도를 낮추려고 하는 1000억 달러 규모의 신재생 에너지 사업의 일환으로 2020년까지 태양열 에너지가 사우디아라비아의 5기가 와트 이상 용량의 주요 대체 전력공급원이 될 전망이다.

사우디아라비아 정부는 수요 증가에 대응하기 위해 에너지 생산 용량을 향후 10년 동안 50% 확충하고자 태양열 발전과 기타 비탄화수소 연료를 전략적 선택으로 삼고 있다.

2011년 사우디아라비아의 국립 과학기술 연구소(King Abdul Al-Aziz City for Science and Technology: KACST)는 태양열 발전 기술개발을 총지휘하며 2012년까지 알 칼프지(Al-Khafji)에 세계 최대 규모의 태양열 발전 담수화 시설을 완공할 것을 목표로 하고 있다. 이 시설이 완공되면 하루 3만 입방미터의 신선한 물을 공급할 수 있으며 이 시설은 최첨단 신형 멤브레인 기술과 극초 집광형 태양광발전(Ultra-High Concentrator Photovoltaic: UHCPV) 기술을 사용하게 될 예정이다.

그림32 한- 사우디 원자력 협정 사진
김성한 외교통상부장관 아마니 원장

또한 사우디 정부는 세계 각국과 에너지 협력을 강화하고 있다. 2011년 10월 10일 일본의 유키오 에다노(Yukio Edano) 경제무역산업 장관은 사우디아라비아 정부와 신재생에너지와 에너지절약에 관련해서 양국 간 협력을 강화하기로 합의했고, 사우디아라비아의 알리 알 누아이미 석유부장관 등 여러 장관들과 함께 해수 담수화 사업 및 태양광 발전 분야의 연구 및 시험 사업에 있어서도 협력하기로 합의하였다.

사우디아라비아의 킹 압둘라 과학기술대(King Abdullah University of Science and Technology)는 캐나다 토론토 대학과 태양열 발전 기술 공동개발을 위한 협정을 체결했다. 토론토 대학의 에드워드 사전트(Edward Sargent) 박사가 개발한 양자 점 태양전지 기술을 활용하면 태양열을 효과적으로 전기에너지로 변환할 수 있기 때문이다.

2011년 8월 초 일본의 쇼와 쉘 석유 주식회사(Showa Shell Sekiyu KK)와 사우디 국영 전력회사인 사우디 전기회사(Saudi Electricity Co)는 사우디아라비아에 500 킬로와트(kW) 규모의 태양열 발전소의 가동을 시작했다고 발표했다.

사우디 전기회사의 아메르 알 스와하(Amer Al Swaha) IPP(Independent Power Producer) 프로젝트 총 책임자는 2011년 8월 말 사우디아라비아 남서지역의 파라산 섬에 위치한 이 시험 발전소의 전력 생산량이 최대 발전용량에 도달할 전망이라고 전했다. 그는 "현재 250 킬로와트의 발전용량을 가동 중이며 이달 중으로 250 킬로와트를 추가할 예정"이라면서 "이 섬의 최대 전력 수요량은 25 메가와트(MW) 이상으로 이 시험 발전소의 발전용량이 소규모이지만 이는 시작에 불과한 것으로 향후 검토를 거쳐 확장 여부를 결정할 것"이라고 설명했다.

그림33 킹 압둘라 과학기술대

세계 최대 석유수출국인 사우디아라비아는 원자력 발전과 신재생 에너지를 이용한 발전 시설에 투자함으로써 자국 내부의 화석연료 소비량을 축소하고 대신 수출에 집중할 계획인 것으로 알려져 있다.

파라산 섬의 발전소 사업은 이 섬의 전력 공급에 필요한 디젤 연료에 대한 의존도를 낮춰줄 수 있을 것으로 기대된다. 이 사업의 계약내용에 따르면 일본의 쇼와 쉘 석유 주식회사는 최대 15년 동안 발전 시설을 소유하게 되며 그 후 사우디 전기회사가 자산을 인수할 예정이라고 전했다.

2011년 9월 21일 사우디아라비아의 국영 전력회사인 사우디 전기(Saudi Electricity Co)는 사우디 국내 전력수요의 급증에 대응하기 위한 노력의 일환으로 4,000 메가와트(MW)급 가스 화력 발전소 건설 계약을 체결했다고 발표했다. 사우디 동부의 코바르 인근 지역에 건설 예정인 이 초대형 가스 발전소는 600 MCFD(일당 6억 입방피트)의 천연가스를 연료로 사용될 예정이다.

107억 리알(28억 5천만 달러) 규모의 발전소 건설 계약은 2개 발전소 건설을 골자로 사우디 아크와 전력사업(Saudi Acwa Power Projects)을 중심으로 하는 한 컨소시엄이 수주했으며 여기에는 한국의 삼성물산도 포함되어 있다고 전해진다. 코바르의 남부에 위치한 알 쿠라이야는 IPP 1과 IPP 2의 두 단계로 나뉘어 건설될 예정으로 이는 총 약 11,000 메가와트의 전력생산능력을 제공할 5개 계획 IPP 사업 중 세 번째에 해당한다고 알려져 있다.

제6장 아랍의 봄과 미디어의 영향

제6장. 아랍의 봄과 미디어의 영향

제1절 아랍의 봄과 사우디아라비아 상황

튀니지 발 민주화 시위로 인해 보수국가인 사우디아라비아에도 2011. 1. 28 금요 예배 이후 시위가 발생하여 50명이 연행되는 사건이 발생했다. 사우디 민주화시위의 주요 원인은 장기집권과 부정부패, 높은 실업률, 젊은 층의 증가, 종파간의 갈등이다.

사우디아라비아의 부패도는 세계 50위로 시위가 발생했던 튀니지, 이집트, 리비아, 시리아보다는 낮다.

사우디아라비아의 전체 인구 중 34세 이하 인구가 국민의 70%를 차지하고 있고, 실업자 수가 45만명에 이르며 20~24세 청년 실업률은 40%에 이른다. 그리고 사우디아라비아의 지정학적인 위치는 동쪽으로 바레인, 남쪽으로 예멘과 마주하고 있어 종파간의 문제도 포함하고 있다. 왕가에 대한 불만 세력은 주로 쉬아파이기 때문에 바레인의 반정부 세력인 쉬아파로부터 영향을 받을 가능성이 높고, 사우디 전역으로 그 영향력이 확대될 가능성이 있기 때문에 바레인의 움직임은 사우디아라비아 정부에게는 중요하다. 사우디아라비아의 높은 실업률, 부패도, 종파 간 문제로 인해 민주화 시위가 확대될 가능성은 높지만,

오일머니가 완충 작용을 하고 있다.

예멘 민주화시위의 반정부 세력인 후티족이 쉬아파이기 때문에 인접국인 사우디아라비아에 영향을 미칠 것이다. 예멘의 쉬아파 세력 확장은 이란의 쉬아파 영향력 확대로 이어지고 결국, 사우디 안보에 위협요인이 된다. 또한 이슬람 극단세력인 알카에다가 힘을 얻을 경우 사우디 안보에 위협요인으로 작용할 수 있다.

바레인의 경우, 2011년 2월에 바레인 수도 마나마에서 시위대가 권력을 독점하고 있는 순니파에 대한 불만을 표출했다. 3월 14일에는 바레인 국왕이 GCC회원국인 사우디아라비아와 아랍 에미리트에 도움을 요청했다. 다음날, 사우디를 주축으로 GCC군이 바레인으로 투입되었고, 바레인 정부가 국가비상사태를 선포했다. 그러한 조치에 이란 정부는 바레인에 대한 군사적 개입은 용납할 수 없는 일이라고 성명 발표했다. 바레인 국민의 다수는 약 70%를 차지하고 있는 쉬아파인데 반해 집권세력은 소수인 순니파이다. 그러한 관계로 인구의 다수인 쉬아파는 정권운영에서 배제되고 차별을 받아왔다. 지정학적으로 바레인은 순니파 사우디와 쉬아파 이란의 국경을 접하고 있어 쉬아파 - 순니파 간의 완충지대 역할을 했다. 그러므로 바레인의 쉬아파의 변화에 따라서 사우디의 외교 안보에 큰 영향을 미칠 가능성이 높다. 사우디아라비아 입장에서는 바레인과 예멘으로 인한 쉬아파의 움직임, 그리고 이란의 반응이 가장 중요하다.

Rank	REGIONAL RANK	CONTRY / TERRITORY	CPI 2010 SCORE	90% CONFIDENCE INTERVAL		SURVEYS USED
				LOWER BOUND	UPPER BOUNCD	
19	1	Qatar	7.7	6.6	8.6	7
28	2	UAE	6.3	5.4	7.3	5
30	3	Isarael	6.1	5.7	6.6	6
41	4	Oman	5.3	4.1	6.4	5
48	5	Bahrain	4.9	4.1	5.7	5
50	6	Jordan	4.7	4.0	5.5	7
50	6	Saudi Arabia	4.7	3.3	6.0	5
54	8	Kuwait	4.5	3.3	5.9	5
59	9	Tunisia	4.3	3.0	5.6	6
85	10	Morocco	3.4	2.9	3.9	6
91	11	Djibouti	3.2	2.1	4.7	3
98	12	Egypt	3.1	2.9	3.4	6
105	13	Algeria	2.9	2.6	3.2	6
127	14	Lebanon	2.5	2.0	2.9	4
127	14	Syria	2.5	2.1	2.8	5
146	16	Iran	2.2	1.6	3.1	4
146	16	Libya	2.2	2.0	2.4	6
146	16	Yemen	2.2	2.0	2.5	4
175	19	Iraq	1.5	1.2	1.9	3

표8 부패도

제2절 민주화 이후 정책

아랍권의 반정부 민주화 시위의 물결이 사우디아라비아에도 확산될 것을 우려한 사우디 정부는 취업 기회와 민주화 요구에 대응하여 두 차례의 대규모 지출 계획을 발표했다. 사우디 정부는 2011년 2월 23일 360억 달러 규모의 지출 계획을 발표한 후 3월에는 670억 달러 규모의 주택 건설 계획을 포함한 각종 지출 계획을 발표했다.

특히 사우디정부는 실업난 대책에 심혈을 기울였다. 왜냐하면 2011년 초 다른 아랍국가인 튀니지와 이집트에서 발생한 민주화 시위를 직접 눈으로 보고, 대규모 실업자가 존재한다는 것이 사회의 불안요소가 된다는 것을 절감했기 때문이다. 이와 관련하여 국제노동기구(ILO)에 따르면 사우디아라비아의 실업률은 중동지역에서는 이라크에 이어 2번째로 높으며, 이는 정세불안 현상이 보이는 튀니지, 이집트, 레바논, 요르단을 상회한다. 사우디아라비아는 총 인구의 50%가 21세 미만의 젊은 층으로 구성되어 있으며, 청년층의 실업률이 높아 사회불안 요소로 작용하고 있다. 공식 실업률은 12% 이지만 실제로는 15~20%를 훨씬 상회할 것으로 추정된다. 이 중 약 28%는 여성이며, 40%는 고등학교 졸업자에 해당한다. 사우디아라비아는 부국이지만 낙후된 학교 교육체제가 민간 업체들이 요구하는 역량을 강화하는 대신 종교와 아랍어에 치중하고 있어 실업률이 크게 증가한다.

사우디아라비아는 지난 1994년 민간 업체의 자국민 고용률 쿼터를 의무화하는 사우디인화 계획을 시작했음에도 불구하고 사우디아라비아의 민간 부문 전체 인력 중 사우디아라비아 국민은 10%에 불과하다. 사우디아라비아 정부는 2005년에 자국민 의무고용비율을 75%로 높이는 등 산업인력 자국화 정책을 시행하고 있으나, 인구증가율이 연평균 2.5%를 상회하고, 민간 부문 업체들은 아시아 내 다른 국가 근로자들이 더 오랜 시간 동안 더 낮은 급여를 받고 일하려고 하기 때문에 이들을 고용하거나 외국인 전문가를 고용하려고 한다. 사우디아라비아에는 약 800만 명의 외국인 근로자가 체류하며 연간 270억 달러를 자국으로 송금한다. 2010년 송금액은 262억 달러(2005년에 비해 두 배 증가)이며 이중 파키스탄 19억 달러, 필리핀 15억 달러, 이집트 10억 달러 등이다.

사우디아라비아 정부가 추진 중인 니타카트(Nitaqat)프로그램은 기업의 사우디 국민 고용 율에 따라 각 기업을 "녹색(green)", "황색(yellow)", "적색(red)"세 종류의 등급으로 분류 중인 것으로 알려져 있다.

2011년 6월 중순 사우디아라비아 노동부(Ministry of Labour)는 이 프로그램의 첫 단계로서 노동부 웹사이트에 사우디아라비아에 등록된 80만 개 기업이 사우디 국민 고용 할당량을 충족시키는지 공개했다. 노동부에 따르면, 대부분의 기업은 녹색으로 분류되지만, 자국민 고용비율이 20%인 기업은 최저 순위인 적색이다.

황색 등급으로 분류된 기업들은 외국인 근로자의 취업비자를 6년 만료 시 연장할 수 없게 되며, 적색 등급 기업들은 외국인 근로자의 비자 연장을 전면 제한 받는 것으로 알려져 있다. 할당량을 충족한 녹색 등급 기업들에게는 외국인 근로자 비자발급 절차를 우선 처리해주고 사우디 자국민에게 우선권이 부여되는 직종의 일자리에 외국인 근로자의 취업을 허가해주는 등 다양한 혜택을 부여한다고 설명하고 있다.

사우디아라비아는 국내 의료시설의 간호사 인력을 자국민 출신 간호사로 대체하겠다고 발표했다. 이로 인한 외국인 출신 간호 업무에 종사하고 있는 근로자들의 실업 위기가 전망된다. 2011년 9월 13일 사우디 일간지 사우디 가제트(Saudi Gazette)는 사우디 보건부를 통해 10년 만료인 취업 일정을 마친 외국인 출신 간호사 고용계약을 일제히 종료할 계획이라고 했다.

그러나 사우디 보건부는 혈액 투석(hemodialysis), 응급실, ICU 등에서 근무 중인 간호사 인력은 계속 유지할 계획이라고 했고, 사우디 국내 인구 저밀도 지역에 소재한 일차 보건센터에서 근무 중인 간호 인력 역시 적정 대체 인력으로 투입 가능한 사우디 국민이 확보되기 전까지는 유지할 것이라고 언급했다.

사우디아라비아의 간호 직종은 필리핀 출신 간호사들이 대부분을 차지하고 있으며 2011년 현재 약 133,000명의 필리핀인 간호 인력이 사우디 국영 및 민간 병원 곳곳에서 근무 중이며 이들 외국인 출신 간호사들은 순차적으로 자국민으로 대체될 것이다.

2011년 6월 말 사우디아라비아의 노동부는 인도네시아와 필리핀 두 나라의 사우디아라비아 국내 가정부에 대한 비자 발급 업무를 중단하기로 발표했다. 사우디아라비아의 이러한 제한조치는 사우디 노동부가 자국 국민의 취업 기회를 확장하려는 적극적인 노력과 맞물리는 것이라고 사우디 관영통신의 소식통이 설명하고 있다. 약 600만 명에 달하는 인도네시아 출신 해외 근로자 중 사우디아라비아에 150만 명이 체류 중이며 이 중 대부분은 여성이다.

사우디 정부가 추진하는 노동인력 자국화 계획이 예정대로 시행될 경우 사우디아라비아 내 근로 중인 필리핀인들이 카타르로 이주할 가능성이 높다고 크레센트 릴라시온(Crescente Relacion) 주 카타르 필리핀 대사가 언급했다. 사우디아라비아는 현재 걸프 지역 최대의 필리핀인 고용 국가로 최대 140만 명의 필리핀 외국인 근로자들이 사우디아라비아에서 엔지니어링, 기술, 관리직 등 여러 중간 레벨의 직종에 종사하고 있다.

사우디아라비아의 교육부는 교육 여건 개선을 위한 노력의 일환으로 320억 리알(85억 달러)을 투자하여 사우디 내 4,000개 학교를 신설할 계획이라고 발표했다고 2011년 9월 11일에 보도되었다.

2011년 9월까지 총 600개 학교가 신설되었으며 1,200개 학교를 대상으로 한 수리 공사가 완료되었고, 사우디 교육부 대변인에 따르면 2011년 회계연도 동안 7,700명의 신임 교사 채용을 위한 예산을 배정했다고 언급했다.

사우디아라비아의 압둘라 빈 압둘 아지즈 국왕은 2005년부터 사우디 국내 국립 학교와 대학 개선 사업을 개시하였고 이는 이슬람교 성직자들의 학교 교육에 대한 영향력을 견제하는 한편 석유 중심의 경제 구조를 다원화 구조로 개선하려는 개혁안의 일환으로 추진된 것으로 알려져 있다.

2011년 아랍 뉴스는 사우디 당국이 교육개선사업에 총 1,500억 리알을 배정했으며 52,000개의 신규 일자리 창출을 계획 중이라고 보도했다. 또한 9월 11일자 사우디 가제트(Saudi Gazette)誌는 33,000개 학교가 5백만 명의 학생들에게 학업을 위한 예비 과정 프로그램을 제공할 계획이라고 보도했다.

관광객 유치로 인한 일자리 창출도 가능하다. 사우디 관광유적 위원회(Saudi Commission for Tourism & Antiquities: SCTA)의 보고서에 따르면 2010년 사우디아라비아를 방문한 관광객은 총 2,270만 명이며, 이들이 80억 달러 이상을 지출했다.

사우디 관광유적 위원회의 통계를 담당하는 관광 정보 연구조사(Tourism Information and Research) 부가 작성한 보고서에 의하면 사우디아라비아 관광산업이 창출한 일자리는 2010년 총 491,750개를 돌파해 1년 전인 2009년에 비해 2.7% 증가한 것으로 나타난다. 또한 관광산업에 종사하는 사우디아라비아 국적을 소지한 국민의 숫자는 128,000명으로 증가해 전체 고용된 인구의 약 26%를 차지한다.

2011년 6월 초 라비그(Rabigh)의 킹 압둘라 경제도시(King Abdullah Economic City)에 150억 사우디 리얄 규모의 라즈히(Rajhi) 철강 복합단지의 준공식이 개최되었으며 신규 완공 예정인 라즈히 철강 복합단지는 킹 압둘라 경제도시의 산업 단지 내 400만 평의 부지에 건설될 예정으로 여기에는 연산 180만 톤 용량의 환원철 공장(Direct Reduction Iron Plant) 등 다수의 공장도 수용할 계획이며 이를 통해 1,500개의 직접 고용과 3,000개의 간접 고용을 통한 일자리를 창출할 것으로 예상된다.

그러나 이러한 정책을 추진하는 데는 문제점 또한 많이 나타나고 있다. 사우디아라비아의 고용정책이 성공하기 위해서는 국내 사우디 국민 고용에 관한 국민들의 잘못된 인식부터 바꿔야 한다.

사우디아라비아 노동부는 정부가 추진 중인 민간 부분의 자국민 우선 고용정책의 실패가 "전통적인 인식"에 근거한 것이라고 지적하면서 "민간 부문에서 고용 중인 전체 근로자 중 사우디 국민의 숫자는 현재 얼마 안 되지만, 이들의 성공사례를 통해 고용시장을 보다 사우디 국민에게 친화적으로 개선하고 지속성장 가능한 경제개발을 달성할 수 있도록 지원하는 긍정적인 미래를 위한 청신호로 해석할 수 있다"고 언급했다.

이어서 사우디 국민 사이에 근로 문화를 확산시키고 생산 효율성을 증대하는 한편 각종 개발 사업에 대한 참여도를 늘리는 등 노동시장의 사우디 화 사업과 관련한 다양한 환경조성을 구축할 필요성을 강조했고, 선입견을 갖고 사우디 국민을 대하는 고용주들의 인식이 사우디 화 사업의 최대 장애요소 중 하나라고 지적 하면서 이러한 선입견이 고용주와 사우디 국민 근로자 사이에 반목현상을 초래하고 있다고 언급했다.

노동부 장관은 또한 고용 시장의 잘못된 인식과 선입견을 바로 잡기 위한 캠페인을 시작할 계획이라고 언급한 바 있다고 이 신문은 전했고, 사우디 노동부의 이 캠페인은 고용주, 인사 담당자, 취업을 희망하는 사우디 국민 세 그룹을 상대로 전개될 것이라고 전해진다.

이 캠페인의 목표는 사우디 국민을 상대로 고용주의 만족도를 높일 수 있도록 직업 역량과 기술을 강화하고 생산성을 향상시키는 것이라고 설명한다. 또한, 경제전문가들은 자국민화 프로그램으로 인한 경제악화를 우려하고 있다. 사우디아라비아의 경제전문가인 압둘하미드 알아므리(Abdulhamid Alamri)는 "사우디아라비아 노동부가 이 프로그램을 강행할 경우, 향후 3년 이내에 210개 업체가 폐업하게 될 것으로 예상한다."면서 그 부정적 요인으로서 다음의 몇 가지를 제시 하였다. 우선적으로 업체 규모가 클수록 높은 사우디화가 요구된다. 또한 이 신규 프로그램의 결과로 각 업체가 취업을 꺼리는 사우디아라비아 자국민을 고용하기 위해 외국인에게 지불해야 하는 임금에 비해 높은 임금을 지불함으로써 인플레이션을 가속화시킬 수 있다.

또한 기업이 고용하려고 해도 요구되는 능력과 전문성을 갖춘 자국민을 쉽게 찾을 수 없다는 문제점이 있다. 사회가 필요로 하고 있는 것은 이공계나 의약계, 경제계, 법학계 출신의 인재인데 사우디아라비아 학생의 대부분은 문학이나 역사 등 인문계를 선택 전공하고 있다. 사우디아라비아 국내 대학의 2009년 졸업생의 41%가 인문계였다. 또한, 교과 과정의 60%이상이 이슬람 관련 교육에 편중되어 있어 전문 인력이 부족하다. 지금까지 기업은 외국인을 고용함으로써 필요한 자리를 채워 왔는데 자국민의 전공분야를 생각하면 향후 자국민으로 대치할 경우 필요한 인재를 충분히 얻는 것이 쉽지 않다.

사우디아라비아 국민 중 일부는 생산라인 일자리에서 근무하고 있지만 많은 사우디아라비아 국민들은 저임금 일자리나 옥외 근무시간이 많은 일자리를 여전히 거부하고 있어 주요 기업들은 외국인 노동력에 의존할 수밖에 없다고 지적한다. 델타 마케팅 컴퍼니(Delta Marketing Company)의 하산 알이레자(Hassan Alireza) 대표는 "특히 유통과 같은 일부 일자리의 경우, 사우디아라비아 국민을 고용하기 어렵다. 우리 회사도 이를 시도한 바 있지만 사우디아라비아 국민에게 육체노동을 시키는 것이 불가능에 가깝기 때문에 실패했다. 이 정책을 강행하려고 시도할 경우 큰 어려움이 불가피하며 일부 업체들은 폐업해야 할 위험이 있다"고 언급했다.

또 다른 사우디 사회 내에서의 문제는 주택문제이다. 2011년 3월 발표된 왕령에는 사우디아라비아의 주택난을 해소하기 위해 총 2500억 사우디 리알을 투자해 50만 세대에게 저가 주택을 공급하는 내용이 포함되어 있다. 사우디아라비아 공공주택공사(General Housing Authority)는 사우디아라비아 여러 지역에 총 15,000 세대를 건설하는 35개 프로젝트를 개시했다. 알 두와이히 주택부 장관은 매우 신속하게 이 주택 건설 프로젝트를 통한 첫 공급 세대를 인도할 것 이라고 언급했다.

그러나 사우디아라비아 정부가 주택 공급량을 확대하고는 있으나 사우디아라비아의 주택 수요로 인해 부동산 자산의 시세가 상반기 중 거의 60% 상승했다. 사우디 프란시 은행(Banque Saudi Fransi)의 상반기 부동산 리뷰에 따르면, 북부 리야드(North Riyadh)의 일부 지역에 위치한 소형 빌라의 호가가 2010년 같은 기간에 비해 59.4% 증가했다고 전하며, 2011년 3월 사우디아라비아가 수요 증가를 충족시키려면 2015년까지 165만 세대의 신규 주택을 공급해야 할 것이라고 언급한 바 있다.

또한 아랍 최대 경제국가인 사우디아라비아가 급속한 인구 증가와 외국인 근로자의 유입으로 인해 대규모 주택난에 직면했다면서 보고서를 통해 "민간 및 공공 부문의 주택 개발사들은 향후 6년 동안 2015년까지 총 165만 세대의 주택을 지으려면 연간 275,000 세대의 주택을 건설해야 할 것으로 예측된다."고 분석했다.

사우디아라비아 인구의 4분의 1을 차지하는 수도 리야드에서는 도시 내 소형 빌라의 시세가 2010년 하반기 이후 평균 11.5% 올랐다. 반면에 리야드 내 아파트 가격도 상승했지만 상승폭은 훨씬 낮은 것으로 파악된다. 또한 정부는 최저 임금을 인상하고 경찰 6만 명을 증원시켜 실업난을 해소 하겠다는 정책을 내 놓았다.

제3절 미디어의 영향

라디오

1998년 통계에 의하면 43개의 AM 채널, 31개의 FM 채널이 있고 1997년에는 630만 명의 사우디 인들이 라디오를 소유한 것으로 집계되었다.

텔레비젼

현재 사우디아라비아에는 두 개의 텔레비전 채널이 있는데 하나는 영어고 하나는 아랍어로 나온다. 117개의 송신국이 있어 국가 전체에서 수신 가능하다. 2000년 조사에 의하면 570만 명의 사우디 인들이 텔레비전을 지니고 있다고 한다.

사우디아라비아 내의 라디오와 텔레비전 회사는 정부가 소유하고 운영한다. 돼지고기, 기독교나 다른 종교, 술, 그리고 섹스처럼 이슬람의 기준에 맞지 않는 것으로 생각되는 것은 다루어지지 않는다. 하지만 사우디 국민들은 과거에 금지당한 텔레비전 프로그램을 갈수록 더 많이 볼 수 있게 되었다. 인권에 대한 미국 주정부 연간 보고서에 따르면 수백만명의 사우디 인들은 위성 접시가 있어 외국 텔레비전을 시청할 수 있다.

전화

전화 시스템은 지금도 확장되고 있다. 국내선은 마이크로웨이브 라디오, 케이블, 파이버 케이블 등이 있다. 7개의 "지구 스테이션"이 인텔스텟 위성 시스템과 연결되어 이를 통해 사우디 인들은 200개가 넘는 국가에 직접 전화를 걸 수 있다. 2002년 통계에 의하면 사우디아라비아는 1000명마다 151개의 주 전화 회선을 지니고 있었다.

핸드폰

핸드폰은 지난 10년 동안 폭발적으로 증가해 왔다. 2004년에만 900만명의 사우디 인들이 핸드폰을 소유한 것으로 조사됐다.

2011년 7월 사우디아라비아의 사우디 텔레콤(Saudi Telecom Company), 모빌리(Mobily), 자인 사우디(Zain Saudi) 3개 이통사가 휴대폰 번호이동 제를 개시하기로 합의했다. 여기에는 포팅(porting)이라고도 알려진 휴대폰 번호이동제의 순조로운 운영을 위한 여러 가지 조항이 포함되어 있다. 이로 인해 사우디아라비아는 중동 북아프리카 및 이슬람 국가 전체에서 최초로 번호이동 제를 실시하는 나라가 되었다.

사우디아라비아의 통신 업체들은 2009년에 비해 13%가 증가해서, 2010년 750억 리얄 (미화 199억 달러)의 수익을 얻은 것으로 조사되었다. 사우디 통신정보기술위원회(Communication and Information Technology Commission)는 외국인 투자가 2010년 145억 사우디 리얄을 기록했고, 그 결과 통신업체들의 수익이 증가했다고 발표했다. 2007년의 경우 외국인 투자는 4억 5500만 리얄에 불과했었던 것을 고려할 때 수익 량이 급증한 것을 알 수 있다.

사우디 통신업체들은 이동통신 분야에서 수익의 75%정도 차지하고, 전화와 데이터 서비스는 대략 25% 정도를 차지한다. 사우디 텔레콤은 2011년 1분기에 순수익이 예상치보다 11% 감소했다. 2010년 1/4분기 순이익은 17억 7200만 달러였으나, 2011년 1/4분기 순이익은 4억

1950만 달러로 떨어졌다. 이와 같은 감소는 2011년 초부터 시작된 중동의 민주화 시위 확산을 막기 위해 압둘라 국왕이 사원들에게 보너스 지급을 명했기 때문이다.

사우디아라비아에서 두 번째로 큰 이동통신업체인 에티하드 에티살라트(Etihad Etisalat)社는 2011년 1사분기 순이익이 2억 6600만 달러로 전년대비 40% 증가했다고 발표했다.

인터넷

2000년대 초부터 개인 컴퓨터의 사용 역시 빠르게 증가하고 있다. 인터넷 서비스가 사우디아라비아에 처음 들어온 것은 1999년이다. 정부 서버를 통해 인터넷이 들어오기 때문에 다른 산업과 마찬가지로 인터넷 역시 정부가 기술 및 경제적 발전을 도모하고 있다. 인터넷 사용자의 수는 2003년에서 2005년에 거의 두 배 가까이 뛰어 250만까지 늘어났다.

2010년 6월 사우디아라비아의 인터넷 사용자는, 9,800,000명으로, 전체 인구의 38.1%를 차지한다.

	2000	2003	2005	2007	2009	2010
Users	200,000	1,500,000	2,540,000	4,700,000	7,761,800	9,800,000
Population	21.624.422	21,711,609	23,595,634	24,069,943	28,686,633	25,731,776
% Pop	0.9%	6.9%	10.8%	19.5%	27.1%	38.1%
Usage Source	ITU	ITU	C+I+A	ITU	ITU	ITU

표9 인터넷 사용자 증가

2010년 5월, 중동과 북아프리카에서 페이스북을 접속하는 사용자는 1천 5백만명에 달한다. 그중 70%가 이집트, 모로코, 사우디아라비아, 튀니지, 그리고 UAE 사용자다. 북 아프리카 사용자가 51%, GCC 국가 사용자가 34%를 차지하며 레반트와 이라크가

14%다. GCC 국가에서 접속하는 사용자는 대부분 사우디아라비아가 2,267,060명으로, 45% UAE가 31%를 차지한다.

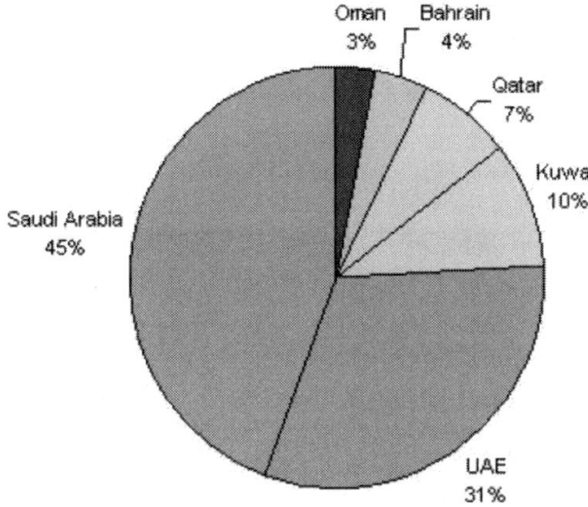

표10 GCC내 페이스북 사용자

사우디아라비아의 페이스북 커뮤니티는 중동-북아프리카 지역에서 가장 빠르게 성장하고 있으며 2009년 3월 아랍어 서비스가 시작된 이후 110만 명이 사용하고 있다. 페이스북을 사용하는 사우디 인의 수는 최근 세배나 급증했다. 영어 사용자는 49%이고, 아랍어 사용자는 48.8%로 비슷한 수준이다.

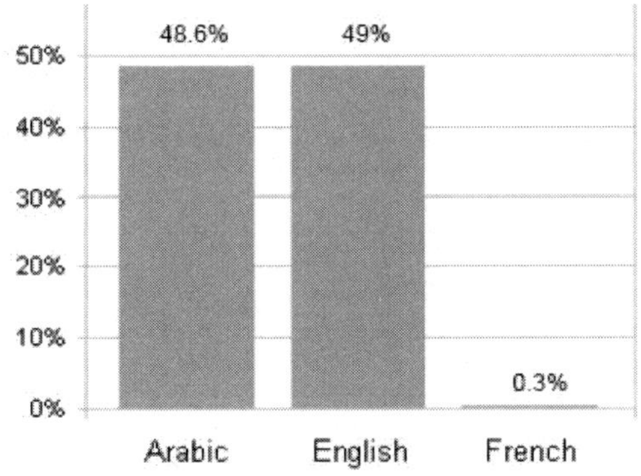

표11 사우디아라비아 페이스북 사용자 언어선택 비율

연령별로 분류해 보면, 사우디아라비아의 페이스북 사용자들 대부분은 10대에서 30대 초반까지이다. 가장 사용량이 많은 연령대는, 19세에서 24세 까지가 전체의 30%를 차지하고 있다.

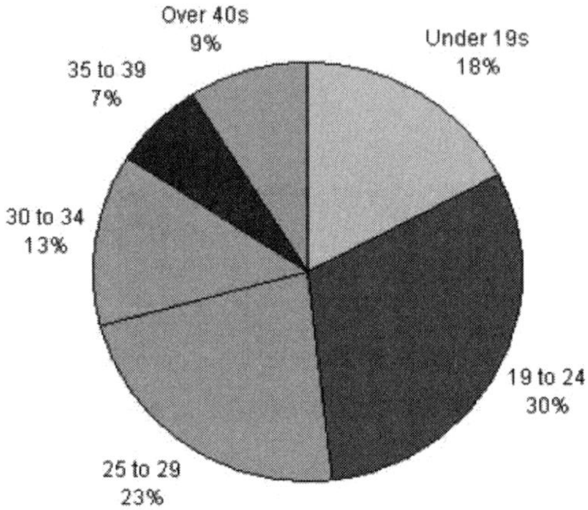

표12 사우디아라비아 연령별 페이스북 사용자

중동민주화 바람 이후, 2011년 6월에는 인터넷 사용자가 11,4000,000명으로 증가하면서 총 인구의 43.6%가 인터넷을 사용하고 있다.

Country	Population (2011 Est.)	Users, in Dec/2000	Internet Usage, Latest Data	% Population (Penetration)	Users % Region	Facebook Subscribers
Bahrain	1,214,705	40,000	649,300	53.5%	0.9%	287.020
Iran	77,891,220	250,000	36,500,000	46.9%	50.3%	n/a
Iraq	30,399,572	12,500	860,400	2.8%	1.2%	860.400
Israel	7,473,052	1,270,000	5,263,146	70.4%	7.3%	3,422,680
Jordan	6,508,271	127,300	1,741,900	26.8%	2.4%	1,675,78
Kuwait	2,595,628	150,000	1,100,000	42.4%	1.5%	822,640
Lebanon	4,143,101	300,000	1,201,820	29.0%	1.7%	1,201,820
Oman	3,027,959	90,000	1,465,000	48.4%	2.0%	285,080
Palestine(West Bk.)	2,568,555	35,000	1,379.000	53.7%	1.9%	599,520
Qatar	848,016	30,000	563,800	66.5%	0.8%	245,580
Saudi Arabia	26,131,703	200,000	11,400,000	43.6%	15.7%	4,034,740
Syria	22,517,750	30,000	4,469,000	19.8%	6.2%	n/a
UAE	5,148,664	735,000	3,555,100	69.0%	4.9%	2,340,880
Yemen	24,133,492	15,000	2,349,000	9.7%	3.2%	329,040
Gaza Strip	1,657,155	n/a	n/a	n/a	n/a	n/a
TOTAL	216,258,843	3,284,800	72,497,466	33.5%	100.0%	16,125,180

표13 중동 인터넷 사용자와 인구통계

소셜 미디어의 영향

소셜 미디어의 영향은 사우디아라비아에서도 여지없이 드러난다. 수백만의 사우디의 젊은이들은 페이스북(Facebook)과 트위터(Twitter)를 통해 튀니지의 민주화 시위와 이집트의 시위를 접하고 있다. 사우디아라비아는 여전히 국내 미디어를 제어할 수 있지만, 소셜 미디어인 페이스북, 트위터, 유튜브 등 국제뉴스를 차단하기는 어려운 실정이다.

이러한 상황에서, 사우디 정부는 2011년 1월 전자매체에 대한 새로운 규정을 발표했다. 모든 인터넷 사용자는 이슬람에 대한 비판이나, 정부에 대한 비판이 금지되었다. 그러나 이러한 제재는 인터넷 사용자들의 반발을 더 촉진하는 촉매제 역할을 할 가능성이 있다

당시 왕이었던 사우디아라비아의 압둘라 왕은 새로운 미디어 규제를 부과하고, 국가 안보를 위협하는 조직을 폐쇄하고 벌금령을 내릴수 있는 법령을 발표했다. 위반자는 500,000리얄(13만 3천 달러, 90,000유로)의 벌금령에 처해진다. 이러한 법령제정은 튀니지, 이집트, 리비아 등 중동 민주화의 영향으로 사우디아라비아 내 에서 일어날 수 있는 시위를 진압하고, 국가의 안보를 위협하는 요소를 제거하기 위함이다.

그러나 카타르 알 자지라 방송으로 인해서 사우디아라비아 인들뿐만 아니라 아랍 대중들에게 민주화 시위에 대한 뉴스를 쉽게 접근할 수 있게 되었고, 페이스북, 트위터, 유튜브 등 소셜 네트워크의 확산으로 아랍인들 간의 소통이 가능하게 되었다.

제4절 페미니즘

사우디아라비아 사회에서의 여성의 역할

사우디아라비아의 여성에 대한 입장은 사우디 내,외에서 확연한 차이가 있다. 사우디 정부에 따르면, 이슬람 사회, 그리고 사우디아라비아 반도에서의 여성의 역할은 서양 여성이 지닌 역할과 매우 다르다는 것이다. 그러나 무슬림 여성이 교육받지 못하고 아무런 권리와 기회도 주어지지 않는다는 것은 물론 아니다.

꾸란(Quran)에서는 서양 여성 보다 훨씬 이전에 무슬림 여성들에게 경제 및 사회적 권리를 부여해주었다. 이슬람이 시작될 때부터 여성은 합법적으로 재산을 물려받거나 물려줄 수 있게 되었고 결혼한 뒤에도 자신의 이름으로 재산을 소유할 수 있었으며 남편이나 그의 가족에게 재산을 주도록 강요받지 않아도 되었다. 이슬람에 의하여 여성은 가족을 구성할 책임을 갖고 또한 그 가족 속에서 중요한 위치를 얻게 되었다.

사우디아라비아의 여성은 가족 내에서 대단히 중요한 위치를 지니고 있지만, 사우디아라비아 여성의 역할이 가족에만 국한되어 있다고 보아서는 안된다. 사우디아라비아가 발전함에 따라 여성은 교육과 취업에 있어 점차적으로 기회를 갖게 되었다. 1960년 (1379/80AH), 사우디아라비아 정부는 소녀들을 위한 국가 교육 정책을 시행했다. 1970년대 중순 (1390s AH), 사우디아라비아 국적의 소녀 중 절반이 학교에 다녔고, 5년 후 모든 사우디 소녀들이 교육을 받을 수 있었다.

그러나 UN 세계 보고서에는 사우디 내에서 여성에 대한 차별이 존재하고 권리가 열악한 상황으로 보고되고 있다. 이 보고서에 의하면 사우디아라비아는 여성 자신이 스스로 결정해야하는 권리마저도 남성 보호자에게 결정권을 갖도록 해줌으로써 여성을 법적 소수로 취급하고 있으며 이러한 남성 보호자 제도를 없애겠다는 2009년 UN 인권의회에서의 사우디 정부의 약속이 지켜지지 않고 있다는 것이다. 보고된 사례 중에는 다음과 같은 것들이 있다.

2009년 10월 이후 내무부 장관은 이혼한 43살의 여성 심장병 전문의에게 남성 보호자의 승인이 없다며 새로운 여권 발급을 거부했다. 2010년, 미국과 사우디 이중국적을 지니고 주로 미국에 사는 성인 여성의 삼촌과 남성 보호자들은 그녀가 사우디 여권을 갖는 것을 허락하지 않았다. 5월, 캐나다와 인도 이중국적을 지닌 23살 여성의 인도인 아버지는 그녀의 약혼자를 못마땅하게 여겨 자신의 딸을 2007년 사우디아라비아로 유인한 후 출국을 허락하지 않았다가 뒤늦게 그녀의 출국을 허락했다.

40살의 여성 의사는 아버지가 자신의 결혼을 반대하고 재산을 모두 압수해가자 보호자로서의 자격을 박탈하려고 법원에 신청했으나 기각 당했다. 그녀는 지금 여성을 위한 보호소에서 생활하고 있다. 버라이다와 리야드에서 각각 살고 있는 전혀 관련이 없는 두 여성은 자신들의 보호자인 오빠 때문에 의지와 상관없이 돈을 위해서 다섯 명의 남자와 결혼을 강요당했다. 2010년 1월 카심 법원은 남성 보호자가 없이 법원에 나타난 죄에 대한 벌로서 사우산 살림에게 채찍을 300번 맞는 형벌을 내렸다. 사우디 인권 의회(Saudi Human Rights Commission)는 이런 여성들을 도우라는 인권 감시기구(Human Rights Watch)의 서면을 통한 요구를 무시했다. 리야드에 사는 여성은 사우디 의회에 연락해봤으나 도와주지 않았다고 한다.

사우디아라비아는 모든 공공장소에서 남녀 분리정책을 시행한다. 2010년 3월 부즈 & 컴퍼니(Booz & Company)의 조사에 따르면 여성 취업률은 14.4%를 차지하고 이는 1992년에 비해 세배 늘어난 것이다. 여성은 판사와 검사가 될 수 없다. 여성 변호사들이 법원에서 일하는 것을 허용한다는 사법부장관의 약속은 아직 지켜지지 않고 있다.

사우디아라비아는 GCC 국가 중에서 가장 큰 국가이며 2009년 7월 조사에 의하면 2천 8백만 명이 거주한다. 전체 인구에서 45%는 여성이며 이중 56.5%가 대학졸업이다. 이는 남성의 43.5%보다 더 많은 수치이다. 그러나 이중 15%의 여성만이 직장을 가지고 있다. 이러한 불균형은 사우디 사회발전에 큰 걸림돌이 되고 있다. 대학을 졸업하는 여성의 수는 늘어나고 있는 반면에 취업처는 한정되어 있어 구직 여성들은 바레인, 쿠웨이트, 카타르와 같은 주변 GCC 국가로 가서 일을 찾는다. 이런 현상이 지속된다면 사우디아라비아의 사회발전에 부정적 영향을 미칠 것이다. 그러므로 이를 해결하기 위해서는 여성들이 일자리를 찾을 수 있게 해주어 그들의 노동력을 사용할 수 있는 방법을 강구해야 한다.

사우디아라비아는 지난 10여 년 동안 교육에 많은 투자를 했으며 그로 인해 현재 학생의 수가 많이 증가하였다. 또한 여성들이 동등한 수준의 교육을 받을 수 있도록 노력하고 있다. 그와 동시에 사우디 정부는 여성이 일할 수 있는 직장의 수를 2011년 10.3%에서 2024년까지 30%로 늘려갈 계획이다. 또한 2024년까지 노동인구가 2.8% 상승할 것으로 보이므로 더 많은 일이 필요할 것으로 보인다. 그러므로 재택근무도 인력시장에 존재하는 양극화를 줄일 수 있는 좋은 방법이 될 수 있다.

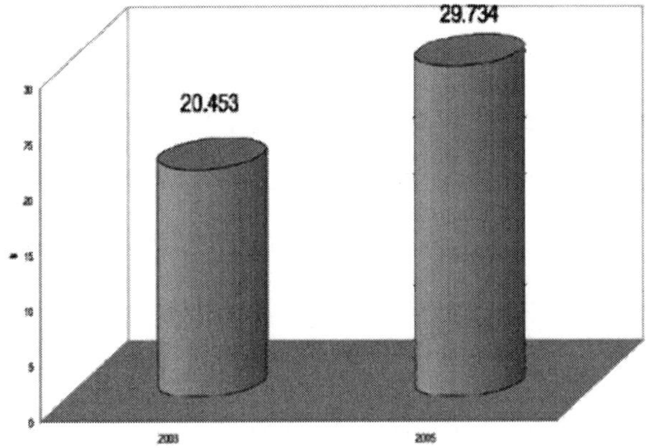

표14 사우디아라비아 여성 사업소유

대학 졸업생의 66%가 여성인 것을 감안할 때 여성에게 취업기회를 늘려주는 것은 매우 중요한 현안이다. 그러나 남성과 여성을 함께 있지 못하게 하는 정부 규제, 얼굴을 베일로 가리게 한다든가 여성에게 운전 허용 금지 등은 여성의 사회진출에 걸림돌이 되고 있다.

그럼에도 불구하고 점차 여성의 사회진출을 도와주는 프로그램이 나타나고 있다. 술탄 빈 압둘아지즈(Sultan Bin Abdul Al-Aziz) 왕자 펀드는 사우디 경제활동에 여성을 참여 시키려는 노력을 하고 있으며 아자(Azzah) 이니시어티브는 여성들의 재택근무를 격려함으로써 더 많은 여성들이 경제활동에 참여할 수 있도록 노력하고 있다.

이런 프로그램들은 여성들의 경제활동 참여부분에서 현재 사우디 내에 존재하는 진보적인 사고를 보여주고 있다. 2005년 조사에 의하면 사우디아라비아의 사업 중 30%는 여성의 소유라고 알려져 있다. 이는 지난 2년 동안 10%나 상승한 것이다. 여성의 지위가 발전하고 있기 때문에 재택근무를 독려하는 사우디 정부의 정책은 경제성장과 사회적 안정에 기여할 것으로 보인다.

2011년 9월 말 국왕은 사우디 여성이 향후 지방의회 선거에서 투표를 할 수 있을 뿐 아니라 선거후보로 나설 수도 있게 되며 국왕 직속 정책자문기구인 슈라 최고회의에도 참여할 수 있게 된다고 발표했다. 이는 사우디 사회에서 광범위한 정치사회적 영향력을 행사하고 있는 최고 성직자들과 협의를 마쳤다고 언급한 바 있다.

보수적 성향을 보이는 사우디아라비아 성직자들은 국왕의 개혁성향에 대해 불만이 큰 것으로 알려져 있고 한 고위 성직자는 지난 2009년 첫 선을 보인 남녀공학 대학교의 설립을 비판하고 즉각 직위에서 물러난 바 있다.

특히 여성의 권리는 민감한 사안으로 광범위한 사우디 보수층이 강경하게 반대해왔으며 2011년 여성에게 참정권을 허락한 것도 일종의 기습적인 발표였던 것으로 알려져 있다. 사우디아라비아의 여성들은 법적으로 미성년자 대우를 받고 있으며 공식적으로 보호자로 인정받을 수 있는 남성 보호자의 허가 없이 여행과 취업을 할 수 없을 뿐 아니라 특정 수술조차 할 수 없으며 운전을 할 수 있는 권리도 없다. 2011년 초 여성에게 운전할 수 있는 권리를 보장해달라는 캠페인이 있었지만 일부 남성들은 공공장소에서 운전을 하는 여성들에 대해 반대 의사를 표명했다.

사우디 여성들은 노동시장에서도 소외 받고 있다. 현재 사우디 여성들이 직업을 구하기 위해서는 남편이나 친척 중 남성으로부터 허락을 구해야 한다. 전체 고용인력 중 불과 15%만이 여성으로 이는 곧 막대한 근로인력을 활용하지 못하고 있는 것임을 의미한다.

여성이 차지할 수 있는 일자리 역시 교사, 간호사, 가정부 등 극소수

몇 종의 직종에 제한되어 있다는 사실 역시 중대한 과제로 남아 있다. 물론 지난 10여 년 동안 직업을 가진 여성의 인구가 3배 증가한 것도 사실이지만 이 수치는 전체 인구 대비 극소수에 불과하다. 수많은 사우디 여성이 고학력을 자랑하지만 이 중 3분의 2가 졸업 후 무직으로 남아 있을 뿐 아니라 여성 중 56%가 대학 졸업을 하는 현실에서 전체 고용 여성 중 10%만이 고등 교육을 받지 않았거나 대학 학위가 없는 것으로 확인된다.

한편 사우디 직장여성의 대다수인 95%가 공공부문에 취업 중이며 전체 정부 공무원 중 30%가 여성인 것으로 알려져 있다. 대부분 민간 기업이나 은행에 해당하는 민간 부문에 고용된 여성의 수는 지난 2년 동안 27% 증가했지만 이는 전체 여성 인구의 5%에 불과하다. 전체적으로는 무직 여성의 78%가 대졸 이상의 고학력자인 상황이므로 잠재적으로 엄청난 인적자원을 활용하지 못하고 있다고 분석할 수 있다.

지적 자산을 활용하고 있지 못하다는 사실 외에도 사우디아라비아의 여성들은 상당한 금융자산을 소유하고 있다. 이들 여성들은 사우디 국내기업 지분의 12%, 대형 제조업체 지분의 16%를 소유하고 있으며 38,000명의 사우디 여성 자신들이 사업주일 뿐 아니라 총 119억 달러에 달하는 현금을 보유하고 있다. 하지만 이 모든 금융자산을 갖고 있음에도 사우디 여성들은 어떤 사업거래를 실행하더라도 남성 보호자의 허락을 받아야 하기 때문에 큰 효과를 보고 있지 못한 것으로 파악된다.

그러나 민주화 이후에 여성문제에 대해서도 변화가 일어나고 있지만 사우디 여성 모두가 급격한 변화를 지지하는 것은 아니라는 점도 인식해야한다. 현재 사우디에는 이렇다 할 조직적인 페미니즘 운동이 존재하지 않는다. 사우디의 여성들은 관습적으로 복종할 것을 배우며 이런 성장과정이 페미니즘 운동을 더욱 힘들게 만든 것이다.

사우디 여성들은 20세기 까지만 해도 가부장적이며 남성주의적인 사회에 적응하고 그것을 인정하고 살았다. 1980년대 상류층 여성들이 해외에서 교육을 받은 것이 여성 교육의 시작이지만, 현재 그 수치는 크게 늘어 사우디아라비아 대학의 학생 중 60%가 여성이다. 고등교육을 받은 여성이 많아짐에 따라 여성의 권위에 대한 목소리도 같이 높아졌다. 하지만 보수적인 환경에서 자란 어머니 세대의 여성들은 새롭게 도래한 젊은 페미니스트들과 의견을 달리한다. 이런 의견의 충돌 때문에 사우디 여성들은 한 목소리를 내지 못하고 있다. 또한 교육을 받은 여성들, 시골에서 농사를 짓는 커뮤니티에 사는 여성들, 도시의 여성들 간의 생각과 인식이 다르다.

공공장소에서 시위를 하는 것은 이유를 막론하고 사우디에서는 불법이기 때문에 특히 여성들에게는 활발한 페미니즘 운동을 하는 것이 대단히 어렵다. 사우디 남성들은 여성들의 권위가 올라가면 이혼률이 높아지고 사회가 성적으로 문란해질 것이라고 걱정한다. 또한 미국 영화와 텔레비전 프로그램들이 사우디 여성들에게 부정적인 영향을 미치고 있다고 주장한다.

많은 아랍 여성들이 서양 언론에게 도움을 요청하고 있으나 서양식 페미니즘의 정의를 거부하는 사우디 페미니스트들도 존재한다. 사우디 페미니스트들은 서양식 페미니즘을 이용해 사우디의 여성인권신장을 요구하지 않을 것이다. 왜냐하면 종교 보수 세력으로부터의 반발이 너무나도 심해 결국 여성의 권리를 사우디 사회 내에서 되찾는데 걸림돌이 될 것이기 때문이다. 그럼에도 불구하고 사우디 여성들은 서양의 페미니즘 운동으로부터 단체 활동을 배우고 종교 또는 문화에 어긋나지 않으면서 직장을 구하거나 교육을 받을 수 있는 방법을 배울 수 있다.

그러나 아직 이슬람 페미니스트 운동은 넘어야할 걸림돌이 많다. 특히 사우디 페미니즘을 반대하는 사람들이 바로 여성들이라는 사실 때문에 더욱 그렇다. 또한 여성의 권리를 찾는 것에 비판적인 사람들은 여성의 권위를 찾는 것을 서구식 진보주의와 엮어 사우디 여성들이 사회에서 역할 하는 것을 막으려 하기도 한다.

사우디의 이슬람 페미니스트들이 지닌 또 한 가지 문제는 바로 이슬람에서 허락하는 여성의 권위를 어떻게 해석하느냐이다. 진보적인 해석을 하면 여성의 권위는 크게 확대될 수 있겠지만 여성의 권위를 제한하기 위해 보수적인 해석을 원하는 사람들도 많다. 결국 모두의 권리를 지키기 위해선 종교권과 사법권을 떼어놓고 생각하는 수밖에 없다고 말하는 사람도 있다.

어떤 페미니스트들은 샤리아에 나오는 여성의 권위에 대한 해석이 시대에 따라 변화해야 한다고 말한다. 예를 들어 남성이 여성의 보호자가 되어야 하는 것은 21세기에는 맞지 않는다고 한다. 미래의 여성운동은 이 보호자라는 개념이 여성의 여행을 제한하기 때문에 앞으로 더욱 힘들 수도 있다.

사우디 여성들은 정부, 사법권, 비즈니스에서 지도자의 역할을 얻어내야 하며 동시에 이슬람 가치에 너무나 반대되는 사항 즉 여성이 기도를 인도하고 무프티도 될 수 있어야 한다는 몇몇 이슬람 페미니스트들의 목소리를 무시해야 한다. 왜냐하면 정부 요직에 있는 남성의 협조가 없다면, 그리고 종교와 문화에 있어 남자들과 똑같은 목소리를 내는, 히잡을 쓰는 젊은 여성들이 없다면 사우디의 페미니스트 운동은 결코 성공하지 못할 것이기 때문이다.

그림32 사우디아라비아의 여성

제7장 한-사우디 미래협력

제1절 한-사우디 경제 협력 현황
제2절 한-사우디 미래협력 방안

제7장 한-사우디 미래협력

제1절 한 - 사우디 경제 협력 현황

한국과 사우디아라비아는 1962년 10월 16일에 정식 외교관계를 수립하였으며, 1973년 7월에는 주(駐)사우디아라비아 상주 대사관이 개설되고 1975년 4월에는 서울에 사우디아라비아 대사관이 설치되었다. 이를 계기로 양국은 정치 · 경제 · 문화의 각 분야에 걸쳐 선린외교정책이 강화되었다. 석유파동 이후 사우디아라비아는 기술인력 부족과 사회간접자본 미비가 경제개발에 가장 큰 장애요인이 되어, 한국은 기획전문가 · 의료단 · 어업기술자 등을 파견하여 기술협력을 제공하였다.

또한 사회간접자본 개발에 일익을 담당, 도로 · 항만 등의 건설계약 실적이 1978년까지 100억 달러를 상회하였으며, 한국 총 건설 수출의 80% 이상이라는 절대적 비중을 차지하고 있다. 건설공사 수주(受注) 규모도 단일공사가 10억 달러를 상회하는 등 대형화하고 있으며, 시멘트공장, 담수화(淡水化)공장, 석유화학공장 등의 대형 플랜트를 건설하는 등 건설공사 유형이 기술 집약적으로 고도화되어 있다.

2011념 기준으로 사우디아라비아에 거주하고 있는 우리나라의 교민은 2800명으로 추정되며, 국내 기업은 104개 업체가 진출해 있는 상황이다. 상사 9개사, 건설업체는 대기업 11개사, 중소기업 60개사 및 하청기업 18개사 등 총 95개 업체이다.

2015년 사망한 압둘라 국왕은 취임 이후 대미 의존도를 줄이기 위하여 동방정책을 적극 추진하여 한국, 일본, 중국을 포함한 아시아 국가들과도 경제를 포함한 다양한 분야에서의 협력관계를 더욱 강화해 나갔다. 한-사우디 간 체결된 협정은 다음과 같다.

1974년 경제기술협력협정이 처음 성사되었고, 그 이후 문화협정이 1974년, 항공협정 1976년, 항공운수소득면세협정 1990, 교육교류약정 1997, 투자보장협정 2002, 이중과세방지협정 2007, 고등교육협력MOU 2007년에 이루어 졌다.

교역규모는 우리나라 수출이 4,557달러로서(2010) 자동차, 산업기계, 가전, 철강, 타이어 등이 주 수출품이며 우리나라 수입은 26,820달러로서(2010) 광물성원료(원유, 나프타, LPG), 석유화학제품 등이 주 수입품이다.

2009년 기준, 사우디아라비아의 주요 수출국 및 수출점유율은 일본 15.1%, 미국 11.9%, 중국 11.2%, 한국 9.5%, 인도 7.3%로 한국이 4위이다. 주요 수입국 및 수입 점유율은 미국14.2%, 중국11.3%, 독일 8.0%, 일본 7.6% 한국 4.4% 프랑스 4.0%로 한국이 5위이다.

2010년 한-사우디간의 교역량은 전년대비 33%증가한 314억 달러를 기록하였다. 2009년 하락했던 교역의 원인은 글로벌 경제 위기였고, 2010년 다시 회복하였다. 수출은 18.2%증가하여 약 46억불을 기록했고, 수입은 역대 최고치였던 2008년의 80%를 달성하였다.

우리나라의 대 사우디 투자는 1970년대 중동 건설 붐에 따라

1980년대 중반 까지 매우 활성화 되었으나, 중동 건설 붐이 사라진 80년대 후반부터는 급격히 감소하였으며, 고유가에 따른 경기활성화 영향으로 2006년 이후부터 다시 크게 증가하였다. 2010년 기준 우리기업의 건설수주액은 105억불이다.

수출입은행 통계에 의하면 2010년 기준 한국의 사우디 투자는 총 233건 1억 5200 만 불을 기록하였고, 2011년 6월 말까지 266건, 20, 843만 달러를 기록하고 있다. 사우디의 대한 투자 2009년 말 기준 45건 5억 1900만 달러이다.

2011년 9월말 기준 사우디 투자 신고건수는 33건, 신규법인 수는 13건, 투자금액은 56백만 불을 기록했다. 신규법인수의 경우 2010년 전체 실적과 동일하며, 투자금액은 2010년 전체 실적의 2배 이상인 124% 증가한 상황으로, 사우디 경기 활성화 및 우리 기업들의 프로젝트 수주 확대 등으로 인하여 우리기업들의 사우디 진출도 크게 확대되고 있음을 알 수 있다.

	2008		2009		2010	
	금액	증감율	금액	증감율	금액	증감율
총교역	39,034	55	23,594	-39.6	31.377	33
수출	5,243	30.5	3,857	-26.6	4,556	18.2
수입	33,781	59.6	19,737	-41.6	26,820	35.9
수지	-28,528	-66.5	-15,880	-44.3	-22,263	40.2

(단위 : 백만 달러, %)

표15 한-사우디 교역 동향

	~ 2005	2006	2007	2008	2009	2010
신고건수(건)	94	12	25	24	34	44
	94	106	131	155	189	233
신규법인수(건)	57	7	18	12	21	13
	57	64	82	92	115	128
투자금액($천)	59,609	6,751	4,727	6,977	49,113	25,056
	59,607	65,559	65,559	77,263	126,376	152,223

자료: 한국수출입은행, 사우디 투자청 SAGIA(2010년 기준) (단위 : 천 US$)

표16 우리기업의 대 사우디 투자 현황

10대 한국 투자기업 현황은 다음과 같다.

	한국투자업체명	현지법인명	업종	품목	투자액 ($천)	투자비율 (%)
2009	SK건설	Al Oula SK Engineering Construction	건설업	건축, 통신공사	5,333	-
2006	LG전자	LG - Shaker Co. Ltd.	제조업	에어컨	4,853	49
1979	현대건설(주)	Hyundai MEED(Middle East Engineering & Development) co.	건설업	건설, 플랜트	2,667	49
1981	GS건설(주)	GS Construction Arabia Co.	건설업	건설, 플랜트	2,133	49
1974	대림산업	Daelim Saudi Aravia co. Ltd.	건설업	건설, 플랜트	1,333	50
2003	(주)재일엔테크	Cheil Chemical Plant Co.	제조업	석유화학플랜트	933	50
2000	삼성엔지니어링	Samsung Saudi Aravia Ltd.	건설업	하수처리용약제	800	100
2008	삼성동관	SAKO Industrial Co., Ltd.	제조업	에어컨 부품	700	-
2006	한화건설	Hanwha Saudi Contracting Co.	건설업	석유화학 플랜트	660	95
2005	두산중공업	Branch office of Doosan Heavy Industries & Construction	건설업	담수플랜트	533	100
2002	태창전업(주)	Taechang Electric Construction Co., Ltd	건설업	전기공사, 통신공사	533	100
2005	삼흥정보통신	Shamhung Information Comm Co. Ltd.	통신업	기타전기통신업	353	100

자료: 한국수출입은행, 무역관 실사종합

표17 10대 한국 투자기업 현황

또한 사우디를 포함한 걸프협력회의(GCC)는 EU, 중국, 일본 등 주요 경쟁국과 FTA협상을 진행하고 있어 한국과의 FTA 체결도 현안사항 중의 하나이다. 한국은 2007년 3월 노무현대통령 순방 시 GCC와 FTA협상을 추진하기로 발표한 바 있으며, 2008년 7월 서울에서 제 1차 본회의 협상을 실시하였다. 이후 2차 본 협상이 2009년 3월 리야드에서 개최된 바 있고 3차 협상은 7월에 서울에서 개최되었다. 이후 2010년 3월 GCC차원에서 FTA에 대해 재검토를 하는 분위기여서 잠시 답보 상태에 있다.

제2절 한 - 사우디 미래 협력 방안

사우디 정권은 왕정체제이며 정권을 형성하는 지도층들은 비교적 안정적인 것으로 보인다. 그들은 변화하는 환경에 잘 적응했고 오늘날까지 권력을 유지하고 있다. 지도층이 가지고 있는 한 가지 속성은 바로 그들이 사우디 토종들로 구성되어 있다는 사실이다. 이런 속성은 지배적 부족의 모습을 하고 있는 수많은 알 사우드 가문의 구성원들로 설명될 수 있다. 알 사우드 가문의 이런 성공은 그들이 권력을 얻는데 있어 다른 부족을 억압하지 않고 그들의 충성을 얻기 위해 정치적, 군사적 이해를 도모하는데 있다고 볼 수 있다. 성공의 또 다른 이유는 알 사우드 가문의 안정에 대한 노력과 더욱 높은 삶의 질에 대한 관심이라고 볼 수 있다. 알 사우드 가문은 지도층으로 격상한 보수 세력들과 혁명 세력, 반 근대화 세력 사이의 조심스러운 균형을 유지시켰다.

외부 전문가들과 사우디 관료들에 따르면 사우디 내에서 정책이 이루어지는 과정은 왕족과 왕족의 가까운 동맹들이 원하는 당장의 필요성을 채우기 위해 있는 것이 아니라 핵심적인 그룹들 사이의 동의를 구하고 그것을 유지하는 데 있다고 한다.

즉 사우디왕실의 최대관심사는 왕권의 유지이다. 왕권유지에는 여러 부분들이 관련되어있으나 그중에서도 가장 직접적인 경호와 군인들의 중요성은 더할 나위 없다. 그러므로 우리는 이 부분의 교류를 고려해야 한다. 이 경우도 그동안에 해왔던 것처럼 선진국에 비해 경쟁력이 없는 무기판매에 집중하는 것을 지양하고 왕실보호에 일차적인 책임이 있는 경호요원들과 내셔널 가드 요원들에 대한 훈련을 위한 교류와 스킨쉽을 강화해야 한다. 이 방법을 통해 사우디 왕실과의 친선관계를 강화할 수 있을 것이다.

금융부분에 있어 사우디아라비아의 지도층들은 석유를 수출하는 다른 아랍권의 왕족들과 마찬가지로 국제 사회에 있어 금융을 지배하는 집단이 되었다. 사우디 엘리트들이 미국과 서유럽의 채권, 그리고 은행에 투자한 방대한 양의 자금은 국제 금융 시스템에 있어 그들을 영향력 있는 인사들로 만들었다.

이슬람금융 서비스 위원회(IFSB)에 따르면 2008년 말 기준 이슬람 금융시장 규모는 1조 달러에 이른다. 연평균 15% 안팎의 빠른 성장세를 보이고 있다. 뿐만 아니라 고유가로 인해 벌어 모은 오일머니로 인한 중동지역 국부펀드 규모만 보더라도 엄청나다는 것을 가늠할 수 있다. GCC 지역의 국부펀드가 전 세계 국부펀드 자산의 70%를 점유하고 있기 때문이다. 이것은 전 세계 국부펀드 자산 약 2조 3천억 달러 중 GCC지역 보유액이 1조 6천억 달러로 추정된다는 것을 의미한다.

그러므로 이슬람 금융 분야에서 가장 큰 손인 사우디와 금융교류를 강화한다면 다음의 장점을 취할 수 있다

첫째, 조달 금리가 다소 낮고, 일반적으로 장기자금(기본 5년)으로서 차입비용의 절감 가능하므로 국내기업의 차입여건 개선

둘째, 우리나라는 중동국가와의 경제적 교류가 매우 활발해지고 있으며, 일부 중동국가의 경우 여유자금 투자처로 한국을 선호하는 경향이 있으므로 이슬람 지역의 풍부한 투자자금 활용 가능

셋째, 1997년 IMF 외환위기, 2008년 글로벌금융위기를 경험한 우리나라는 미국·유럽에 치우쳐 있는 외화자금 차입 선을 이슬람 지역까지 다변화하여 대외부문 충격으로 인한 위험을 분산시켜

대외채무의 안정화와 구조개선 가능.

사우디 내에서 아직까지는 지도계층과 새롭게 부상하는 부르주아 사이의 마찰에 대한 정보는 존재하지 않는다. 하지만 상거래와 투기 활동에 관여하던 이 부르주아들은 석유로 벌어들인 돈에 대한 배분에 불만을 가지고 있을 가능성이 크다. 왜냐하면 석유로부터 오는 이익은 대부분이 알 사우드 가문에서 가져갔기 때문이다. 이들은 현 정권의 전통적인 성향이 결국 사회적 봉기로 이어져 현재의 왕권 구조와 상업 지배권을 파괴할 수 있다고 생각했다. 그렇기 때문에 이 부르주아들은 보수적인 성향에도 불구하고 개혁을 옹호했다.

사우디아라비아 경제의 중추 역할을 하는 여러 계층의 중산층들에 대한 정보도 거의 존재하지 않는다. 비록 그들은 사우디 경제가 성장하면서 더 많은 돈을 벌어 들였을지라도 정치권에서의 자신들의 작은 목소리 때문에 전반적으로 불만을 가지고 있을 가능성이 있다. 그러나 울라마들에 의해 전통적인 와하비즘 식 교육을 받은 저학력 인구들 역시 몇몇 왕족들의 사치스러운 생활과 근대식 개혁을 이단 행위로 보고 잠재적 불만세력으로 남아있다.

석유로부터 오는 수익은 정부관료, 군인, 경찰, 기술 전문가, 학교 선생 등 도시 인구의 중간 그룹에게 직접, 또는 간접적으로 이득을 가져다주었다. 알 사우드가에게 충성을 다하는 몇몇 귀족 부족들은 정부 보조금 덕분에 부자가 될 수 있었고 이를 통해 정부의 사회기반을 확대시키는 결과를 가지고 올 수 있었다.

중산 계층 사이에서는 좌익 색깔을 가진 반 정부단체가 젊은 군인, 기자, 선생들을 기반으로 퍼졌으나 이들은 자신들의 사상을 외부 세력에서부터 빌려왔고 결국 사우디 사회 자체의 전반적인 지지를 얻는 데는 실패했다.

사회 최고 계층은 부자가 되었고 중산층 역시 많은 부를 얻을 수 있었지만 이는 사우디아라비아 대부분의 국민들에게는 관계가 없는 얘기였다. 땅을 적게 가지고 있거나 아예 없는 농민들, 가난한 베두인 민족들, 그리고 소규모의 생산자들은 사회 변화가 가져다 준 짐을 거의 다 짊어져야 했다. 나라는 엄청나게 부유해졌음에도 불구하고 대부분 인구의 삶의 질은 향상되지 않았다. 해외로 부터의 수입 역시 많은 생산자들을 어렵게 했다.

특히 아랍의 민주화 이후 사우디 정부는 사회 안정책으로 사회불안 요소가 되고 있는 젊은 층의 높은 실업률을 해결하기위해 외국기업에 사우디 인들을 의무 고용하는 정책을 실시하고 있으므로 우리는 이를 적극 활용해야 한다.

이 정책에서 가장 큰 문제점은 사우디인들의 직업교육이 미비하다는 것이다. 그러므로 직업교육에 적극적으로 참여할 필요가 있다. 이는 사우디 정부도 원하고 있는 사항이며 직업교육에 모든 시설을 제공하겠다고 한다. 그러나 사우디는 ODA지원대상국에서 제외되어있는 나라이므로 정부차원에서 직업교육강화를 위한 교수요원들을 파견할 수 없다. 그러므로 현지에 진출해 있는 우리 민간 기업들의 협조 하에서만이 가능하다. 그러나 우리기업들은 당장의 이익 실현에만 몰두해 있으므로 사우디인들의 직업교육강화 교육에 대한 정부의 민간 기업 독려가 필요한 때이다.

중앙 집권 체제의 탄생과 강화로 부족들 간의 침략과 전쟁, 그리고 부족이 사라지는 현상 등은 1930년대부터 전통적인 부족 체제를 약화시키고 있었다. 전통적인 부족 체제는 베두인 민족이 유목 생활을 그만두고 정착 생활을 시작하면서 대체되기 시작했다.

사우디 사회에서 가족 관계는 아직도 중요한 요소로 남아 있지만 그 모습은 큰 부족 연합의 모습에서 핵가족의 모습으로 변화되기 시작했다. 이런 변화는 군인, 상업가, 지식인, 그리고 전문 노동 인력 같이 고학력의 집단 사이에서 눈에 띄게 나타났다. 고학력의 사우디 인들은 일부다처제 보다 일부일처제를 선호했다. 일부다처제는 대가족을 부양해야 하는 경제적 부담과 근대적 생활 방식에 맞지 않는다는 이유로 점차 사라져갔다. 근대화 된 가족들은 아내와 딸들에게도 교육을 시켜주는 편이다. 전 왕인 압둘라왕은 대규모의 교육투자를 선언하고 이미 실행하고 있으므로 교육 교류를 위한 연구를 진행시킬 필요가 있다.

국가적 의식, 즉 사우디라는 나라에 자신이 귀속된다는 생각은 발전되는 데 시간이 걸렸다. 하지만 새로운 형태의 커뮤니케이션이 여러 지역에 도래하고 해외여행을 다니며 외국인들과 접촉하는 것은 사우디 인들로 하여금 사우디 식 문화와 삶의 방식이 다른 나라와 차이가 있음을 알게 해주었다. 그리고 이것의 영향으로 사우디아라비아라는 나라에 대한 애국심의 형성이 빠르게 성장했다. 하지만 사우디아라비아가 이집트나 시리아와 같은 수준의 애국심을 가지려면 아직 갈 길이 먼 것으로 보인다. 아직도 가족, 부족 단위의 충성심이 나라에 대한 충성심 보다 강하게 존재한다.

모국이라는 개념은 아라비아 인들에게 새로운 개념이었다. 모국이라는 한 국가에 충성을 다한다는 개념 자체가 하나의 이슬람 움마(공동체)를 추구하는 이슬람의 정신에 배치되는 것이었다.

사우디아라비아에서 애국심이라는 개념은 근대화된 경제와 군대부분에서 종사하는 소수의 사람들에게만 퍼져있는 것이다. 하지만 스스로를 애국자라고 지칭하는 이들은 더 근대화 된 사회를 원하는 무리들이며 이들의 목소리는 매우 작은 편이다.

와하비즘의 이슬람은 부족의 개념과 함께 아직도 사우디 사회에 영향을 주는 요소다. 경제가 급속도로 발전했음에도 불구하고 와하비즘식 이슬람은 사회-정치 구조의 진화와 사회 내부에서 일어나는 분쟁에 영향을 주고 있다.

공식적인 성직자 기관들은 계속해서 어느 정도 왕가의 권위에 대한 종교적 정당성을 부여해주고 있으며 이로 인해 일정부분 사회적 그리고 문화적 영향력을 지니고 있다. 사우디는 쉬아파를 제외한 다른 종교문화 교류에는 어느 정도 관용을 보이고 있으므로 이 분야의 적극적인 교류도 필요하다.

사우디아라비아는 다른 중동의 어떤 나라들보다 빠른 변화를 겪었고 기존의 사회 균형이 사라진지 오래다. 사우디아라비아는 기존에 겪어 보지 못한 극렬한 내부의 변화를 겪고 있다. 사회 구성이 변하고 부르주아가 성장했으며 친척과 부족 간의 끈이 약해지고 새롭게 도래한 계층과 전통적인 계층 간에 마찰이 생기고 있으며 사우디 언론은 사회 문제에 대해 입을 열지 않으며 정치 정당, 노조 등은 금지되어 있고 정부는 석유를 통해 얻는 막대한 돈으로 급진적인 변화를 원하는 세력을 잠재우고 있다.

그러나 이러한 평가는 주로 외부인들에 의한 평가이다. 물론 사우디인들 자신들도 이러한 생각을 가지고는 있으나 다른 한편으로는 그들 스스로 다른 평가를 하고 있는 상당수가 있다.

즉 그들에 의하면 사우디가 근대화되기 시작한 것은 파이잘 왕 때인

1964년부터라는 것이다. 그 후 50년 만에 지금의 사우디를 건설한 것은 매우 빠른 속도라는 것이며 그것에 대한 자부심도 대단하다. 다시 말해 사우디에 대한 정책을 입안할 때 세계에서 유래가 없는 빠른 속도로 민주화와 경제기적을 이룬 우리의 시각으로 이해할 것이 아니라 그들의 시각으로 접근해야지만 좀 더 사우디 인들과 친화적인 정책을 수립할 수 있을 것이다.

참고문헌

국내문헌

김중관 외, “이슬람 금융의 도입 사례 분석 및 시사점”, 2011

금상문, “사우디아라비아의 군부엘리트와 부족주의”「중동연구」, 2제 27권 3호, 2008.

박종평, “사우디아라비아 왕정 체제와 이슬람”, 「중동연구」, 제 23권 1호, .

박철형, “사우디아라비아 제 9차 5개년 개발계획의 내용과 시사점”, 「Kiep 지역경제포커스」, Vol.4 No.38, 2010.

박철형, “이집트 발 반정부 민주화 시위의 중동 내 확산 가능성과 영향 평가”「대외정책연구원」, KIEP 오늘의 세계경제 Vol 11. No,5, 2011.

박현도, “중동의 뇌관 사우디아라비아 젊은 세대의 압력에 직면한 노쇠 왕정”, 「월간조선」, 2011.

이원삼, 이슬람법 사상, 아카넷, 2001

인남식, “사우디 압둘라 국왕 즉위 후 중동정치 질서 변화 전망”「외교안보연구원」, 2005.

인남식, 쬲중동 민주화 운동의 원인, 현황 및 전망”「외교안보연구원,」2011.

코트라, “최근 중동 민주화 사태, 사우디 고용시장의 판도를 바꿔나”, 2011.

한국수출입은행해외경제연구소, “사우디아라비아 국가신용도

평가리포트"2011.

한국수출입은행해외경제연구소, "이슬람금융의 현황과 활용방안"「개도국 지역이슈리포트」, 2011.

외국문헌

Simon Henderson, "After King Abdullah Succession in Saudi Arabia", 2009.

Amr hamzawy, "the saudi labyrinth: evaluating the current political opening" Carnegie endowment for International peace, 2006.

Jhon Duke Anthony, "SaudiArabia:FromTribalSocietytoNation-State" International Research Center for Energy and Economic Development, 1982.

Ondrej Beranek, "Divided We Survive: A Landscape of Fragmentation in Saui Arabia "Brandeis University, 2009.

Vassiliev, The History of Saudi Arabia, New York University Press, 2000.

Aharon Layish, "Saudi Arabian Legal Reform as a Mecahaniam to Moderate Wahhabi Doctrine", Journal of the Amerian Oriental Society, Vol. 107, No.2, 1987, pp288.

Chatham house, "Workshop Report: The Political Outlook for Saudi Arabia", 2011.

Library of Congress, "Federal Research Division Country Profile: Saudi Arabia ", 2006.

Christopher M. Blanchard, "Saudi Arabia: Background and U.S.

Relations"Congressional Research Service, 2010.

Freshfields Bruckhaus Deringer, "Nuclear Power in the Middle East and North Africa", 2011.

Zakaria bin bahari, " The Changes of Product Structure in Islamic Banking: Case Study of Malaysia" Universiti Sains Malaysia

Rodney Wilson , "The Development of Islamic Finance in the Gulf States Cooperation Council"Kuwait Programme on Development, Governance and Globalisation in the Gulf States, 2009.

Carrington Malin, "Middle east North Africa Facebook Demographics", Spot on Public Relations, 2010.

Dr. Ondrej Beranek, "Divided We Survive: A Landscape of Fragmentation in Saudi Arabia"Brandeis University, 2009.

Joshua Teitelbaum, "the Shiite of saudi arabia", Current trends in Islamist ideology, vol.10, 2010.

Call to Islam. "Biography: Shaykh "Abdul-Al-Aziz Bin Baaz".

Febe Armanios, "Islam: sunni and Shiite", CRS Report for congress, 2001.

UN world report 2011, "Women"s and Girls" Rights"2011.

HSBC, "Maximising Women's participation in the GCC workforce", 2010.

신문기사

국내

동아일보, "사우디 술탄 왕세제 사망… 보수강경 나예프 승계 유력", 검색일자 2011.10.29, http://news.donga.com/3/all/20111023/41337410/1.

조선일보, "사우디 새 왕세제에 나예프 내무장관" 검색일자 2011.11.01, http://news.chosun.com/site/data/html_dir/2011/10/29/2011102900217.html.

외국

BBC News, "Saudi Arabia profile" 검색일자 2011.10.14, http://www.bbc.co.uk/news/world-middle-east-14703478

BBC News, "Profile: Gulf Co-operation Council" 검색일자 2011.09.01, http://news.bbc.co.uk/2/hi/middle_east/country_profiles/4155001.stm.

Khaleej Times, "GCC single currency on track: Saudi central bank", 검색일자 2011.09.16, http://www.khaleejtimes.com/biz/inside.asp?xfile=/data/business/2011/September/business_September215.xml&section=business.

BBC News , "Saudi Arabia's new role in the emerging Middle East"검색일자20111012, http://www.bbc.co.uk/news/world-middle-east-13208800.

Zawya, "Solar power to generate five gigawatts of energy for Saudi

Arabia by 2020", 검색일자 2011.05.07, http://news.google.com/news/url?sa=t&fd=R&usg=AFQjCNHJU8XGMBOPvZA_xbp3AFevQjt-cw&url=http://www.zawya.com/story.cfm/sidZAWYA20110507070012/Solar-power-to-generate-five-gigawatts-of-energy-for-Saudi-Arabia-by-2020.

Arab News, 謀Saudi nuclear reactors to cost $300 billion", 검색일자2011.06.01, http://news.google.com/news/url?sa=t&fd=R&usg=AFQjCNGNEGWLdujwg0Ju6kIkkE7i0itH1Q&url=http://arabnews.com/saudiarabia/article445147.ece.

Arabian Business, "Saudi Arabia signs nuclear energy deal with Argentina",검색일자 2011.06.28, http://www.arabianbusiness.com/saudi-arabia-signs-nuclear-energy-deal-with-argentina-407559.html .

Mainichi Daily News, "Japan's Edano agrees with Saudi ministers to boost energy cooperation", 검색일자 2011.10.11, http://mdn.mainichi.jp/mdnnews/business/news/20111011p2g00m0bu076000c.html.

Arabian Business, "Pilot plant located on Farasan island is expected to produce 500-kW power, official says", 검색일자 2011.08.08, http://www.arabianbusiness.com/showa-shell-saudi-electricity-start-saudi-solar-plant-414772.html.

Arabian Business, "Saudi power firm signs deal for 4,000MW plant", 검색일자 2011.09.21, http://www.arabianbusiness.com/saudi-power-firm-signs-deal-for-4-000mw-plant-421600.html.

Gulfnews.com, “Saudi banking net profits up 10%”, 검색일자 2011.07.22, http://gulfnews.com/business/banking/saudi-banking-net-profits-up-10-1.841.

Arab News, “Saudi telecom firms sign switching agreement”, 검색일자 2011.07.26 http://arabnews.com/economy/article478557.ece.

Gulf News, “Saudi Arabia stops hiring domestic helpers from Indonesia and Philippines”, 검색일자 2011.06.29, http://news.google.com/news/url?sa=t&fd=R&usg=AFQjCNEaizPOFMqj3JwrMQXtbMT5EqgQGg&url=http://gulfnews.com/news/gulf/saudi-arabia/saudi-arabia-stops-hiring-domestic-helpers-from-indonesia-and-philippines-1.830086.

Arab News, “Rajhi steel complex launching at KAEC today”, 검색일자 2011.05.23, http://news.google.com/news/url?sa=t&fd=R&usg=AFQjCNH94NHvmsWy6uoGO_LY8x92Btydqw&url=http://arabnews.com/economy/article425019.ece .

BBC News, “Saudi Arabia's new role in the emerging Middle East “ 검색일자20111012, http://www.bbc.co.uk/news/world-middle-east-13208800

Arab News, “Korea eyes Saudi tourists”, 검색일자 2011.10.02, http://news.google.com/news/url?sa=t&fd=R&usg=AFQjCNHijvWNFr8RuZ6491vbQOfID9KGjg&url=http://arabnews.com/saudiarabia/article510350.ece.

인터넷

국내

코트라, "말레이시아 은행산업 현황"검색일자 2011.10.14, http://www.globalwindow.org/wps/portal/gw2/kcxml/04_Sj9SPykssy0xPLMnMz0vM0Y_QjzKLd423CDQASYGZAR76kehiXiYIsSB9b31fj_zcVP0A_YLc0IhyR0dFAHPA0Kw!/delta/bas

Etnews, "한-사우디아라비아 원자력협력협정 문안 타결"검색일자 2011.11.19, http://www.etnews.com/201109270261.

MENAR, "사우디아라비아의 경제 현황", 검색일자 2011,10,23, http://menar.co.kr/index.php?mid=info&document_srl=3307.

MENAR, 마에다 타카유키, "GCC 제국의 수장가 사우디아라비아 사우드가" 검색일자 2011,10,10. http://menar.co.kr/index.php?mid=special&document_srl=8641&page=1.

MENAR, 홍미정, "팍스 브리타니카 체제와 사우디아라비아 " 검색일자 2011.10.23,http://menar.co.kr/9184.

Menar, 김종원, "사우디아라비아 이슬람 금융기관 현황"검색일자 2011.10.10, http://menar.co.kr/index.php?mid=special&document_srl=9199&page=1.

MENAR, 사카키바라 사크라, "사우디아라비아의 자국민 고용촉진 강제정책의 도입"검색일자 2011.10.10http://menar.co.kr/index.php?document_srl=9312&mid=special&page=1

외국

Arabian Business, "Saudi's KAUST signs deal for solar technology licence" 검색일자, 2011.10.10, http://www.arabianbusiness.com/saudi-s-kaust-signs-deal-for-solar-technology-licence-423798.html.

Arabian Business, "Negative stereotypes hurting Saudization", 검색일자 2011.08.15, http://www.arabianbusiness.com/negative-stereotypes-hurting-saudization-415716.html.

Arabian Business, "Foreign nurses in Saudi may lose jobs amid localisation plans", 검색일자2011.09.14, http://www.arabianbusiness.com/foreign-nurses-in-saudi-may-lose-jobs-amid-localisation-plans-420416.html.

Arabian Business, "Negative stereotypes hurting Saudization", 검색일자 2011.08.15, http://www.arabianbusiness.com/negative-stereotypes-hurting-saudization-415716.html

Arabian Business, "Saudi mega-projects to boost Islamic bond market", 검색일자 2011.09.27, http://www.arabianbusiness.com/saudi-mega-projects-boost-islamic-bond-market-422394.html.

Arabian Business, "Earnings up to nearly $20bn last year, boosted by revenues from investments made overseas", 검색일자 2011.10.20 http://www.arabianbusiness.com/saudi-telcos-see-13-rise-in-revenues-in-2010-395215.htmlI

Arabian Business, "'Saudisation'scheme will drive Filipinos

to Qatar, official says", 검색일자 2011.07.10, http://www.arabianbusiness.com/-saudisation-scheme-will-drive-filipinos-qatar-official-says-409561.html

Arabian Business, "Saudi Arabia plans to build 4,000 new schools", 검색일자 2011.09.11, http://www.arabianbusiness.com/saudi-arabia-plans-build-4-000-new-schools-419934.html [

ArabianBusiness, "Saudi Arabia's tourism revenues exceed $8bn in 2010", 검색일자 2011.06.01, http://www.arabianbusiness.com/saudi-arabia-s-tourism-revenues-exceed-8bn-in-2010-403138.html

Arabian Business, "Saudi king signs off designs for housing boom", 검색일자 2011.05.10, http://www.arabianbusiness.com/saudi-king-signs-off-designs-for-housing-boom-398962.html.

Arabian Business, "S Korean builders turn to Saudi as UAE deals dry up", 검색일자 2011.10.01, http://www.arabianbusiness.com/s-korean-builders-turn-saudi-as-uae-deals-dry-up-422998.html

Arabian Business, "Korean firm wins $80m Saudi desalination plant deal", 검색일자 2011.09.13, http://www.arabianbusiness.com/korean-firm-wins-80m-saudi-desalination-plant-deal-420195.html

Arabian Business, "Saudi Arabia plans to build 4,000 new schools", 검색일자 2011.09.11, http://www.arabianbusiness.com/saudi-arabia-plans-build-4-000-new-schools-419934.html [.

Al Bawaba, "Samsung Engineering inks US$2.76 billion

contract in Saudi Arabia", 검색일자 2011.05.24, http://www1.albawaba.com/main-headlines/samsung-engineering-inks-us276-billion-contract-saudi-arabia

Al Bawaba, "Economic potential of Saudi women", 검색일자 2011.09.28, http://www.albawaba.com/business/economic-potential-saudi-women-394143.

Asian History, Biography of Saudi King Abdullah, 검색일자 2011.09.20, http://asianhistory.about.com/od/profilesofasianleaders/p/AbdullahProfile.htm.

e64xml/L3dJdyEvd0ZNQUFzQUMvNElVRS82X0VfOEw2?1=1&workdist=read&id=2137783.

Bloomberg, "Saudi Arabia Looks to Solar, Nuclear Power to Reduce Its Oil Use by Half", 검색일자 2011,04,03 rhttp://www.bloomberg.com/news/2011-04-03/solar-nuclear-energy-to-reduce-saudi-oil-demand-official-says.html

Carnegie endowment, "Obama and Abdullah—Reaffirming Strategic Ties"검색일자 2011.10.12 http://carnegieendowment.org/2010/06/29/obama-and-abdullah-reaffirming-strategic-ties/4gw

IPT, "US v. Al-Haramain Islamic Foundation," 검색일자 2011. 10.31, http://www.investigativeproject.org/case/248.

Internet world stats, "Internet Usage Statistics" 검색일자 2011.06.02, http://www.internetworldstats.com/me/sa.htm

Kipp Report, "Firms may shut down or face heavy fines with

Saudi's expat worker limits", 검색일자 2011.06.01, http://news.google.com/news/url?sa=t&fd=R&usg=AFQjCNGrvoNlVshqEvi3bWf4iDIIVYUe3A&url=http://www.kippreport.com/2011/06/firms-may-shut-down-or-face-heavy-fines-with-saudis-expat-worker-limits/

Library of Congress Country Studies, 검색일자 2011.09.23, http://lcweb2.loc.gov/cgi-bin/query/r?frd/cstdy:@field(DOCID+sa0102)

NPR, Deborah Amos, "Social Media Revolution Hits Saudi Arabia"검색일자 2011.08.01, http://www.npr.org/2011/01/26/133212623/social-media-revolution-hits-saudi-arabia.

Peace&compilct monitor, "Saudi-Islamic Feminist Movement: A Struggle for Male Allies and the Right Female Voice" 검색일자 2011.10.28, http://www.monitor.upeace.org/innerpg.cfm?id_article=789.

Reuters, "Saudi cleric discontent after women's rights move", 검색일자 2011.10.01, http://www.reuters.com/article/2011/10/01/us-saudi-cleric-discontent-idUSTRE7901HS20111001.

Ruthfully yours, "Saudi arabia's king Abdullah imposed new nedia restriction for anything that contradicts sharia law"검색일자 2011.10.13, http://www.ruthfullyyours.com/2011/05/02/saudi-arabias-king-abdullah-imposes-new-media-restriction-for-anything-that-contradicts-sharia-law/.

SAMIRAD, "King Faisal bin Abdul Al-Aziz",검색일자 2011,09,08, http://www.saudinf.com/main/b44.htm.

SAMIRAD, "Role of Women in Saudi Arabian Society", 검색일자 2011.10.28 http://www.saudinf.com/main/h61.htm.

Treasury, "U.S.-Based Branch of Al Haramain Foundation Linked to Terror Treasury Designates U.S. Branch, Director" 검색일자 2011.11.01, http://www.treasury.gov/press-center/press-releases/Pages/js1895.aspx.

The National, "Private sector in Saudi Arabia faces punishment for not cutting expat payroll", 검색일자 2011.06.13 http://news.google.com/news/url?sa=t&fd=R&usg=AFQjCNHjhxeVkQtJ4pXGwsXv4cDMUvjndw&url=http://www.thenational.ae/news/worldwide/middle-east/private-sector-in-saudi-arabia-faces-punishment-for-not-cutting-expat-payroll.

UN "AL-HARAMAIN ISLAMIC FOUNDATION (SOMALIA)" 검색일자 2011.10.31, http://www.un.org/sc/committees/1267/NSQE7202E.shtml.

V&E Climate Change Report, "Regional Opportunities and Challenges in the GCC" 검색일자 2011.10.26, http://www.velaw.com/resources/RegionalOpportunitiesChallengesGCC.aspx.

Wikipeia, 검색일자 2011.11.02 ,http://en.wikipedia.org/wiki/Abd_al-Al-Aziz_ibn_Abd_Allah_ibn_Baaz.

Wikipedia, "Al Hamarain Foundation", 검색일자 2011.11.01 http://en.wikipedia.org/wiki/Al-Haramain_Foundation.

사우디아라비아

초판 인쇄 2015. 03. 31
초판 발행 2015. 03. 31
2 쇄 발행 2018. 03. 20

지은이 이원삼
발행인 황선조

발행처 선문대학교
충남 아산시 탕정면 선문로21번길 70
Tel. 041-530-2827 Fax.041-530-2979
등록일 1998. 09. 25[제9호]

ISBN 978-89-8423-764-3 93300
값 12,000원